BLUE BOOK

智 库 成 果 出 版 与 传 播 平 台

北京市哲学社会科学研究基地智库报告系列丛书

京津冀蓝皮书
BLUE BOOK OF BEIJING-TIANJIN-HEBEI

京津冀发展报告
（2025）

ANNUAL REPORT ON BEIJING-TIANJIN-HEBEI
METROPOLITAN REGION DEVELOPMENT (2025)

区域高质量一体化研究
Research on Regional High-quality Integration

组织编写／ 首都经济贸易大学特大城市经济社会发展研究院
黄淮实验室

叶堂林　王雪莹　江　成　白云凤　孙瑜康　等／著

社会科学文献出版社
SOCIAL SCIENCES ACADEMIC PRESS（CHINA）

图书在版编目（CIP）数据

京津冀发展报告 . 2025：区域高质量一体化研究 /
叶堂林等著 . -- 北京：社会科学文献出版社，2025.6.
（京津冀蓝皮书）. -- ISBN 978-7-5228-5559-2

Ⅰ. F127.2

中国国家版本馆 CIP 数据核字第 2025VL3851 号

京津冀蓝皮书

京津冀发展报告（2025）
　　——区域高质量一体化研究

组织编写／首都经济贸易大学特大城市经济社会发展研究院
　　　　　黄淮实验室
著　　者／叶堂林　王雪莹　江　成　白云凤　孙瑜康 等

出 版 人／冀祥德
组稿编辑／恽　薇
责任编辑／冯咏梅
责任印制／岳　阳

出　　版／社会科学文献出版社·经济与管理分社（010）59367226
　　　　　地址：北京市北三环中路甲 29 号院华龙大厦　邮编：100029
　　　　　网址：www.ssap.com.cn
发　　行／社会科学文献出版社（010）59367028
印　　装／天津千鹤文化传播有限公司

规　　格／开　本：787mm×1092mm　1/16
　　　　　印　张：20.75　字　数：309 千字
版　　次／2025 年 6 月第 1 版　2025 年 6 月第 1 次印刷
书　　号／ISBN 978-7-5228-5559-2
定　　价／168.00 元

读者服务电话：4008918866

　　本报告为北京市社会科学基金重点项目"京津冀发展报告（2025）——区域高质量一体化研究"（24JCB019）、国家社科基金重大项目"数字经济对区域协调发展的影响与对策研究"（23&ZD078）、教育部人文社会科学研究专项任务项目"推动京津冀高质量发展研究"（23JD710022）的阶段性成果。

　　本研究成果得到北京市经济社会发展政策研究基地，首都经济贸易大学特大城市经济社会发展研究院、特大城市经济社会发展研究省部共建协同创新中心资助支持。

主要编撰者简介

叶堂林　经济学博士，首都经济贸易大学特大城市经济社会发展研究院（首都高端智库）执行院长（正处级）、特大城市经济社会发展研究省部共建协同创新中心（国家级研究平台）执行副主任，三级教授、博士生导师，北京市经济社会发展政策研究基地（北京市哲学社会科学重点研究基地）首席专家，国家社科基金重大项目首席专家，"长城学者"特聘教授，京津冀蓝皮书主编。主要研究方向为首都高质量发展、京津冀协同发展、都市圈治理。连续主持 2 项国家社科基金重大项目，主持国家自然科学基金面上项目、教育部人文社会科学研究专项任务项目、北京市社会科学基金重大项目等省部级以上课题 20 余项，主持委办局委托及横向课题 30 余项，出版专著 20 余部，发表论文 120 余篇，获"优秀皮书奖"一等奖 9 次、二等奖 2 次。28 项研究成果获中央领导肯定性批示，22 项研究成果获省部级领导肯定性批示，4 项研究成果获省部级采纳。先后获得北京市先进工作者、北京市优秀教师、首都劳动奖章、北京市优秀共产党员、北京市优秀研究生指导教师、北京高校党校优秀党课教师、首都经济贸易大学领雁讲席教授等荣誉。主要社会兼职包括中国区域科学学会常务理事、全国经济地理研究会常务理事、中国发展战略学研究会国家级新区发展战略专业委员会理事、全国经济地理研究会京津冀协同发展专业委员会主任、国家社科基金重大项目评审专家、教育部人文社会科学研究项目评审专家、北京市政府参事室特约研究员、河北省政府参事室特约研究员、保定市决策咨询委员会委员、北京市科委入库专家等。

摘　要

　　党的二十届三中全会通过的《中共中央关于进一步全面深化改革　推进中国式现代化的决定》指出，"推动京津冀、长三角、粤港澳大湾区等地区更好发挥高质量发展动力源作用"。高质量一体化是区域协调发展的高级形态，高质量发展是贯彻新发展理念、构建新发展格局的重要举措。聚焦京津冀，从"谋篇布局"到"精耕细作"，京津冀协同发展正经历从量变到质变的历史性跨越，肩负着努力成为"中国式现代化建设的先行区、示范区"的重要使命。高质量一体化是京津冀协同发展战略的深化与升级，不仅能够为京津冀协同发展提供创新驱动、绿色转型、制度突破等新型解决方案，还可以探索人口规模巨大的中国式现代化建设路径，为推进人与自然和谐共生的现代化提供重要示范。

　　本报告为京津冀三地作者通力合作的智慧成果。首先，从整体层面探讨京津冀高质量一体化的现状及问题；其次，从"牛鼻子"、核心动力、重点领域、绿色基底、关键载体及设施支撑等方面对京津冀高质量一体化进行分析；最后，分析北京市、天津市、河北省在推动京津冀高质量一体化中的地位与作用。

　　本报告由2个总报告、7个专题报告和3个区域报告构成，采用文献研究、统计分析、实地调研、实证研究等多种方法，在理论层面，明确区域高质量一体化的内涵、新要求及重要着力点，并从"约束—目标—动力—保障—路径"的系统集成视角，构建推动京津冀高质量一体化的理论分析框架；在实践层面，探讨京津冀高质量一体化的成效及存在的主要问题，并提出"十五五"时期推动京津冀高质量一体化的关键举措。

报告指出，区域高质量一体化是以新发展理念为引领，以推动高质量发展为主题，以科技创新和制度改革为主动力，以产业协同发展、设施高效互通、生态共保联治、公共服务均衡共享为重点领域，促进区域内要素资源自由流动和高效配置、市场深度融合、制度有机衔接，通过优势互补，实现互利共赢和区域整体实力及竞争力提升。区域高质量一体化具有五个重要着力点，即基础设施互联互通、跨域产业协作共生、生态产业共生共融、公共服务提质共享、体制机制改革创新。推动京津冀高质量一体化，从内在约束看，要实现效率提升与协同推进相兼顾、相促进。从发展目标看，根本目标是通过"能量场"提升，实现京津冀地区从规模追赶向能级跃升的历史性跨越，其具体目标涵盖推动产业链与创新链深度融合，经济发展实现高质量跃迁；形成功能互补、层级有序、高效联动的空间格局，空间结构更加优化；市场机制作用充分发挥，形成区域统一大市场；区域政策高度集成，形成紧密联系的利益共同体。从核心动力看，科技创新和制度变革仍是推动京津冀高质量一体化的重要引擎。从基础保障看，通过传统基础设施提质、新型基础设施筑基，实现物理空间联通和数字空间重构。从重要路径看，要从"政府主导"向"市场驱动"转变，政府主要通过推动制度型开放、战略空间重构、公共品精准供给，市场主要通过推动数据、技术等要素配置优化，助力产业链式重构和集群培育，推动产业转型升级与创新生态系统优化。

基于对区域高质量一体化内涵、新要求及重要着力点的分析，结合京津冀发展实际，本报告对比分析了我国东部三大城市群高质量一体化发展的现状，对京津冀非首都功能疏解、协同创新、产业、生态、城镇体系、交通、基本公共服务高质量一体化的进展与成效进行了深入剖析，并对北京市、天津市、河北省在推动京津冀高质量一体化中的地位与作用发挥情况进行了探讨。研究发现，一是非首都功能疏解成效显著，助力京津冀高质量一体化加快推进；二是协同创新格局不断深化，区域创新实力持续增强；三是产业协作不断走深走实，"链群"建设助力产业高质量一体化；四是多节点、网格状、全覆盖的综合交通网络基本形成，交通一体化持续拓展；五是基本公共服务共建共享持续推进，驱动京津冀民生服务均等化发展；六是生态环境质量持续改善，绿色低碳发展不断深化。同时，京津冀三地也面临诸多亟须解决的问题：一是区域发展不平衡问题仍较为突出，资源配置不均问题尚未得到有效解决；二是区域一体化机制尚未形成，市场化运营机制需加快建设；三是区域发展关键领域协同关联度有待提升，北京辐射带动作用亟须强化；四是非首都功能疏解压力尚大，基础设施支持作用仍需提升。

为推动京津冀高质量一体化，助力打造"中国式现代化建设的先行区、示范区"，本报告提出以下对策建议。一是疏通"制度经络"：持续深化制度型开放协同，提升区域规则、政策、标准等"软联通"水平。二是激活"市场穴位"：以市场化配置改革推动要素配置效率提升，加快关键资源开放共享。三是提升"产创韧性"：加强协同创新与产业协作共同体建设，推动产业链与创新链深度融合。四是培育"机体气血"：推进交通、基本公共服务及生态高质量一体化，筑牢区域高质量发展基底支撑。五是重构"空间骨架"：以现代化首都都市圈、石家庄都市圈为支撑加快建设世界级城市群，夯实高质量一体化空间载体。

关键词： 高质量一体化　利益共同体　现代化首都都市圈　京津冀

目 录 ⟩

I 总报告

II 专题报告

Ⅲ　区域报告

皮书数据库阅读**使用指南**

总报告

B.1

京津冀高质量一体化研究[*]

叶堂林　王雪莹[**]

摘　要： 京津冀高质量一体化是贯彻新发展理念、构建新发展格局、推动中国式现代化建设的关键战略支点。本报告在明确区域高质量一体化内涵、新要求及重要着力点的基础上，从"约束—目标—动力—保障—路径"的系统集成视角，构建推动京津冀高质量一体化的理论分析框架，并分析推动京津冀高质量一体化的进展与成效及存在的主要问题。研究发现，非首都功能疏解成效显著，助力京津冀高质量一体化加快推进；协同创新格局不断深化，区域创新实力持续增强；产业协作不断走深走实，"链群"建设助力产业高质量一体化；多节点、网格状、全覆盖的综合交通网络基本形成，交通

* 本报告为国家社科基金重大项目"数字经济对区域协调发展的影响与对策研究"（23&ZD078）、教育部人文社会科学研究专项任务项目"推动京津冀高质量发展研究"（23JD710022）的阶段性成果。

** 叶堂林，经济学博士，首都经济贸易大学特大城市经济社会发展研究院（首都高端智库）执行院长、特大城市经济社会发展研究省部共建协同创新中心（国家级研究平台）执行副主任，三级教授、博士生导师，研究方向为首都高质量发展、京津冀协同发展、都市圈治理；王雪莹，经济学博士，山东科技大学财经学院讲师，研究方向为产业高质量发展、协同创新。

一体化持续拓展；基本公共服务共建共享持续推进，驱动京津冀民生服务均等化发展；生态环境质量持续提升，绿色低碳发展不断深化。与此同时，当前推动京津冀高质量一体化还存在以下问题：区域发展不平衡问题仍较为突出，资源配置不均问题尚未得到有效解决；区域一体化机制尚未形成，市场化运营机制需加快建设；区域发展关键领域协同关联度有待提升，北京辐射带动作用亟须强化；非首都功能疏解压力尚大，基础设施支持作用仍需提升。基于此，本报告提出以下对策建议：持续深化制度型开放协同，提升区域规则、政策、标准等"软联通"水平；以市场化配置改革推动要素配置效率提升，加快关键资源开放共享；加强协同创新与产业协作共同体建设，推动产业链与创新链深度融合；推进交通、基本公共服务及生态高质量一体化，筑牢区域高质量发展基底支撑；以现代化首都都市圈、石家庄都市圈为支撑加快建设世界级城市群，夯实高质量一体化空间载体。

关键词： 高质量一体化 利益共同体 现代化首都都市圈 京津冀

一 研究背景与研究意义

（一）综观国际——高质量一体化发展是提升国际竞争力的重要保障

当今世界正经历百年未有之大变局，国际经济政治格局发生深刻调整，提升国际竞争力成为我国应对地缘政治与技术竞争双重围堵的关键所在。在全球化背景下，城市群日益成为参与国际竞争的地域单元，区域一体化已成为各国提升国际竞争力的重要战略选择及关键路径。欧盟、北美自由贸易区等成功案例表明，区域一体化不仅能够有效促进要素自由流动，实现资源高效配置，还能促进区域内分工协作，形成更加紧密的产业链、供应链、价值链网络，提升区域创新能力和产业竞争力，且高质量的区域一体化能够产生显著的规模效应和协同效应，提升区域整体实力。在全球产业链重构与大国博弈深度交织的新形势下，推动京津冀高质量一体化，打造以首都为核心的世界级城市群，对破解技术封锁、重塑中国在全球经济格局中的竞争优势具有重要意义。

（二）审视国内——推动京津冀高质量一体化对全国高质量发展具有示范引领作用

党的二十大报告提出，要"深入实施区域协调发展战略"。促进区域协调发展是实现中国式现代化的关键支撑，也是加快构建新发展格局、推动高质量发展的重要内容。而一体化发展是区域协调发展的高级形态，推动区域高质量一体化是贯彻新发展理念、构建新发展格局的重要举措。党的二十届三中全会通过的《中共中央关于进一步全面深化改革　推进中国式现代化的决定》指出，"推动京津冀、长三角、粤港澳大湾区等地区更好发挥高质量发展动力源作用"。推动京津冀高质量一体化，有利于优化国家区域发展格局，打造新的经济增长极。京津冀地区立足资源禀赋，在创新驱动、绿色发展及开放合作等方面协同发力，充分发挥比较优势，推动京津冀高质量一体化，能够为全国高质量发展提供可复制、可推广的经验。京津冀地区肩负着努力成为"中国式现代化建设的先行区、示范区"的重要使命，通过高质量一体化发展，可以探索人口规模巨大的中国式现代化建设路径，实现共同富裕的现代化目标，推动物质文明和精神文明协调发展，为推进人与自然和谐共生的现代化提供重要示范。

（三）聚焦京津冀——高质量一体化对构建现代化首都都市圈具有重要意义

京津冀地区作为京畿重地，肩负着维护和保障首都功能的重大使命。推动京津冀高质量一体化，有利于打造现代化首都都市圈，提升首都功能，增强首都发展活力。从"谋篇布局"到"精耕细作"，京津冀协同发展正经历从量变到质变的历史性跨越。自京津冀协同发展战略实施以来，京津冀在交通一体化、产业转型升级、生态环境保护等领域取得了显著成效，但仍面临发展不平衡、协同机制不完善等诸多挑战。推动京津冀高质量一体化，不仅有助于破除体制机制障碍，深化重点领域改革，增强发展内生动力，提升区域产业联动水平和创新转化能力，并以制度型开放助力新质生产力培育和发展，推动实现更高水平的协同发展，还有利于促进基本公共服务共建共享，缩小区域发展差距，让人民群众共享改革发展成果，不断增进民生福祉。

二　总体思路与研究框架

（一）总体思路

京津冀协同发展战略实施十年来，京津冀地区经历了由"不和不同"到"同而不和"的转变，进入新十年，必须由"同而不和"转变到"和而不同"阶段。"不和不同"是经济发展的初期，京津冀三地间缺乏有效联系，呈现自我发展的特征；"同而不和"是区域协同发展的初级阶段，京津冀三地基本实现了物理层面的协同，主要表现为交通一体化、生态环境联防联治、产业链群初步形成等，但三地仍强调自身利益，尚未形成紧密的利益共同体；"和而不同"是区域合作的高级阶段，京津冀三地目标一致、分工明确、功能互补，形成有机的利益整体。未来十年，京津冀协同发展要从"物理整合"向"化学反应"转变，即从简单的资源空间转移和行政疏解转向更深层次的系统性融合和有机协调，协同模式要从"外科手术模式"（依赖政策外力等进行切割式调整）向"中医调养模式"（注重区域发展的整体性、渐进性及可持续性）转变，通过疏通"制度经络"、激活"市场穴位"、提升"产创韧性"、培育"机体气血"、重构"空间骨架"，最终形成基于资源禀赋和发展条件的"和而不同"格局，而推动京津冀高质量一体化是其重要表现和关键路径。

本报告主要围绕"京津冀高质量一体化"展开研究。在理论层面，明确区域高质量一体化的内涵，提出区域高质量一体化要满足的新要求及推动区域高质量一体化的重要着力点；聚焦京津冀，探讨推动京津冀高质量一体化的内在约束、发展目标、核心动力、基础保障及重要路径等，构建推动京津冀高质量一体化的理论分析框架。在实践层面，分析当前京津冀高质量一体化的现状及存在的主要问题，并提出"十五五"时期推动京津冀高质量一体化的关键举措。首先，从整体层面探讨京津冀高质量一体化的现状及问题。其次，聚焦关键领域，对京津冀高质量一体化进行分析。非首都功能疏解是京津冀协同发展的"牛鼻子"，也是推动京津冀高质量一体化的关键领域，对推动区域空间重构、产业跃迁及制度突破均具有重要意义。区域一体化主要涉及经济一体化、设施一体化、生态一体化和空间一体化等领域，其中经济一体化是核心，后三者发挥支撑作用。从经济层面看，科技创新与产业创新深度融合是京津冀地区实现经济高质量发展的关键所在，将科技创新成果在区域内落地转化是京津冀地区构建现代化产业体系的重要途径，故需对产业高质量一体化、协同创新高质量一体化进行分析。从设施层面看，本报告将从硬设施和软设施两个方面探究京津冀交通高质量一体化、京津冀基本公共服务高质量一体化的现状及存在的问题。从生态层面看，加强生态文明建设的区域协同，是健全美丽中国建设保障体系的客观要求。协调区域间生态环境利益，推动生态高质量一体化，为京津冀高质量一体化提供绿色基底支撑。从空间层面看，探究京津冀城镇体系高质量一体化的现状及存在的问题。最后，依据京津冀三地的功能定位和资源禀赋，分别探讨北京市、天津市及河北省在推动京津冀高质量一体化中的地位与作用。

（二）研究框架

本报告由 2 个总报告、7 个专题报告和 3 个区域报告构成。其中，总报告 1 主要阐述整体思路与逻辑框架，在理论层面，明确区域高质量一体化的内涵、新要求及重要着力点，并从"约束—目标—动力—保障—路径"的系统集成视角，构建推动京津冀高质量一体化的理论分析框架；在实践层面，聚焦推进高质量一体化发展的重点领域，探讨京津冀高质量一体化的成效及存在的主要问题，并提出"十五五"时期推动京津冀高质量一体化的关键举措。总报告 2 通过对比分析我国东部三大城市群高质量一体化发展情况，明确推动京津冀高质量一体化发展中存在的主要问题。专题报告 3 探讨了非首都功能疏解高质量一体化的情况。专题报告4~9主要聚焦重点领域，探讨京津冀交通、生态、产业、基本公共服务、协同创新及城镇体系高质量一体化的成效与问题。区域报告10~12分别探讨了北京市、天津市、河北省在推动京津冀高质量一体化中的地位与作用。本报告整体逻辑框架见图1。

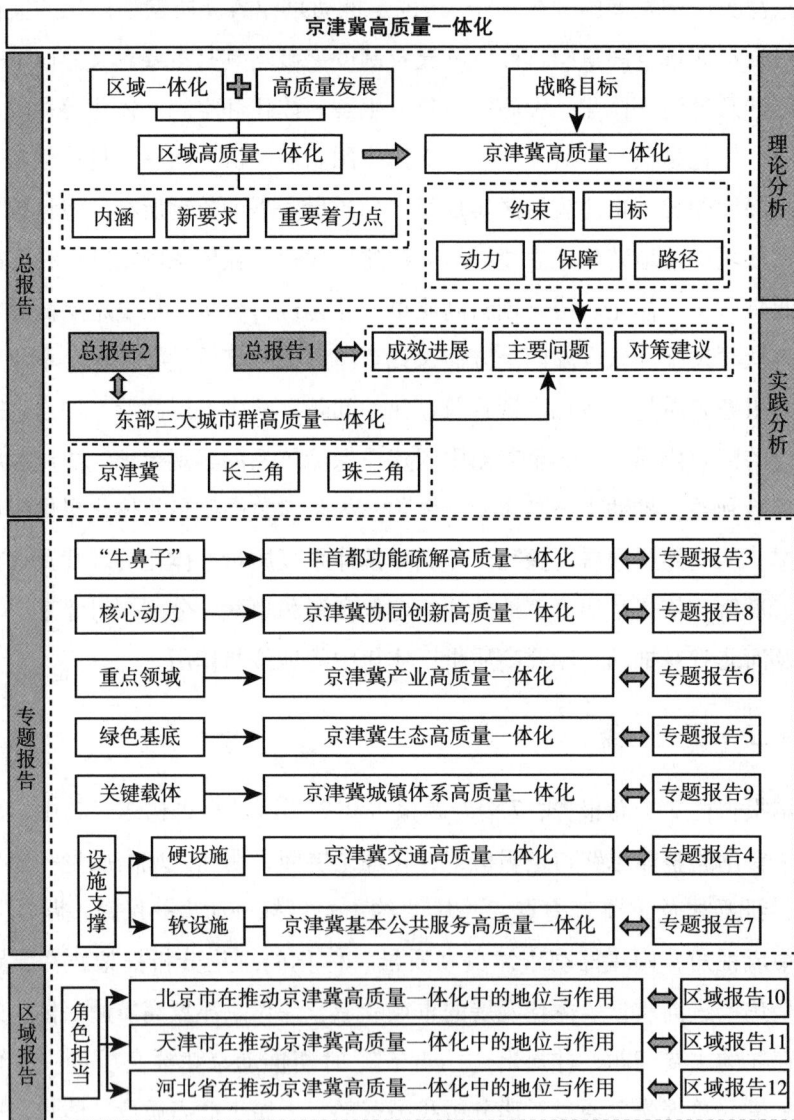

图1 整体逻辑框架

三 理论分析

（一）区域高质量一体化的内涵与新要求

区域高质量一体化要考虑区域一体化和高质量两个维度（吴福象，2019）。区域一体化是在一个较大尺度区域范围内，各地区不断打破行政边界，通过制度安排，促进地域功能合理配置及分工合作，以获取规模集聚和范围经济，降低流动成本和交易成本，促使区域内各地区及整体效益最大化的一种状态和过程（陈雯等，2018；刘志彪，2019）。区域一体化可分解为经济一体化、设施一体化、空间一体化、生态一体化和制度一体化"五个一体化"（孙斌栋，2022）。其中，经济一体化是区域一体化的核心，后四者则分别提供设施支撑、载体支撑、绿色基底支撑及制度保障。高质量发展是一种新的发展理念、新的发展方式和新的发展战略（田秋生，2018）。陈雯等（2022）认为，区域高质量一体化强调新发展格局下更高战略定位的一体化、新发展理念下更高效率和更高水平的一体化、共同体发展视角下更加协调的一体化、可持续发展理念下更优空间形态的一体化等。本报告将区域高质量一体化定义为以新发展理念为引领，以推动高质量发展为主题，以科技创新和制度改革为主动力，以产业协同发展、设施高效互通、生态共保联治、基本公共服务均衡共享为重点领域，促进区域内要素资源自由流动和高效配置、市场深度融合、制度有机衔接，通过优势互补，实现互利共赢和区域整体实力及竞争力提升。

区域高质量一体化是更高质量的一体化，应具备更高质量、更高效率、更加公平、更加持续、更加安全等特点。本报告认为区域高质量一体化需满足以下条件：①经济发展更高质量，以科技创新为核心引擎，推动全要素生产率不断提升，通过数字经济与实体经济深度融合、产业链与创新链深度融合，形成以质量效益为导向的发展范式；②要素配置更高效率，依托区域统一市场建设，破除行政壁垒导致的区域内要素资源错配问题，通过制度创新，如产业和技术转移中的税收分享机制、GDP 分计制度等，实现要素跨域流动的卡尔多改进①；③空间结构更加优化，形成多中心、网络化的区域空间格局，区域内各行政单元特色突出、分工明确、功能互补；④生态环境更加绿色可持续，建立完善的生态产品价值实现机制，生态友好型产业发展迅速，在实现生态环境绿色低碳的同时实现价值增值，真正实现"绿水青山就是金山银山"；⑤区域运行兼具智慧与韧性，通过科技赋能和制度创新，区域产业链、供应链韧性不断增强，人工智能等数字技术赋能区域协同治理模式创新。

根据区域高质量一体化的内涵及新要求，本报告提出推动区域高质量一体化的重要着力点：一是基础设施互联互通，加快交通、数字等基础设施建设，构建现代化基础设施网络，为区域一体化发展提供设施支撑；二是跨域产业协作共生，推动产业链与创新链深度融合，加快推进产业链强链、补链、延链，构建优势互补、协同发展的现代化产业体系；三是生态产业共生共融，在加强生态环境协同保护治理的同时，推动生态产品价值实现和生态产业发展，实现绿色可持续发展；四是公共服务提质共享，建立跨区域医疗联合体检查结果互认、诊疗方案互通等政策，实现远程医疗全覆盖等，推进基本公共服务高质量均等化；五是体制机制改革创新，破除制约体制机制的障碍，实现要素自由流动、资源高效配置、市场深度融合，加快制度型开放，对标和对接国际先进的市场规则，提高区域开放水平。

（二）推动京津冀高质量一体化的理论分析框架

2023 年 5 月，习近平总书记在深入推进京津冀协同发展座谈会上赋予京津冀协同发展新的历史使命与战略定位，即努力成为"中国式现代化建设的先行区、示范区"。"先行"主要体现为科技创新，"示范"则体现为制度变革。结合京津冀地区的发展目标和功能定位，明确"十五五"时期京

---

① 卡尔多改进是由约翰·希克斯于 1939 年提出，用以比较不同的公共政策和经济状态。如果一个人的境况由于变革而变好，他就能够补偿另一个人的损失且还有剩余，那么整体的效益就改进了。

津冀高质量一体化的战略目标。从国际层面看，致力于打造全球资源配置中枢、国际规则创新实验室、全球科技创新策源地，建设具有国际影响力的世界级城市群，构建全球城市群网络关键节点；从全国层面看，致力于建设新质生产力培育基地、全国改革集成试验场，打造双循环格局下辐射北方经济发展的核心引擎，锻造北方经济振兴战略支点；从区域层面看，致力于打造要素自由流动示范区、空间正义①实现先行区，通过建设中国式现代化空间治理样板，创建区域高质量协同发展新范式。"十五五"时期，推动京津冀高质量一体化应以"功能深度耦合"与"制度精准穿透"双轮驱动为发展方向，通过产业链榫卯性嵌套、要素市场化重组、治理法定化创新，构建跨行政区功能互补与制度互信的利益共同体，通过数智化搭台、绿色化筑基、融合化破壁，真正实现京津冀三地由地理相邻向融合发展的质变型跃升。

本报告从"约束—目标—动力—保障—路径"的系统集成视角，构建推动京津冀高质量一体化的理论分析框架（见图2）。

从内在约束看，推动京津冀高质量一体化要实现效率提升与协同推进相兼顾、相促进。在效率层面，主要涉及要素市场化配置效率、产业创新转化效率，前者涉及统一要素市场构建、技术交易平台建立及要素补偿机制创新等，后者涉及区域转化体系构建、产业链完善、制造业集群建设等。在协同层面，主要涉及城市功能互补、基本公共服务均等化、区域差距收敛等。其中，城市功能互补涉及京津冀三地梯度分工、北京科研中试和高端制造等"黄金环节"向河北雄安新区转移等方面；基本公共服务均等化包括医疗、教育、社保等领域，同时还涉及数字赋能均等化。

从发展目标看，可分为根本目标和具体目标。京津冀高质量一体化的根本目标是通过"能量场"（涵盖经济能级、制度能级及创新能级）提升，实现京津冀地区从规模追赶向能级跃升的历史性跨越。其中，在经济能级层面，体现为京津冀地区规模效应（地区生产总值）与财政实力（税收）大

---

① 空间正义是指在城乡区域发展过程中，在追求资源分配效率的基础上要顾及不同群体的利益，尊重区域内每一位居民的基本权利，创造人人可享的基本保障和公共服务，提供均等自由的发展机会。

理论基础	区域一体化 ✚ 高质量发展	京津冀协同发展新的历史使命与战略定位	战略要求

理论基础：区域一体化 ✚ 高质量发展 → 区域高质量一体化 → 内涵｜新要求｜重要着力点

战略要求：京津冀协同发展新的历史使命与战略定位 → 努力成为"中国式现代化建设的先行区、示范区" → 推动京津冀高质量一体化的战略目标

推动京津冀高质量一体化的理论分析框架

"约束—目标—动力—保障—路径"的系统集成视角

内在约束
实现效率提升与协同推进相兼顾、相促进
效率层面：要素市场化配置效率｜产业创新转化效率
✚
协同层面：城市功能互补｜基本公共服务均等化｜区域差距收敛

发展目标
经济发展实现高质量跃迁 → 推动产业链与创新链深度融合
空间结构更加优化 → 形成功能互补、层级有序、高效联动的空间格局
市场机制作用充分发挥 → 形成区域统一大市场
区域政策高度集成 → 形成紧密联系的利益共同体

核心动力
科技创新：构建创新联合体｜推动创新链与产业链跨域重组
✚
制度变革：行政壁垒破除｜利益分配机制创新

基础保障
传统基础设施提质：交通一体化效率提升｜基本公共服务高质量共享
新型基础设施筑基：数字基础设施建设｜科技设施共享
物理空间联通和数字空间重构

重要路径
统筹政府与市场作用，从"政府主导"向"市场驱动"转变
政府层面：推动制度型开放｜加强服务和监管｜战略空间重构｜公共品精准供给
⇨ 市场层面：优化数据、技术等要素配置｜构建创新生态｜助力产业链式重构和集群培育｜促进教育、科技、人才一体化

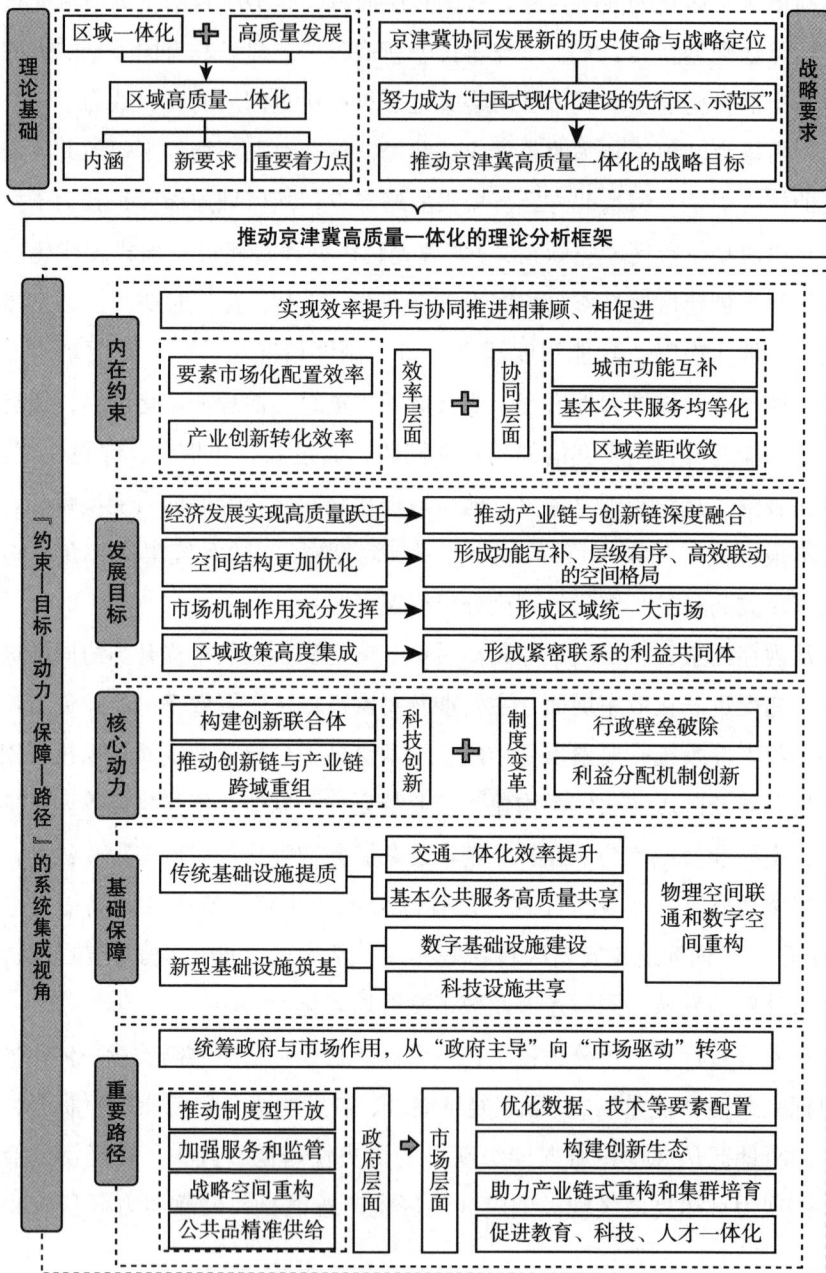

图2 推动京津冀高质量一体化的理论分析框架

幅提升；在制度能级层面，体现为国际话语权、国际影响力提升，涵盖规则制定权（标准输出）与模式影响力（区域治理模式全球推广）等；在创新能级层面，体现为从技术追赶向生态主导转变，强调京津冀地区在全球产业链与创新链中的话语权提升，实现"硬科技突破"（打造国际科技创新中心）与"生态控制力提升"（国际创新网络枢纽地位、全球产业链高端环节引领者等）。当前推动京津冀高质量一体化需要达成以下具体目标：①推动产业链与创新链深度融合，经济发展实现高质量跃迁，即京津冀三地需秉持产业链思维，围绕产业链布局创新链，围绕创新链布局产业链，提高科技成果在区域内落地转化的比重和效率，实现功能和优势互补，推动更高水平的产业协同发展；②形成功能互补、层级有序、高效联动的空间格局，空间结构更加优化，即北京"四个中心"功能不断强化，在京津冀协同发展中发挥核心引领作用，加强现代化首都都市圈和石家庄都市圈空间载体互动，并提升石家庄、唐山、保定、廊坊等节点城市功能的专业化程度，推进中心城市和外围城市的功能分工与互补衔接；③市场机制作用充分发挥，形成区域统一大市场，即完善和创新要素市场化配置机制，加强设施一体化建设，构建完善的交通网络和信息网络，构建"硬联通（设施）、软联通（制度）、智联通（数据）"体系，形成要素和产品流动顺畅的一体化市场；④区域政策高度集成，形成紧密联系的利益共同体，即区域合作机制不断完善，京津冀三地实现"项目协同"向"制度协同"转变，在各领域实现政策统一、规则一致及协同执行，形成区域内制度一体化。

从核心动力看，科技创新和制度变革仍是推动京津冀高质量一体化的重要引擎。在科技创新层面，需从构建创新联合体、推动创新链与产业链跨域重组两个方面重点发力，如借鉴长三角国家技术创新中心建设经验，组建京津冀联合实验室，特别是在空天信息、生物医药等领域构建创新联合体，推动区域原始创新、颠覆性创新能力提升；通过在京津冀三地互设"科创飞地""产业飞地"，推动创新链与产业链跨域重组和深度融合，形成"知识溢出—技术扩散—产业升级"的正反馈回路，实现技术、经济范式转换。在制度变革层面，为推动京津冀高质量一体化，京津冀地区制度变革要从

"点状突破"向"系统重构"转变，由分散的"点状创新"转向构建跨区域协同的"制度生态"，重点在于构建"跨区域利益共同体"，实现从"政策驱动"向"制度赋能"的跃升。京津冀地区需进一步在行政壁垒破除、利益分配机制创新等方面发力，如通过建立跨域"负面清单+"管理模式，真正实现"同事同标""一地创新、三地互认"；制定京津冀三地知识产权互认、税收分成协议，解决科技成果跨域转化、产业转移中的利益分配矛盾。通过制度创新，推动空间重构和优化布局，为京津冀高质量一体化提供更适配的空间载体。

从基础保障看，通过传统基础设施提质、新型基础设施筑基，实现物理空间联通和数字空间重构，新旧基础设施融合赋能为京津冀高质量一体化提供设施保障。从交通基础设施看，要致力于解决多模式交通衔接效率低、市郊铁路功能发挥不足、高铁网络放射性布局导致结构缺陷等问题，通过实施"快线织网"工程，打造"轨道上的都市圈"等，推动交通网络重构；通过建立跨制式运营联盟，统一调度市郊铁路与城市轨道交通。从基本公共服务看，通过建立京津冀三地医疗联合体检查结果互认、诊疗方案互通等政策，实现三甲医院远程医疗全覆盖，推动京津冀三地基本公共服务均等化进程。关于新型基础设施，主要涵盖数字基础设施建设、科技设施共享，特别是大型科研设备开放共享等。

从重要路径看，本报告主要从政府和市场两个层面进行分析。其中，政府主要发挥战略规划、制度提供及公共品供给作用，通过破除行政壁垒，优化区域空间布局，实现功能互补，并提供基础设施及生态环境支撑；市场主要发挥资源配置主体、创新策源载体、效率提升引擎作用，涉及要素资源流动、技术研发与转化及全要素生产率优化等。推动京津冀高质量一体化，要统筹政府与市场作用，从"政府主导"向"市场驱动"转变。在推动京津冀高质量一体化过程中，政府主要通过推动制度型开放、加强服务和监管、战略空间重构、公共品精准供给等推动高质量一体化；市场主要通过优化数据、技术等要素配置，构建创新生态，助力产业链式重构和集群培育，促进教育、科技、人才一体化等推动高质量一体化。

四　进展分析与问题探讨

（一）推动京津冀高质量一体化的进展与成效

1. 非首都功能疏解成效显著，助力京津冀高质量一体化加快推进

一是人口疏解成效显著，北京成为全国首个减量发展的超大城市。2014~2023 年，北京中心城区常住人口由 1293.5 万人降至 1094.8 万人，常住外来人口由 490.5 万人降至 344.5 万人，年均降幅分别为 1.84%、3.85%；首都功能核心区（涵盖东城区和西城区）常住人口由 222.4 万人降至 180.2 万人，常住外来人口由 58.2 万人降至 36.7 万人，年均降幅分别为 2.31%、4.99%。① 二是疏解腾退为北京首都功能提升和高精尖产业发展提供空间保障。2014 年以来，北京累计退出一般制造业企业超过 3200 家，疏解、升级区域性专业市场和物流中心近 1000 个，利用拆违腾退空间实施绿化超过 9200 公顷，为保障中央政务功能、补齐便民服务短板提供空间。② 2015~2023 年，北京十大高精尖③产业在营企业注册资本额均呈快速增长态势，其中人工智能企业注册资本额由 190.48 亿元增至 1359.16 亿元，软件和信息服务由 313.16 亿元增至 1741.87 亿元，新能源智能汽车由 940.91 亿元增至 3405.49 亿元，年均增幅分别为 27.84%、23.92%、17.44%。④ 三是津冀通过承接非首都功能疏解，推动产业转型升级。截至 2023 年，北京企

① 数据来源于《北京区域统计年鉴 2024》。
② 《十年疏整促的北京之路——北京市十六届人大二次会议、北京市政协十四届二次会议特别策划》，北京市发展和改革委员会网站，2024 年 1 月 18 日，https://fgw.beijing.gov.cn/gzdt/fgzs/mtbdx/bzwlxw/202401/t20240118_3539625.htm。
③ 本部分将《北京市十大高精尖产业登记指导目录（2018 年版）》所涉及的十大高精尖产业类别分别与《国民经济行业分类》（GB/T4754—2017）各中类或小类相对应进行研究分析（部分更为细分的产业未统计）。
④ 数据来源于龙信企业大数据平台。

业对津冀企业累计投资 4.9 万次，总投资额达 2.3 万亿元①；中关村企业在津冀设立分支机构超 1 万家，助力中关村运营理念和发展模式"复刻"推广至津冀，带动津冀两地新一代信息技术、新材料、生物医药、智能制造等领域加快发展。四是非首都功能疏解助力津冀基本公共服务水平大幅提升。京津冀三地签署《京津冀教育协同发展行动计划（2023 年—2025 年）》，通过组建不同类型的高校联盟，推动教育资源共享；清华大学、中国人民大学等对口帮扶河北县域高中，在雄安新区规划建设高水平中小学及幼儿园，推动优质教育服务辐射共享。

2. 协同创新格局不断深化，区域创新实力持续增强

一是协同创新能力稳步增强，原创性、引领性创新成果不断涌现。2023 年，京津冀地区发明专利授权量为 13.64 万件，占全国的比重为 14.81%。② 2014~2023 年，京津冀地区围绕轨道交通、智能制造、精准医学等领域累计投入经费 8700 余万元，资助 177 项基础研究合作项目③，三地基础研究合作持续推进。京津冀主动对接国家重大战略需求，形成了一批重大科技创新成果，如京津冀国家技术创新中心完成了微型化双光子显微镜等多项原创性、引领性重大科技成果。二是北京技术资源加速辐射至津冀，创新资源开放共享有序推进。2023 年，北京流向津冀的技术合同成交额为 748.7 亿元，是 2013 年（71.2 亿元）的 10.52 倍。④ 京津冀三地已签订《京津冀科技创新券合作协议》，建立了创新券区域合作机制。三地共同梳理发布了 1155 家京津冀科技创新券服务提供机构（开放实验室）目录，截至 2023 年底，有效促进区域内 1.43 万台（套）、原值近 150 亿元的科研设施与仪器向社会开

---

① 《协同发展十年交出漂亮"成绩单"　京津冀迈向世界级城市群》，中央人民政府网站，2024 年 2 月 23 日，https://www.gov.cn/lianbo/difang/202402/content_6933625.htm。
② 数据来源于国家统计局。
③ 《截至去年底中关村企业在津冀设分支机构超万家》，人民网，2024 年 4 月 15 日，http://finance.people.com.cn/n1/2024/0415/c1004-40215833.html。
④ 数据来源于《北京统计年鉴》。

放共享。① 三是跨区域协同创新平台不断壮大。京津冀三地已共建多所联合实验室、开放实验室，如航天五院 518 所与北京空间飞行器总体设计部、天津大学机械工程学院共建空间机械与热物理技术联合实验室；充分利用区域内的"链主"企业和龙头企业，带动形成了多个创新联合体和技术创新联盟，如京津冀地区的芯片、终端设备和集成应用等上下游领域 13 家优质企业及高校共同成立车联网技术创新联合体，建成"车联网–智能网联"技术联合创新平台。

3. 产业协作不断走深走实，"链群"建设助力产业高质量一体化

一是京津冀产业协同成效显著，产业结构持续优化。京津冀三地产业构成由 2013 年的 6.25∶35.70∶58.06 转变为 2023 年的 4.63∶27.71∶67.65。二是科技创新与产业融合水平持续提升。2023 年第一季度，北京高技术制造业、高技术服务业投资分别增长 22.0%、42.6%，天津两类产业投资分别增长 48.6%、9.9%，河北则分别增长 31.0%、24.0%。② 三是跨区域产业协作模式日益丰富，推动资源配置效率提升和产业布局优化。京津冀地区已形成了北京（曹妃甸）现代产业发展试验区以合作园区为载体的共建共管模式、北京·沧州渤海新区生物医药产业园实行的医药产业转移异地监管模式、北京轨道交通技术装备集团有限公司以制造业企业为主导的"总部+基地"模式等多种产业对接协作模式，有利于扩大产业转移与承接成效，提升区域产业合作能级。四是"六链五群"建设稳步推进，多层次、全链条的产业生态体系初步形成。2023 年 5 月，《京津冀产业协同发展实施方案》印发，明确了京津冀"六链五群"产业协同发力点；同年 7 月，三地联合印发《京津冀重点产业链协同机制方案》，编制完成六条重点产业链图谱，并梳理出"卡点+技术攻关清单""堵点+招引企业清单"，进一步推动了重点产业链"延链、补链、强链、优链"。截至 2024 年，京津冀地区已经形

---

① 《京津冀将共推颠覆性技术成果转化落地》，"北京商报"百家号，2024 年 2 月 26 日，https://baijiahao.baidu.com/s? id=1791887658522023342&wfr=spider&for=pc。

② 《京津冀科技创新和产业融合发展水平持续提升》，"中国经济时报"百家号，2023 年 5 月 16 日，https://baijiahao.baidu.com/s? id=1765977055418861034&wfr=spider&for=pc。

成了京津冀生命健康集群、京津冀新一代信息技术应用创新集群、京津冀集成电路集群等7个国家级先进制造业集群。

4. 多节点、网格状、全覆盖的综合交通网络基本形成，交通一体化持续拓展

一是综合交通枢纽建设成效显著，旅客联程联运效率不断提升。北京清河站、北京朝阳站、北京丰台站等综合交通枢纽陆续投入运营，实现了干线铁路、城际铁路与城市轨道交通的"无缝衔接"；北京丰台站、北京南站实现了铁路换乘地铁无须进行二次安检；北京站、北京北站等实现了高铁与市郊铁路、城市轨道的便捷换乘，各层级轨道交通方式衔接体系逐步完善；草桥城市航站楼为旅客提供直达机场交通、"一站式"值机和行李托运服务，实现了城市交通与机场交通的无缝衔接。二是城市轨道交通线网不断优化，"轨道上的京津冀"加速建成。一方面，北京城市轨道交通加速扩建升级，持续扩大覆盖范围和提升换乘便捷度，利用既有铁路资源，市郊铁路发展迅速。截至2023年底，北京已开通城市副中心线、S2线、怀柔—密云线和通密线4条市郊铁路，北京和天津中心城区与新城、卫星城之间的"0.5小时通勤圈"加速构建。① 另一方面，京哈高铁（京承段）、京张高铁、津兴城际、京雄城际、京唐（京滨）城际等一大批重点铁路项目陆续投入运营。截至2023年底，京津冀高铁总里程达2624公里，实现了对区域内所有地级市的全覆盖②，京津雄实现半小时通达，北京至保定、张家口、廊坊、武清等6个毗邻区域全部实现1小时内通达。三是交通路网持续优化，互联互通的公路网全面构筑。京昆、京台、京秦、京雄、首都地区环线高速（通州—大兴段）、津石、荣乌等一批国家高速公路建成通车，实现京津冀区域内国家高速公路"断头路"全面消除。京礼高速、北京大兴国际机场及北线高速、京蔚高速等地方高速陆续通车，区域路网日益便捷通畅。四是"一市两场"双枢纽格局形成，京津冀世界级机场群初现雏形。2019年9

---

① 《今年底北京将迎来"八站两场"枢纽新格局》，北京市重点站区管理委员会网站，2024年3月5日，https://zdzqgw.beijing.gov.cn/zwgk/zqyw/202403/t20240305_3580177.html。

② 《京津冀高铁总里程达2624公里》，"新华网"百家号，2024年2月26日，https://baijiahao.baidu.com/s?id=1791917445743233070&wfr=spider&for=pc。

月，北京大兴国际机场正式投入运营，北京首都国际机场、北京大兴国际机场实现"比翼齐飞"。京津冀地区 9 个规划机场均已实现通航，初步构建起"双核"（北京首都国际机场、北京大兴国际机场）、"两翼"（天津滨海国际机场、石家庄正定国际机场）、"多点"三级机场梯队。2023 年京津冀机场群完成旅客吞吐量、货邮吞吐量分别为 12293.8 万人次、155.0 万吨。①

5. 基本公共服务共建共享持续推进，驱动京津冀民生服务均等化发展

一是教育资源共建共享持续推进。京津冀三地签署了 168 项教育合作协议，建立了覆盖基础教育、职业教育、高等教育等各领域的教育联盟。京津冀三地共签署基础教育合作协议 13 项，通过发展联盟、合作办学、"一对一"帮扶等方式推进基础教育共建共享。京津冀三地高校组建了"京津冀协同创新联盟""京津冀经济学学科协同创新联盟"等 16 个创新发展联盟，且河北认定的 51 个协同创新中心涵盖 22 所京津高校和 39 个科研院所，极大地促进了三地高校间的深层次交流与合作。此外，京津冀三地开展技能人才联合培养，依托 13 个国家级职业学校校长培训基地、27 个国家级职业教育"双师型"教师培训基地，推动京津冀职业院校干部、教师异地挂职交流，培养更多的职业技术人才，并将职业教育融入京津冀"六链五群"产业布局之中。二是医疗资源梯度协同与互认机制不断优化，助推区域医疗服务均等化发展。其一，加快推进优质医疗资源共享，促进医疗资源均衡分布。北京通过支持和引导在京医院向外迁建、建立分院、联合办医等多种形式向京郊和京外资源薄弱地区转移，以实现医疗资源"沉下去"；北京多家知名医院与雄安新区的医疗机构建立了合作关系，通过技术帮扶、人才培养、远程医疗等多种方式，提升了雄安新区的医疗服务水平。其二，实现检验影像互认与实时结算，京津冀医保一体化加快推进。截至 2024 年 11 月，已有 50 项临床检验结果在京津冀 685 家医疗机构实现互认，30 项医学影像检查结果在京津冀 503 家医疗机构实现互认②，这些都有助于提升医疗服务

---

① 中国民用航空局：《2023 年全国民用运输机场生产统计公报》，2024 年 3 月。
② 《300 项影像检查结果医院互认》，"北京晚报"百家号，2024 年 11 月 28 日，https：//baijiahao. baidu. com/s？id＝1816 958605388608863&wfr＝spider&for＝pc。

均等化水平。其三，北京优质医疗资源发挥辐射带动作用，京津冀医联体建设取得显著成果。截至 2024 年 5 月，京津冀医联体数量已增至 70 个，覆盖了河北 62 家医疗机构。[①] 北京牵头医院专家定期赴河北基层医院视察、访问，并开展医联体签约及义诊服务等活动，通过以传带帮促进基层医疗服务能力提升。三是社保跨域通办效能不断提升。2023 年 9 月，京津冀三地签署《京津冀社会保险经办服务协同合作协议（2023—2025 年）》；2024 年 5 月，三地共同启动了 8 个社保分中心社保协同帮办服务，涵盖灵活就业及城乡居民参保登记、享受养老及工伤待遇资格认证、社会保险权益查询及关系转移接续等 11 项社保领域高频经办服务事项。此外，京津冀三地积极推进社会保障卡应用合作。截至 2024 年 4 月底，三地已实现 22 项人社服务事项"一卡通办"、6.4 万家医疗机构"一卡通结"。[②]

6. 生态环境质量持续提升，绿色低碳发展不断深化

一是大气环境治理成效显著，水环境联保联治不断强化。2024 年，京津冀三地细颗粒物（PM2.5）年均浓度分别降至 30.5 微克/米^3、38.1 微克/米^3、37.7 微克/米^3，与 2013 年相比降幅均超六成，优良天数大幅增加。[③] 京津冀地区地表水水质持续提升，区域地表水国控断面优良水质占比由 2014 年的 25% 提高至 2022 年的 58.3%，劣 V 类水质占比从 65% 到全面消除。二是已形成完善的区域联防联治体制机制。京津冀地区先后签署实施一系列合作协议，建立大气污染联控、重点流域联治、联合联动执法、突发水环境事件联合应急演练等生态环保协同机制。三是生态保护补偿机制持续完善，生态补偿方式日益多元。京冀先后签订了《密云水库上游潮白河流

① 《第二批京津冀医联体名单确定　京津冀医联体数量增至 70 个》，河北省人民政府网站，2024 年 5 月 18 日，http：//www.hebei.gov.cn/columns/580d0301 - 2e0b - 4152 - 9dd1 - 7d7f4e0f4980/202405/18/a39623e2-107f-48c3-a641-72a219ab63ed.html。
② 《社会保障卡居民服务"一卡通"场景发布》，人力资源和社会保障部网站，2024 年 5 月 17 日，https：//www.mohrss.gov.cn/SYrlzyhshbzb/zhuanti/jinbaogongcheng/jbgcshehuibaozhangka/jbgcshbzkdifangdongtai/202405/t20240517_518602.html。
③ 《协同发展 11 年，京津冀 PM2.5 降幅均超六成》，"北京日报"百家号，2025 年 2 月 20 日，https：//baijiahao.baidu.com/s？id=1824567620081969851&wfr=spider&for=pc。

域水源涵养区横向生态保护补偿协议》《官厅水库上游永定河流域水源保护横向生态补偿协议》等，实现了京津水源上游流域生态补偿全覆盖。三地积极探索多种生态补偿方式，除经济补偿外，还形成了以人才培养、技术设备支持等为主的技术补偿机制。四是能源绿色转型成效显著，区域绿色低碳发展加快推进。截至 2023 年底，北京率先实现平原地区基本无煤化，并逐步向山区居民拓展"煤改电"工程，天津燃煤锅炉和工业窑炉基本完成清洁能源替代，河北基本淘汰 35 蒸吨/小时及以下燃煤锅炉。

（二）当前推动京津冀高质量一体化存在的主要问题

1. 区域发展不平衡问题仍较为突出，资源配置不均问题尚未得到有效解决

一是京津冀三地存在较大发展差距，制约区域联动发展。2023 年，北京人均 GDP 为 200278 元，是天津（122752 元）的 1.63 倍、河北（59332 元）的 3.38 倍；北京城镇单位就业人员平均工资为 218312 元，是天津（138007 元）的 1.58 倍、河北（94818 元）的 2.30 倍，三地经济差距仍较大。[1] 同时，产业发展梯度存在较大落差，制约区域内产业的关联性和互补性。北京在医药制造、专用设备制造、汽车制造、仪器仪表制造等产业集群中的优势突出，天津在食品制造、石油、煤炭及其他燃料加工等产业集群中占据一定优势，河北则形成了以皮革、毛皮、羽毛及其制品和制鞋业，黑色金属冶炼和压延加工业，金属制品业等重化工为主导的产业结构。二是京津冀三地在关键要素、高质量公共服务等方面仍存在明显的资源配置不均问题。人才、知识等关键创新要素仍呈现北京对周边地区"虹吸>辐射"的状态，尚未形成双向流动格局。京津冀三地的人才差距仍在扩大，目前三地顶尖的两院院士人才比例为 88.5：8.0：3.5，北京每万名从业人员中拥有硕士研究生及以上学历的高端人才比例是天津的 2 倍、河北的 9 倍[2]，津冀长

---

① 数据来源于国家统计局。
② 《民进北京市委员会：加强京津冀区域人才协同发展，奋力打造全球高端人才集聚区》，中国人民政治协商会议北京市委员会网站，2024 年 3 月 20 日，http：//www.bjzx.gov.cn/tajy/mzdpsgsl/202403/t20240321_47421.html。

期处在引才留才的"下风口",且科技金融资源等过度集中于北京,占区域总量的七成以上。

2. 区域一体化机制尚未形成,市场化运营机制需加快建设

一是制约要素跨域流动的制度性障碍需进一步破除,要素一体化市场建设需加快推进。特别是京津冀高端人才在区域内流动仍受到户籍、社保、职称评审等方面的限制,高层次人才"双聘制"、跨区域社保衔接等深层次问题尚未完全解决。以人才互认互通为例,京津冀三地均制定了相应的人才认定标准,但三者间存在明显差距且无法实现互认,北京市仅将中关村"高聚工程"以及北京市人才主管部门认可的其他人才工程与计划入选者纳入本地"高层次人才认定标准";天津市仅将天津市"杰出人才"计划人选等纳入本地"高层次人才认定标准";河北省仅将河北省委认定的拥有特殊技能或专业知识的人才纳入本地"高层次人才认定标准"。这些都制约了高层次人才在区域内的有序流动。此外,知识产权跨区域保护与纠纷解决机制不完善,制约了技术要素市场化配置效率。二是协同创新机制不完善,制约京津冀协同创新共同体建设。京津冀地区产学研合作多以项目制为主,缺乏稳定的利益共享机制,高校和科研机构存量专利的转化率偏低;科技成果转化供需清单机制尚处于探索初期,共性技术平台建设滞后于产业链需求,影响区域内科技成果转化供需对接不畅问题的解决;跨区域创新平台多为"挂牌式合作",市场化运营不足;缺乏统一的科创统计监测与绩效评估体系。三是税收分享机制不健全,利益协调与分配机制仍存在缺失现象。京津冀三地财税分配缺乏统一框架,导致产业疏解与承接动力不足。跨区域基础设施(如城际铁路、港口)的投资主体多元,但运营收益分配机制尚未形成,如京津冀城际铁路投资公司仍以政府主导,市场化运营能力不足,难以实现长期可持续回报。四是京津冀生态产品价值实现机制仍处于探索阶段,生态保护补偿机制难以满足发展需求。在实施生态产品价值实现的相关政策法规时,京津冀三地在实施主体、生态产品目录清单编制、自然资源资产的产权界定、生态产品价值核算、绿色金融支持、交易规则、政策保障等方面均存在差异,环境信息披露要求和监管力度不同,缺乏有效的跨区域协调机制，现有生态产品的价值难以得到互相认可，无法形成活跃交易的市场状态。

3.区域发展关键领域协同关联度有待提升，北京辐射带动作用亟须强化

一是北京创新成果产出与津冀产业需求不匹配现象始终存在，制约创新链与产业链融合发展。北京创新成果产出主要集中在计算机、通信和其他电子设备制造业，仪器仪表制造业等高技术制造业，这也成为北京向外省份输出技术合同的主要领域。现阶段津冀制造业主要集中在黑色金属冶炼和压延加工业、金属制品业等资源密集型产业，存在较为明显的供需不匹配问题。二是北京对津冀的投资仍有待提升，且产业投资主要集中于低创新领域。2023年，北京企业对津冀的投资额分别为2302.71亿元、1076.45亿元，相当于流向外省份（25009.81亿元）的9.21%、4.30%，仍远低于流向长三角地区（17.45%）的金额。① 北京企业对天津的投资主要集中在金融业、租赁和商务服务业等服务行业，对河北的投资主要集中在制造业。三是津冀两地缺乏转化北京研发成果的优势，产业协同相对不足。北京新兴的以小米、百度为代表的人工智能产业，以科兴中维、民海生物为代表的生物制药产业，以中芯国际、北方华创为代表的集成电路产业等大多属于赋能性、易转化、短产业链的行业，而北京众多独角兽企业仍处于起步阶段，尚未形成强大的扩散效应，津冀两地难以形成与北京高新技术研发群落的有效对接。

4.非首都功能疏解压力尚大，基础设施支撑作用仍需提升

一是首都功能核心区人口和功能过度集中问题尚未得到根本解决。当前北京教育及医疗资源疏解仍较为有限，多集聚于首都功能核心区和中心城区，且北京平原新城地区公共服务水平与中心城区间仍存在较大差距，北京周边地区产业承接能力不足问题突出。二是多层次交通方式衔接不畅，交通通行效率有待提升。当前北京轨道交通与市郊铁路、地铁之间的换乘设计不足，导致枢纽节点的换乘效率较低，且市郊铁路由铁路局管理，与地方地铁

---

① 数据来源于龙信企业大数据平台。

系统在票务、调度、站点衔接上存在制度壁垒，管理分割导致协同困难，制约换乘效率提升；北京高铁站多集中于市中心，外围组团（如清河、北京城市副中心）高铁站间缺乏直连线路，需绕行中心城区，如北京城市副中心站与雄安站间无直达高铁，需经北京西站中转，外围组团衔接不足；河北地级市间铁路网络密度低，跨市出行需绕行北京或天津枢纽，如保定至沧州无直达高铁，需经北京南站换乘。三是公共服务标准与供给存在较大差异，公共服务资源配置不均制约区域协同发展。当前教育、医疗等优质资源仍高度集中于北京，河北公共服务供给能力较为薄弱。以三级医院为例，2024年，京津冀三地分别拥有 138 家、56 家、94 家①，每家三级医院服务人口数分别为 15.84 万人、24.36 万人、78.65 万人，京津冀三地优质医疗服务资源配置不均问题仍较为突出。京津冀三地间跨区域办学、医联体建设等合作尚显不足，异地就医结算、教育资源分配仍存在政策衔接障碍；三地社保缴费基数、报销比例等政策差异较大，跨区域就业人员面临社保转移接续困难等问题，尚未形成跨区域社保一体化模式。

五 推动京津冀高质量一体化的对策建议

为推动京津冀高质量一体化，应坚持"立法重构权责框架、市场激活利益纽带"核心理念，通过京津冀三地协同立法助力破除行政壁垒，通过要素定价、链式分税等市场化工具重塑激励机制，推动利益共同体建设，提升京津冀地区政策制定统一性、规则一致性、执行协同性；三地应共同建立京津冀功能协同发展监测体系，构建"'评估-反馈'+'学习-迭代'"机制以推动机制创新，聚焦"数字孪生城市"与"规则创新试验"两大方向，打造全球示范应用型场景，并强化制度型开放规则输出，通过"国际规则

---

① 朱兆军：《2024 年我国 4000 所三级医院收入观察》，"医院运营咨询新知"微信公众号，2024 年 11 月 9 日，https：//mp. weixin. qq. com/s?＿＿biz＝MzAwODAxNTM2OQ＝＝&mid＝2247500688&idx＝1&sn＝28f7523f3c3621b72a1a3575520a8472&chksm＝9a865aec2a56f12bd207caf0a7aeb5bfaa8ffe87cb3752e89afa376686746a9cc676bca3a6a4&scene＝27。

嵌套+中国方案定义"提升全球话语权，助力我国实现从"国际规则接受者"到"全球治理系统架构师"的跃迁。

（一）疏通"制度经络"：持续深化制度型开放协同，提升区域规则、政策、标准等"软联通"水平

一是完善产学研深度合作机制，强化创新链、产业链、人才链协同互动。鼓励企业与高校、科研院所共建新型研发机构、国家技术创新中心等产学研合作平台，探索产学研深度融合新模式。完善区域创新型人才发展长效激励机制，推动高校及科研院所人才评价与激励机制改革，加快构建多元化人才评价体系。例如，从北京的高校和科研院所遴选一批人才到津冀企业担任"科技副总"，并从京津冀重点产业企业中遴选一批人才到三地高校担任"产业教授"，促进产学研深度融合。二是完善创新型领军企业培育机制，强化企业在协同创新和产业协作中的主体地位。构建"雏鹰—瞪羚—独角兽—小巨人"企业培育梯队，共建区域高成长高质量科技企业培育库；健全企业关键核心技术攻关促进机制，建立企业研发准备金制度，加快培育一批拥有核心技术和自主知识产权的创新型领军企业。三是完善科技成果区域内转化和产业化促进机制，推动产业链上下游对接合作模式创新。建立常态化科技成果供需捕捉机制、先进技术成果转化敏捷响应和快速转化机制，提高创新成果应用效率；围绕"六链"建立跨区域、跨部门产业链联合招商机制，破解产业链"堵点""卡点"问题，共同打造区域重点产业链。四是完善跨区域产业链群合作、重大基础设施共建运营、园区合作开发等地区间成本共担、利益共享机制。京津冀三地要围绕区际利益补偿、公共资源交易、规则标准互认等加强政策协同。一方面，通过制定企业跨域流动税收分配范围、解缴地点、解缴方式细则，河北对京津两地技术转移项目以经济贡献反哺技术源头，京津两地按生态增益比例补偿河北发展权益等方式，推动解决产业转移税收分配、科技成果跨域转化、生态环境跨域治理等区域发展利益分配矛盾；另一方面，加速制度创新在三地的复制推广由批复制改为备案制，通过某项制度先行先试，推动金融开放、知识产权等重点领域制度创

新优先互认，完成所有领域制度创新"一地创新、三地互认"，加快推动自贸试验区制度实现突破。此外，鼓励京津冀交界地区建立多层次合作机制，强化决策、协调、执行的一体贯通，支持通州-北三县、房涿涞等三地交界地区率先探索构建跨行政区协作新机制。

（二）激活"市场穴位"：以市场化配置改革推动要素配置效率提升，加快关键资源开放共享

一是不断完善要素流动市场制度和规则，探索京津冀在数字经济、绿色低碳等领域的标准制定和转化应用，搭建科研设备共享、科技创新、企业融资等"一站式"服务平台，扩大跨省通办、同事同标、资质资格互认等事项范围，提升区域市场开放度，确保各类资源要素有序流动、高效配置；推动政府工作人员工资绩效的市场化改革，将公务员收入与所服务企业的经营情况、税收状况结合起来，充分激活公务员服务市场主体的内生动力，推动"有效市场+有为政府"的良性互动。二是鼓励京津冀三地联合制定《京津冀科技人才资质互认目录》，共建科技人才数据库，试点科学家"北京聘用、津冀履职"机制和"创新积分跨区域兑换"政策（如积分可在三地兑换科研设备使用、住房补贴等权益）。三是创新科创融资模式，推动科技金融协同发展。由京津冀三地联合出资设立京津冀科创母基金，定向支持跨区域产业链项目，并配套建设"共同出资、产权共享"机制；推动北京证券交易所与天津港、河北自贸试验区联动，推广"北京技术+河北制造+天津港口"跨境融资模式，创新"专利质押+港口仓单"融资模式。四是充分利用在京国家战略科技力量，倡导在北京怀柔科学城建设大科学装置集群，推动京津冀三地联合建设"京津冀大科学装置共享平台"，进一步推动重大科研基础设施、大型科研仪器及大科学装置等向津冀开放共享，提高科研资源利用效率。五是加强数字基础设施与资源共享。企业应持续夯实算力底座，弥补高校基础设施在资源总量、算力、网络性能和数据整合方面的短板，为高校科研创新提供算力支撑；企业应积极与高校联合共建算力平台，打通校企间的算力调度，实现校企在人才、技术和算力上的互助赋能。

（三）提升"产创韧性"：加强协同创新与产业协作共同体建设，推动产业链与创新链深度融合

一是聚焦重点产业需求开展关键技术攻关，提升原始创新策源力。聚焦"六链五群"建设，鼓励京津冀三地定期联合发布《京津冀十大硬核技术攻关清单》，发挥企业"出题人"和"阅卷人"作用，实行"揭榜挂帅"机制，定向支持新能源、集成电路、机器人等重点产业开展关键技术攻关。充分发挥企业创新主体作用，由北京头部企业（如百度、北汽等）牵头，联合津冀制造业企业（如天津中芯国际、河北长城汽车等）成立"京津冀硬科技攻关联盟"，推动"北京研发、津冀中试"无缝衔接。二是推动产业链与创新链融合模式创新，促进北京科技成果在周边地区落地转化。倡导在北京设立国际技术转移中心，在津冀两地布局15个以上专业化中试基地和概念验证中心（如天津生物医药中试平台、河北机器人验证中心等），打造概念验证—中试—产业化全链条平台，推行"北京验证、三地共享"的专利池模式，推动更多科技创新成果从"实验室"走向"生产线"；推广"科创飞地"和"产业飞地"模式，支持中关村在雄安新区、滨海新区设立分园，企业税收按研发投入比例进行分成；落实北京平原新城"一区一策"高质量发展实施方案，推动重大活动、重大工程、重大平台优先向平原新城布局，提升其科技成果转化能力。三是完善创新协同治理机制，加强对区域创新生态的监测评估。积极争取国家授权，在通州-北三县、雄安新区、天津滨海-中关村科技园等区域试点"科技创新特别合作区"，试行统一的技术标准，探索财税分成机制。建立京津冀科创大数据平台，动态监测三地研发投入、技术合同、专利共享等关键指标，并将"科技成果跨区域转化率""联合攻关项目占比"纳入三地科技主管部门的政绩考核。四是充分发挥北京作为国际科技创新中心的资源链接作用，将临空经济区打造成为国际开放合作枢纽。尝试在自贸试验区内统一科研设备进口免税、实验数据跨境传输等标准，探索"负面清单"管理模式；共建京津冀自动驾驶、氢能等全域开放测试区，推动三地互认测试结果；在中关村试点跨境

科研数据流动"白名单",允许外资研发中心与津冀制造业企业定向共享实验数据,探索建设国际数据特区。五是创新"场景驱动型"产业协同,培育新质生产力走廊。打造场景创新驱动产业创新的策源地,建立京津冀"需求众筹—场景招标—联合攻关—市场验证—产业培育"新机制,推动雄安新区形成"数字孪生城市+场景创新共同体"双轮驱动模式。沿京津、京保石、京唐秦三大轴线布局科技创新与产业创新融合发展项目,建设雄安新区国家数字经济创新发展试验区、京津冀算力枢纽等一批科技创新载体,加快培育京津、京雄新质生产力走廊。

（四）培育"机体气血":推进交通、基本公共服务及生态高质量一体化,筑牢区域高质量发展基底支撑

一是充分发挥京津冀高校资源优势,推进教育、科技、人才"三位一体"协同融合发展。加强"以用定需"的人才培养体系建设,根据京津冀三地现代产业体系建设需求,优化专业设置,推动人才培养与传统产业升级、新兴产业发展及未来产业布局衔接;持续深化校企合作,联合制订人才培养方案和课程大纲,将产业中的新技术、新方法及实际案例融入教学内容,推动产教深度融合。二是强化多层次交通方式衔接与协同运行,提升整体运行效率。建设首都外环市域（郊）铁路环线,加快推进京津冀地区圈层轨道交通系统建设,加强轨道交通与京津地区地铁线网间的有效衔接;完善通州、大兴、廊坊、武清等京津交界地公共交通体系建设,提高通勤效率;试点"安检信用通"制度,对高频通勤人员实行生物识别免检,提升交通网络的运营效率。三是推动基本公共服务资源共建共享,加快推进三地基本公共服务均等化进程。加快推动北京中心城区高校向平原新城疏解,鼓励与各区产业功能定位相契合的学校逐步落位;支持北京市属高校与沧州、张家口等节点城市及环京地区产业功能定位相契合的城市开展合作办学;通过数字课程共享、教师跟岗培训等方式,推动北京优质中小学基础教育资源与河北深化对接合作。深化京津冀三地医疗联合体检查结果互认、诊疗方案互通等政策,进一步扩大互认范围,实现三甲医院远程医疗全覆盖,推动京

津冀三地基本公共服务标准化、均等化进程；深入推进京津冀医联体建设，组织天坛医院等市属医疗卫生机构与张家口、保定等地开展对口支持合作。四是加快推进生态产品价值实现，协同推进绿色低碳发展。建立京津冀"生态账本"与生态资源数据库，完善自然资源资产负债表，创新生态产品运营新模式，成立京津冀生态资产运营公司，开发"森林碳汇+生态旅游"组合产品，推进生态产品价值实现，并进一步完善生态涵养地区居民补偿机制，推动生态服务系统良性发展。有序推进碳金融产品和衍生工具创新，多种方式降低绿色债券融资成本，为绿色低碳产业发展提供金融支持。五是推动跨区域治理能力数字化升级。以满足群众主要需求为重点，聚焦企业服务和民生事项推进跨区域精准化、主动化、数字化协同服务；探索建设京津冀智慧城市群数据中枢，实现环保、交通、应急等重点领域数据实时共享。

（五）重构"空间骨架"：以现代化首都都市圈、石家庄都市圈为支撑加快建设世界级城市群，夯实高质量一体化空间载体

一是以现代化首都都市圈建设为关键抓手，充分发挥北京核心、天津主引擎、区域中心和节点城市承载以及"三轴"支撑与"四区"联动作用，加快推进京津冀世界级城市群建设。二是构建首都都市圈大中小城市分布合理的多层级城镇体系结构，优化空间布局结构，促进分工合理、优势互补的产业功能合作，通过畅通资源要素流动实现空间优化配置，推动首都都市圈"通勤圈、功能圈、产业圈"三大圈层协同联动发展。三是充分结合北京科技创新和天津先进制造研发优势，推进京津同城化发展。例如，支持中关村、北京经济技术开发区等与天开高教科创园对接合作；完善怀柔科学城与天津滨海新区协同创新机制，推动重大科研基础设施和大型科研仪器开放共享。四是加快推进石家庄都市圈建设，培育冀中南地区经济增长极，助力解决京津冀发展不平衡问题，提升区域发展的整体效率，通过加强京津冀城市群与中原城市群连接，推动京津冀高质量一体化发展。五是推动京津冀三地毗邻地区深度融合发展。例如，北京经济技术开发区、通州区与天津市武清区、河北省廊坊市加快推动产业创新发展，

加快新能源汽车、生物医药等产业集聚发展，促进重点产业链细分子链布局落地；房涿涞地区可利用良乡大学城科教创新资源，合力打造先进能源、智能制造等产业集群。

参考文献

陈雯、孙伟、袁丰：《长江三角洲区域一体化空间：合作、分工与差异》，商务印书馆，2018。

陈雯、兰明昊、孙伟等：《长三角一体化高质量发展：内涵、现状及对策》，《自然资源学报》2022年第6期。

刘志彪：《长三角更高质量一体化发展的三个基本策略问题分析》，《江苏行政学院学报》2019年第5期。

孙斌栋：《长三角一体化高质量发展的理论与实践》，《人民论坛·学术前沿》2022年第22期。

田秋生：《高质量发展的理论内涵和实践要求》，《山东大学学报》（哲学社会科学版）2018年第6期。

吴福象：《长三角区域一体化发展中的协同与共享》，《人民论坛·学术前沿》2019年第4期。

B.2
东部三大城市群高质量一体化对比研究[*]

叶堂林　白云凤　李昕[**]

摘　要： 城市群是全球城市发展的主流和趋势，也是我国新型城镇化的主体形态，其高质量一体化发展是应对未来发展变局、实现长期可持续发展的必然选择。本报告以我国东部三大城市群为研究对象，从产创融合、设施互联、生态共保、民生服务、协同开放5个维度构建区域高质量一体化发展评价指标体系，通过横向对比与纵向对比，剖析2014~2023年我国东部三大城市群高质量一体化发展格局与发展趋势。研究发现，从城市群整体来看，京津冀城市群形成了以北京为核心、天津为主引擎、区域中心城市和节点城市为承载地的高质量一体化发展格局，长三角城市群形成了以上海、杭州、南京、苏州为中心，"多核共兴"引领区域高质量一体化发展的空间格局，珠三角城市群形成了以广州和深圳为第一梯队，珠海、东莞为第二梯队，惠州、中山等为第三梯队的"双核引领、梯次发展"的多层次区域高质量一体化发展格局；从城市发展来看，东部三大城市群城市高质量一体化水平差异不断缩小，高质量一体化发展趋势显现，但京津冀城市群资源极化特征依旧明显，城市间差异相较于长三角城市群和珠三角城市群仍处于较高水平；从各子系统来看，京津冀城市群在生态共保等领域成果丰硕，长三角城市群在产创融合、民生服务等领域彰显制度创新与市场活力双向赋能，珠三角城市群在设施互

---

* 本报告为国家社科基金重大项目"数字经济对区域协调发展的影响与对策研究"（23&ZD078）、教育部人文社会科学研究专项任务项目"推动京津冀高质量发展研究"（23JD710022）的阶段性成果。

** 叶堂林，经济学博士，首都经济贸易大学特大城市经济社会发展研究院（首都高端智库）执行院长、特大城市经济社会发展研究省部共建协同创新中心（国家级研究平台）执行副主任，三级教授、博士生导师，研究方向为首都高质量发展、京津冀协同发展、都市圈治理；白云凤，首都经济贸易大学城市经济与公共管理学院博士研究生，研究方向为区域经济；李昕，首都经济贸易大学工商管理学院本科生，研究方向为区域经济。

联、协同开放等领域的发展水平均优于京津冀城市群和长三角城市群。为此，本报告从加速区域标准互认与利益共享，推动有为政府与有效市场深度融合，加速科技创新与产业创新融合发展，推进教育、科技、人才"三位一体"等方面提出对策建议，以期为加快构建现代化首都都市圈、加速推动京津冀城市群一体化实现高质量发展提供重要参考。

关键词： 京津冀城市群　长三角城市群　珠三角城市群　高质量一体化

一　研究背景

（一）城市群高质量一体化发展是提升区域经济韧性的关键所在

随着城市人口的不断增加和资源的不断消耗，环境污染、资源短缺、生态恶化等问题日益突出，使得城市治理和城市管理面临巨大的风险和挑战。2023年11月28日至12月2日，习近平总书记在上海考察时强调，"全面推进韧性安全城市建设，努力走出一条中国特色超大城市治理现代化的新路"。① 城市群作为城市发展到成熟阶段的最高空间组织形式，不仅是区域资源要素的重要集聚地、创新活动的主要承载区，更是拉动区域经济发展、带动区域实现高质量发展的重要增长极、动力源，城市群的高质量一体化发展能够通过产业协同、资源优化和基础设施共享，有效提高经济结构的灵活性，在实现从资源型经济向创新型经济转变的同时，完善社会保障体系，壮大区域创新能力，以抗击外部环境的复杂性、严峻性和不确定性。

（二）城市群高质量一体化发展是优化区域空间布局的重要支撑

改革开放以来，我国经历了人类历史上规模最大、速度最快的城镇化。

---

① 司晋丽：《现代化治理，让城市更加可持续》，人民政协网，2024年3月6日，https：//www.rmzxw.com.cn/c/2024-03-06/3503497.shtml。

新型城镇化的逐步推进加快了产业、人口向优势区域集中，在经济发展空间结构调整的过程中，城市群逐步成为承载我国区域发展要素的主要空间形式。城市群作为我国人口、经济活动的主要空间载体和构成国土空间格局的主框架，其高质量一体化发展有效促进了区域发展方式的转变，即由单个城市"点状拉动"区域发展转变为城市群"面状组合"带动区域发展，通过高质量一体化，中心城市更加注重创新、金融、文化等核心职能，周边城市则注重发展生产、物流等基础性功能，城市间的功能分工愈加合理，规模效应、集聚效应、辐射效应得到充分释放，土地利用效率逐步提升，基础设施建设实现优化，交通网络互联互通，城市群内资源、技术、人才快速流动，进一步提升了区域空间布局的合理性和可持续性。

（三）城市群高质量一体化发展是深化区域协调发展的必由之路

随着我国城镇化进程的加快和经济社会的快速发展，城市间的交流联系日趋密切，以城市群为核心的空间发展格局已基本形成，城市群高质量一体化发展作为区域协调发展的高级形态，已然成为进一步深化区域协调发展和优化资源配置的重要战略选择。城市群高质量一体化发展是以区域功能协同与地理空间选择为发展逻辑，通过制度规则深度统一、要素配置效率跃升、治理体系系统重构，促进区域在都市圈、跨域园区、跨界城镇等空间尺度下实现深度协调的一种发展模式。城市群高质量一体化发展不仅能够为区域协调发展奠定坚实的地理空间基础，还能有效扩展区域功能边界，深化城市之间的合作与协调，提高城市群内整体发展质量和效益，提升区域整体竞争力。

二　研究思路与研究方法

（一）研究思路

区域一体化发展是指在一定地理区域内，不同国家或地区通过经济互动协作、深化政策协同、基础设施互联互通、文化交流等方式，实现区域资源配置优化，以促进整个区域共同发展与繁荣的过程。城市群尺度的区域高质量一体化作为经济发展的一种重要模式，目的是通过政府间协作，加强生产要素自由流动，促进区域产业协同合作及资源共享。当前，城市群高质量一体化发展不仅需要充分利用大城市与周边城市的发展势能差，形成经济辐射扩散效应，构建以城市群、都市圈为依托的大中小城市协调发展格局，更需要注重城市之间的联动强化与双向赋能，实现协同突破。为此，本报告以东部三大城市群高质量一体化发展为研究主线，聚焦东部三大城市群高质量一体化发展水平测度与城市群内各城市一体化水平差异，明晰各城市群高质量一体化发展路径特征，探究城市群内各城市在高质量一体化发展过程中存在的结构性差异。

（二）研究方法

1.熵权法

熵权法（Entropy Weight Method，EWM）是一种通过计算各评价指标信息熵来衡量指标不确定性或离散程度，进而确定各指标在综合评价中权重的客观赋权方法。信息熵越小，表明指标变异性越大，所能提供的信息量越多，其权重也越大；反之，信息熵越大，表明指标变异性越小，权重也越小。其计算步骤及公式如下。

（1）原始数据极差标准化

对于正向指标，标准化公式为：

$$X_{ij} = \frac{x_{ij} - x_{\min}}{x_{\max} - x_{\min}} \tag{1}$$

对于负向指标，标准化公式为：

$$X_{ij} = \frac{x_{\max} - x_{ij}}{x_{\max} - x_{\min}} \tag{2}$$

（2）标准化后指标比重变换

$$S_{ij} = \frac{X_{ij}}{\sum_{i=1}^{n} X_{ij}} \tag{3}$$

（3）计算指标信息熵值

$$h_j = -k \sum_{i=1}^{n} S_{ij} \ln S_{ij}, k = \frac{1}{\ln n} \qquad (4)$$

（4）计算指标信息熵冗余度

$$\alpha_j = 1 - h_j \qquad (5)$$

（5）计算指标权重

$$w_j = \frac{\alpha_j}{\sum_{j=1}^{m} \alpha_j} \qquad (6)$$

（6）综合评价

$$P_i = \sum_{j=1}^{m} w_j \cdot X_{ij} \qquad (7)$$

上述公式中，X_{ij} 为原始数据标准化后的标准值，x_{ij} 为第 i 个指标的第 j 个指标值（$i=1,2,\cdots,n$；$j=1,2,\cdots,m$），n 和 m 分别为指标数量和样本数量，$x_{\max}$ 为最大实际值，$x_{\min}$ 为最小实际值；S_{ij} 为指标标准化后的比重；h_j 为指标信息熵值，k 为指标信息熵值系数；α_j 为指标信息熵冗余度；w_j 为第 j 个指标的权重；P_j 为综合评价指数。

2. 变异系数法

变异系数（Coefficient of Variation，CV）是序列数据标准差与平均数之比，能够有效消除数据间测量尺度和量纲的影响，反映观测数据的相对离散程度。变异系数越大，表明以均数为准的变异程度越高，反之则变异程度越低。本报告采用变异系数法来衡量所研究要素的整体分异程度，计算公式如下：

$$CV = \frac{1}{Y} \sqrt{\frac{1}{n} \sum_{i=1}^{n} (Y_i - \bar{Y})^2} \qquad (8)$$

其中，CV 表示变异系数，Y 为 n 个城市研究要素的总值，n 为地区总数，Y_i 为城市 i 研究要素的值，$\bar{Y}$ 为平均值。

（三）指标体系构建

随着我国进入新发展阶段，区域发展也已经从协同发展的初级阶段转变为实现高质量一体化发展的高级阶段。区域的高质量一体化发展是顺应新发展格局，通过内部联通与外部连接，提升区域竞争力和城市韧性，以更好地应对新发展阶段机遇和挑战的关键举措。中共中央、国务院印发的《长江三角洲区域一体化发展规划纲要》指出，区域一体化发展应坚持创新共建、协调共进、绿色共保、民生共享和开放共赢的基本原则，而新发展阶段下贯彻新发展理念的区域高质量发展赋予了区域一体化新的内涵，即要以产创融合为动力、以设施互联为纽带、以生态共保为基础、以民生服务和协同开放为目标，推动区域发展实现更高（战略）定位、更高效率、更加协调、更优（空间）形态的一体化发展（陈雯等，2022），实现双重意义上的"1+1+1+1>4"的效果（见图1）。

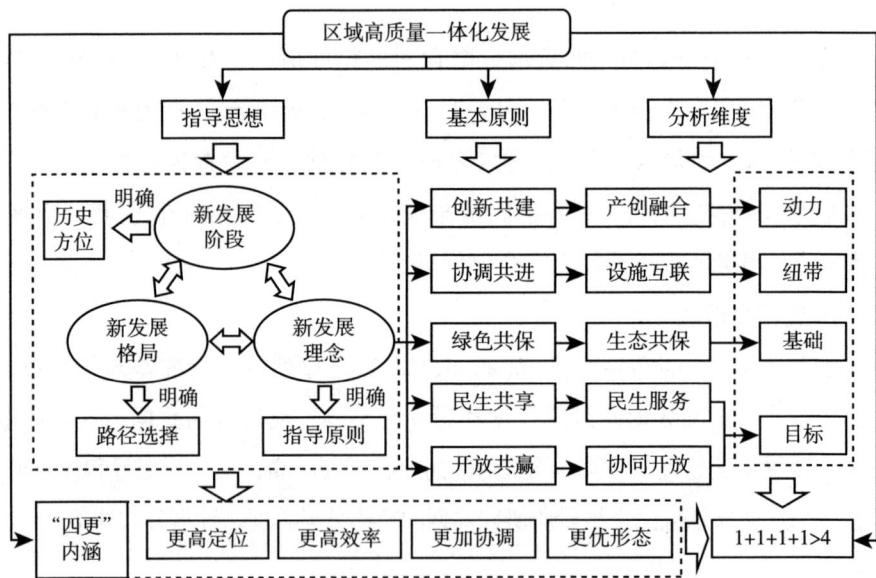

图1　区域高质量一体化发展内涵剖析

为此，本报告基于新发展理念，结合区域高质量一体化发展特征及内涵，遵循科学性、代表性、动态性、典型性、可比性、数据可获取性和可操作性等原则，在剔除无法获取和贡献率较低指标的基础上，借鉴中国经济信息社与中国城市规划设计研究院共同发布的《长三角一体化发展指数报告（2022）》，以及周五七（2022）、鲁钊阳等（2023）、赵涛等（2020）的做法，选择产创融合、设施互联、生态共保、民生服务、协同开放 5 个维度共 18 个指标，构建区域高质量一体化发展评价指标体系。其中，产创融合旨在衡量区域产业分工合理性，区域在技术创新、产品研发等活动中投入的资源规模与强度，以及区域产业与创新深度融合的成果表现；设施互联旨在衡量区域交通基础设施互联互通水平与新一代信息基础设施协同建设等情况；生态共保旨在衡量区域环境协同治理成果与节能减碳水平；民生服务旨在衡量区域人民基本生活水平、医疗卫生资源配置情况以及教育资源一体化成果；协同开放旨在衡量区域对外开放合作水平及其与全国的合作流通情况（见表1）。

表 1　区域高质量一体化发展评价指标体系

一级指标	二级指标	单位	指标属性
产创融合	产业结构高级化水平	—	+
	科学技术经费投入	%	+
	万人发明专利拥有量	件	+
设施互联	高速公路密度	公里/公里^2	+
	电信业务收入	万元	+
	每百人移动电话用户数	户	+
生态共保	PM2.5 年均浓度	微克/米^3	—
	空气质量优良天数占比	%	+
	单位地区生产总值能耗	万吨标准煤/亿元	—
民生服务	居民人均可支配收入	元	+
	人均公共财政支出	元	+
	人均公园绿地面积	平方米	+
	每千人卫生技术人员数	人	+
	每万人普通中小学专任教师数	人	+
协同开放	实际使用外资	万美元	+
	外商投资企业数	家	+
	入境游客总人数	万人次	+
	接待国内旅游人数	万人次	+

资料来源：笔者整理。

（四）研究对象及数据来源

本报告以我国东部三大城市群及其所含城市为主要研究对象，具体包含京津冀城市群 13 个城市、长三角城市群 27 个城市、珠三角城市群 9 个城市，共 49 个城市样本（见表 2）。本报告所用数据均来自《中国城市统计年鉴》、各地级市城市统计年鉴、各地级市《国民经济和社会发展统计公报》、各地级市生态环境状况公报、中经网统计数据库、EPS 数据平台。对于缺失数据，采用线性插值法进行补充。

表 2　研究对象所属省份及范围

城市群	省份	城市
京津冀	北京市、天津市、河北省	北京、天津、石家庄、唐山、秦皇岛、邯郸、邢台、保定、张家口、承德、沧州、廊坊、衡水
长三角	上海市、江苏省、浙江省、安徽省	上海、南京、无锡、常州、苏州、南通、扬州、镇江、盐城、泰州、杭州、宁波、温州、湖州、嘉兴、绍兴、金华、舟山、台州、合肥、芜湖、马鞍山、铜陵、安庆、滁州、池州、宣城
珠三角	广东省	广州、深圳、珠海、佛山、惠州、东莞、中山、江门、肇庆

资料来源：根据《京津冀协同发展规划纲要》《长江三角洲城市群发展规划》《粤港澳大湾区发展规划纲要》整理。

三　东部三大城市群高质量一体化发展水平测度与分析

（一）东部三大城市群高质量一体化发展综合测度与对比分析

1.城市群对比分析

东部三大城市群高质量一体化发展稳中有进，为重塑城市群增长动力结构、破解区域非均衡发展难题奠定了坚实基础。2014~2023 年，东部三大城市群高质量一体化发展指数均呈现波动式上升趋势，其中长三角城市群高质量一体化发展指数从 0.22759 增加至 0.74784，年均增长 14.13%；京津冀城市群高质量一体化发展指数从 0.22632 增加至 0.66393，年均增长12.70%；珠三角城市群高质量一体化发展指数从 0.27617 增加至 0.59751，年均增长 8.95%（见图2）。由此可见，东部三大城市群作为人口、经济、创新要素高度集聚的区域，紧扣构建全国统一大市场以及高质量一体化发展目标，通过打破行政壁垒、促进跨区域分工协作，形成规模经济和集聚效应，充分发挥产业聚链成群、规模效应，不断提升资源集聚力与辐射带动作用，优化区域发展格局，极大地增强了整体发展动能。

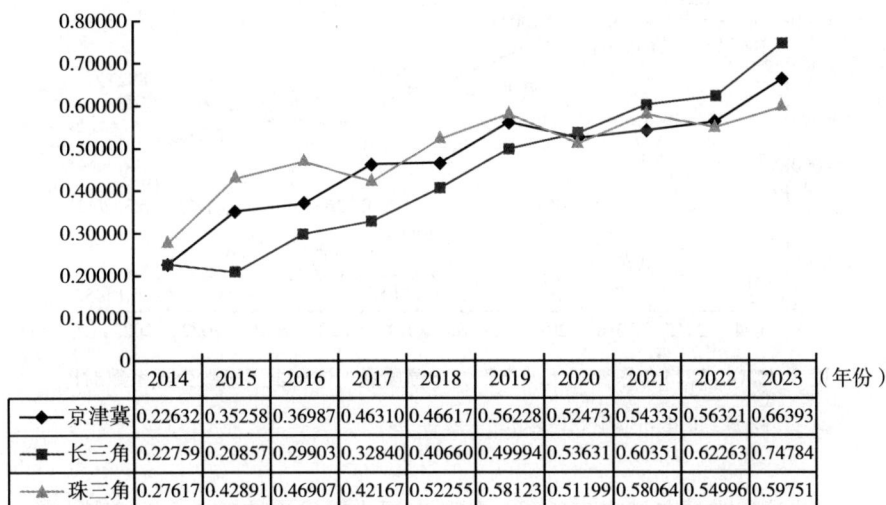

	2014	2015	2016	2017	2018	2019	2020	2021	2022	2023
京津冀	0.22632	0.35258	0.36987	0.46310	0.46617	0.56228	0.52473	0.54335	0.56321	0.66393
长三角	0.22759	0.20857	0.29903	0.32840	0.40660	0.49994	0.53631	0.60351	0.62263	0.74784
珠三角	0.27617	0.42891	0.46907	0.42167	0.52255	0.58123	0.51199	0.58064	0.54996	0.59751

图 2 2014～2023 年东部三大城市群高质量一体化发展指数走势

资料来源：根据 Stata17 软件运算结果绘制。

2. 城市对比分析

京津冀城市群各城市间高质量一体化发展水平差距不断缩小，但相较于长三角和珠三角城市群而言，各城市间的差异仍然较大。2014～2023年，京津冀城市群城市高质量一体化发展指数变异系数呈现波动式递减状态，由 1.18422 下降至 0.89279，年均降幅最大，达 3.09%，但其绝对值仍远高于最早探索区域一体化发展并将其上升为国家战略的长三角城市群

（2014~2023 年围绕 0.13000 上下波动），以及正在由"双核驱动"向全域均衡过渡的珠三角城市群（由 2014 年的 0.39425 下降至 2023 年的 0.35264，年均下降 1.23%）（见图 3）。这是由于相较于已形成多中心城市网络和有机分工体系的长三角城市群，以及依托改革开放前沿优势发展的珠三角城市群，京津冀城市群"强核心、弱腹地"的结构性矛盾尚未得到根本缓解，核心城市与周边区域之间存在较为明显的梯度落差，一体化发展仍处于行政干预主导的初期。

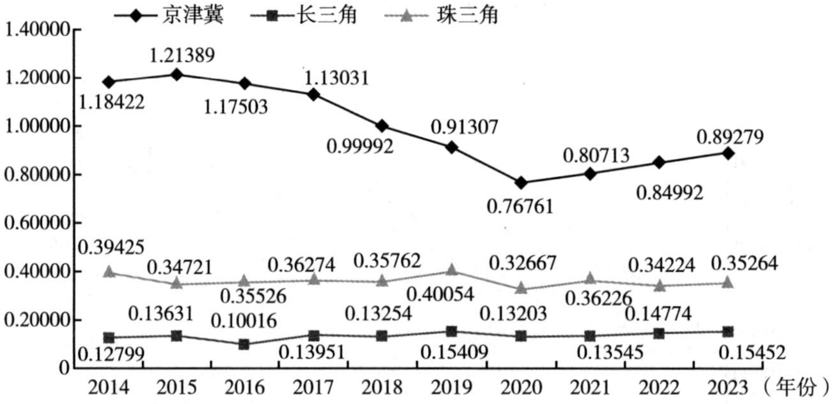

图 3　2014~2023 年东部三大城市群城市高质量一体化发展指数变异系数对比

资料来源：根据 Stata17 软件运算结果绘制。

京津冀城市群各城市高质量一体化发展水平呈现波动式上升态势，但京津冀"双核独大、河北洼地"格局明显，城市功能互补和错位发展亟待加强。2014~2023 年，北京（均值为 0.59853）与天津（均值为 0.34479）的高质量一体化发展指数远超河北各城市（均值为 0.07887~0.11523），虽然河北各城市高质量一体化发展指数总体呈现递增态势，特别是邢台、衡水、保定等城市的高质量一体化发展指数年均增长率分别为 9.62%、8.68%、7.28%，但 2014~2023 年河北各城市高质量一体化发展指数的最大值仅为 0.12960（2019 年承德），仍与京津两地存在较大差异（见图 4）。北京和天津作为京津冀城市群的中心，凭借国际科技创新中心建设、智慧城市建设、自贸试验区先行先试、金融开放试点等国家级制度创新优势，构建了开放型经济新高地，而河北虽然在承接非首都功能疏解的过程中得到了发展，特别是在产业共链、生态共治、交通共联等方面取得了显著成效，但作为承接京津产业转移的"配套区"，仍面临产业梯度位置较低、工业集约化水平不高等现实问题，在一定程度上制约了京津冀城市群高质量一体化水平的提升。

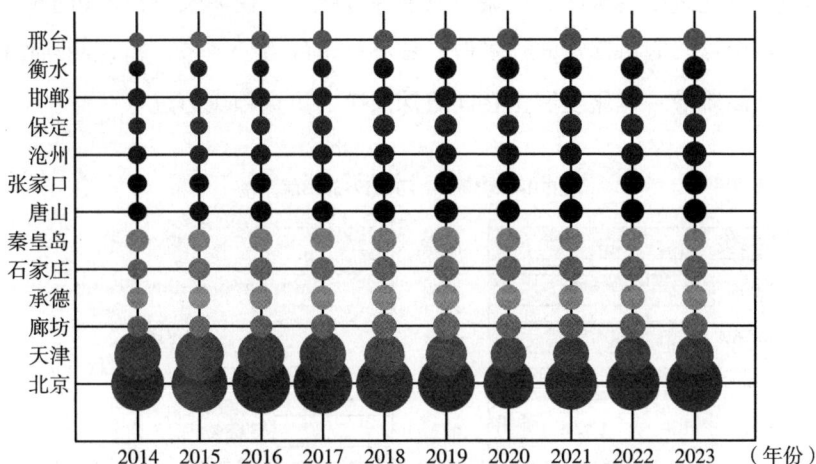

图4　2014~2023年京津冀城市群各城市高质量一体化发展指数气泡图

资料来源：根据Stata17软件运算结果绘制。

长三角城市群"多核共兴、全域融通"特质突出，现代化建设引领区和全国高质量发展样板区基本形成，高质量一体化发展取得重大突破。根据各城市高质量一体化发展指数，2014~2023年，长三角城市群27个城市中有12个城市①的指数增幅超过60%，芜湖、常州、绍兴、盐城、镇江、滁州、金华、湖州、台州、扬州、舟山的指数增幅为40%~60%，整体呈现高水平一体化发展趋势，说明以上海、杭州、南京、苏州等中心城市引领长三角，进而带动长江经济带中上游地区联动发展的格局已逐步形成，长三角城市群高质量一体化发展取得重大突破。值得指出的是，上海、杭州、南京、

---

① 这12个城市分别为泰州、合肥、南京、苏州、上海、嘉兴、无锡、温州、南通、杭州、马鞍山、宁波。

苏州等中心城市的高质量一体化发展指数年均增长率分别由 2014~2019 年的 6.76%、7.00%、9.43%、6.90% 下降至 2019~2023 年的 5.81%、3.37%、5.49%、5.96%，而盐城、安庆、马鞍山、铜陵等城市的高质量一体化发展指数年均增长率分别由 2014~2019 年的 5.59%、0.46%、4.60%、1.74%上升至 2019~2023 年的 11.12%、2.83%、6.90%、3.68%（见图5）。核心城市发展速度放缓而其他城市发展速度提升，说明长三角城市群的资源要素正在由核心城市逐步向外扩散，核心城市的引领示范、辐射带动作用凸显，区域高质量一体化发展正在向更深层次、更宽领域迈进。

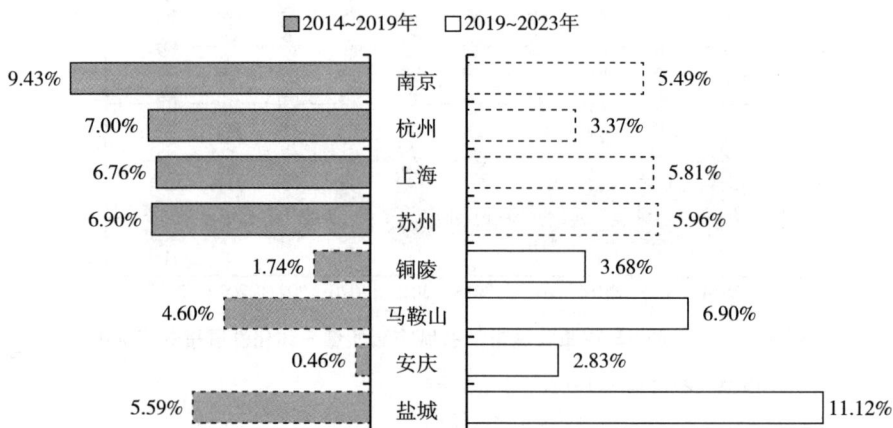

■2014~2019年　□2019~2023年

	南京	5.49%
9.43%		
7.00%	杭州	3.37%
6.76%	上海	5.81%
6.90%	苏州	5.96%
1.74%	铜陵	3.68%
4.60%	马鞍山	6.90%
0.46%	安庆	2.83%
5.59%	盐城	11.12%

图5　长三角城市群部分城市高质量一体化发展指数年均增长率

资料来源：根据 Stata17 软件运算结果绘制。

珠三角城市群"双核引领、梯次发展"态势鲜明，区域经济发展韧性不断增强，但部分城市高质量一体化发展水平仍需提升。如图6所示，深圳和广州作为珠三角城市群的核心城市，2014~2023 年高质量一体化发展指数始终居于前列，其中深圳由 0.46647 增加至 0.59968，增幅达 28.6%；广州由 0.37624 增加至 0.55053，增幅达 46.3%。这两个城市的高质量一体化发展指数远高于其他城市，属于珠三角城市群高质量一体化发展的第一梯队。2023 年珠海、东莞的高质量一体化发展指数分别达到 0.44645 和 0.37725，属于第二梯度，其中珠海正在利用自身优势，通过发展 AI、半导体等高科技工业，加强与周边城市合作，实现超速增长，2014~2023 年高质量一体化发展指数年均增长率达 7.03%，超过处于第一梯队的深圳和广州，呈现追赶态势。2014~2023 年惠州、中山、佛山、肇庆、江门的高质量一体化发展指数均值分别为 0.27165、0.24159、0.23996、0.22703、0.21648，处于第三梯度，原因可能是这些城市距离广州、深圳等核心城市普遍较远，接受核心城市的经济辐射（如产业转移、技术溢出、资本流动等）相对较弱，在一定程度上制约了其高质量一体化发展进程，亟须通过基建联通与相关政策倾斜，挖掘发展潜力，逐步缩小与核心城市的差距。

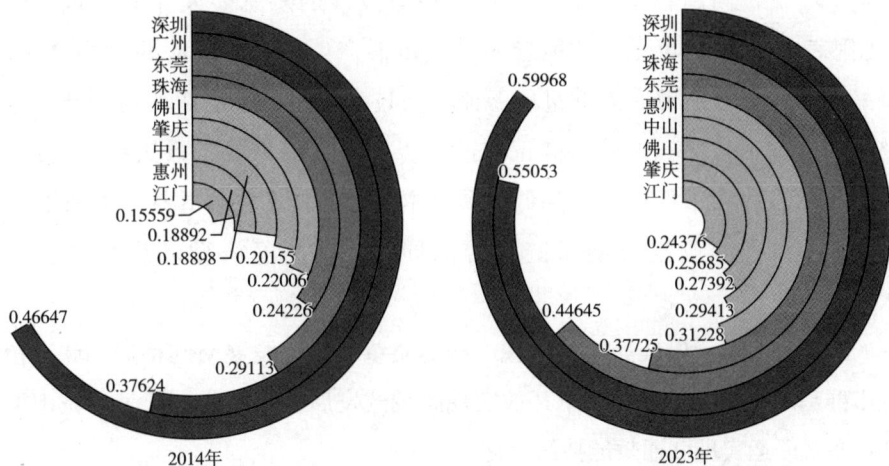

图 6　2014 年与 2023 年珠三角城市群各城市高质量一体化发展指数对比

资料来源：根据 Stata17 软件运算结果绘制。

（二）东部三大城市群高质量一体化发展子系统测度与对比分析

1. 产创融合：政策驱动产业高效聚集与创新要素跨域流动，东部三大城市群产创融合得到快速发展

东部三大城市群产创融合指数均从 2014 年低位起步，至 2023 年实现显著增长，产业结构不断优化，创新能力大幅提升，为城市群高质量一体

化发展提供了重要支撑。具体来看，京津冀城市群产创融合指数由 2014 年的 0.00002 增加至 2023 年的 0.12732，并在 2015 年《京津冀协同发展规划纲要》出台及 2019 年京津冀三地经信部门签署《进一步加强产业协同发展备忘录》发布时出现波峰；长三角城市群产创融合指数由 2014 年的 0.00002 增加至 2023 年的 0.15988，并在 2016 年《长江三角洲城市群发展规划》出台及 2023 年《长三角科技创新共同体联合攻关计划实施办法（试行）》发布时出现波峰；珠三角城市群产创融合指数则由 2014 年的 0.00002 增加至 2023 年的 0.09290，并在 2016 年《珠三角国家自主创新示范区建设实施方案（2016—2020 年）》出台及 2019 年《广东省人民政府关于促进高新技术产业开发区高质量发展的意见》发布时出现波峰（见附表 1）。由此可见，政策导向是城市群产创融合的核心驱动力之一，良好的顶层设计能够有效促进资源流动与技术攻关，推动产业与创新要素整合。当前，东部三大城市群正在进一步加强市场力量与政策引导协同，通过破除行政和市场壁垒，降低交易成本、加快技术整合并提升要素配置效率，在加速产业链与创新链融合的同时，提高经济循环质量和发展水平。

2. 设施互联：设施互联重构城市群高质量一体化发展空间格局，珠三角城市群基础设施建设依托改革开放实现跨越式发展，京津冀与长三角城市群依托多式联运实现联通效能持续优化

2014~2023 年，京津冀、长三角城市群设施互联指数均呈波动式上升趋势，其中京津冀城市群设施互联指数由 0.06615 增加至 0.09081，年均增长 3.58%；长三角城市群由 0.06020 增加至 0.11215，年均增长 7.16%。而珠三角城市群在 2014 年的设施互联指数已达 0.13318，显著高于京津冀和长三角城市群，这是由于珠三角城市群作为中国改革开放的前沿阵地，较早地经历了经济增长与社会变革，发展需求带动交通互联与信息互通基础设施快速发展，与依托"轨道上的京津冀"建设，已经形成京雄津保"1 小时交通圈"的京津冀城市群，以及加速构建互联互通综合交通网络，已经初步形成半小时通勤圈、1 小时生活圈、3 小时高铁圈的长三角城市群相比，珠三角城市群基础设施建设已经突破了"补短板"的扩张期，进入"精耕细作"的成熟期，其设施互联指数在 2023 年下降至 0.05641，是由于当前珠三角城市群基础设施发展更多地追求"质量提升"而非"数量扩张"。

3. 生态共保：东部三大城市群以多元化生态治理赋能绿色发展，经济社会发展全面绿色转型成效显著

2014~2023 年，京津冀、长三角、珠三角三大城市群生态共保指数均呈现波动式上升趋势，分别由 0.00002、0.00049、0.01164 增加至 0.14665、0.14618、0.14084。对比来看，东部三大城市群生态共保一体化水平基本持平，说明各城市群已充分将"绿水青山就是金山银山"的理念融入区域高质量一体化发展之中。具体来看，京津冀城市群通过《京津冀及周边地区秋冬季大气污染综合治理攻坚行动方案》《永定河综合治理与生态修复总体方案》等政策规制实现了生态修复与产业转型协同发展，实现了生态共保指数从 2014 年低于长三角和珠三角城市群，到 2023 年超过长三角和珠三角城市群的跃升；长三角城市群通过推进长三角生态绿色一体化发展制度创新，探索出一条将区域生态优势转化为经济社会发展优势的新路径；珠三角城市群则依托《粤港澳大湾区生态环境保护规划》，实现了区域环境标准互认，为激活区域绿色动能奠定了坚实基础。推进城市群生态共保一体化发展，不仅能够满足人们对优美生态环境的需要，还能够为区域经济发展提供一条更加高效、公平、可持续的道路，对城市群高质量一体化发展具有重要意义。

4. 民生服务：东部三大城市群民生服务保障体系不断健全，资源配置效率全面提升，长三角城市群率先以政策突破行政边界，为加速城市群民生服务一体化发展提供了实践经验

2014~2023 年，东部三大城市群民生服务指数总体均呈上升趋势，其中京津冀城市群民生服务指数由 0.00335 增加至 0.25056，长三角城市群由 0.03497 增加至 0.27017，珠三角城市群由 0.00003 增加至 0.24189，说明东部三大城市群深入贯彻落实以人民为中心的发展思想，坚持在发展中保障和改善民生，推动城市群高质量一体化发展。对比来看，2023 年长三角城市

群民生服务水平略高于京津冀和珠三角城市群，原因是长三角城市群率先实施了超行政边界制度，加快了区域民生服务一体化进程。以社会保障卡居民服务一卡通为例，长三角城市群早在 2022 年 9 月就通过《推进长三角区域社会保障卡居民服务一卡通规定》，打破省际壁垒，实现了医保实时结算、电子证照互认等深度整合；京津冀城市群以"行政协议+分步立法"① 为路径，其民生服务水平的提升更加依赖顶层设计推动资源再平衡；而珠三角城市群在社会保障卡功能整合上起步较晚，2024 年 9 月《广东省社会保障卡居民服务一卡通条例》颁布后，才进一步明确了全省统一目录管理，资源流动与基本公共服务均等化进程相对较慢，未来需进一步融合制度创新与市场活力，推动高质量一体化发展。

5. 协同开放：东部三大城市群高水平对外开放持续推进，但外部冲击导致协同开放进程放缓，各城市群亟须强化外贸韧性与竞争优势，加速构建协同开放新局面

2014~2023 年，京津冀城市群协同开放指数由 0.15678 下降至 0.04858，年均下降 12.21%；长三角城市群由 0.13192 下降至 0.05946，年均下降 8.47%；珠三角城市群由 0.13132 下降至 0.06547，年均下降 7.44%。东部三大城市群协同开放水平总体均呈现下降态势，且在 2020~2022 年达到最低点（京津冀城市群 2022 年为 0.01746，长三角城市群 2022 年为 0.03762，珠三角城市群 2020 年为 0.03995），这是由于新冠疫情严重冲击了全国旅游业，入境游客总人数及外商投资企业数骤减引致协同开放指数下降。具体而言，2020 年，京津冀、长三角、珠三角城市群入境游客总人数分别为 59.11 万人、409.60 万人、460.57 万人，较 2014 年下降了 93.16%、97.29%、86.51%②；三大城市群外商投资企业数分别为 1763 家、10401 家、3616 家，

① 2023 年 12 月，京津冀三地在石家庄签署《京津冀社会保障卡居民服务"一卡通"合作框架协议》；2024 年 9 月，北京市、天津市、河北省分别出台《北京市推进京津冀社会保障卡一卡通规定》《天津市推进京津冀社会保障卡一卡通规定》《河北省推进京津冀社会保障卡一卡通规定》。

② 数据来源于东部三大城市群各地市城市统计年鉴。

较 2014 年下降了 29.37%、20.68%、12.42%。① 虽然东部三大城市群协同开放指数在 2021~2023 年有所回升，但相较于之前年份仍存在差距，亟须加快跨国合作和资源共享，共同谋划、共建更高水平的开放平台，调整协同开放格局。

四　主要结论与对策建议

（一）主要结论

京津冀城市群形成了以北京为核心、天津为主引擎、区域中心城市和节点城市为承载地的高质量一体化发展格局，核心城市与腹地城市间的差距呈现缩小态势，但整体来看各城市间高质量一体化水平差异仍然显著高于长三角和珠三角城市群，"强核心、弱腹地"的结构性矛盾仍然制约着城市群一体化发展走向"高质量"。京津冀城市群一体化发展长期受行政力量主导，虽通过政策规制强化生态共治与交通互联，但核心城市与腹地城市间的发展断层问题依然突出。北京作为政治、科技、文化中心，在非首都功能疏解过程中释放出部分产业资源；天津依托港口、制造业基础以及自贸试验区、国家自主创新示范区等政策叠加优势，主动承接北京疏解的高端制造、航运物流等产业资源，并通过产业链垂直整合将部分中下游环节向河北转移，为加快形成"核心辐射—节点传导—腹地承接"的梯度分工体系奠定了坚实基础；而河北虽然通过承接产业转移和生态治理实现了基础性提升，但京津两地的技术外溢更多体现为物理空间上的项目迁移而非创新生态的有机延伸，导致河北在产业链分工中仍处于配套地位，发展受制于低端产业锁定效应，加之行政壁垒导致的要素单向流动与市场分割，使得河北难以摆脱高度依赖北京、天津两大核心城市功能外溢与行政资源倾斜的发展路径。虽然河北正在以制度创新为核心、以平台建设和项目招引为抓手，通过生态治理和产业

---

① 数据来源于《中国城市统计年鉴》。

承接重塑发展基底，打造作为新时代改革开放新高地的雄安新区，但其被动式调整尚未转化为内生增长动力。相较于长三角和珠三角城市群，京津冀城市群"强核心、弱腹地"的结构性矛盾尚未得到根本解决，亟须从顶层设计转向政策与市场内生协同，通过区域标准互认与利益共享配置创新要素，通过科技创新与产业创新深度融合重构产业梯度，以激活腹地发展动能，加速区域高质量一体化发展水平提升。

长三角城市群形成了以上海、杭州、南京、苏州为中心，"多核共兴"引领区域高质量一体化发展的空间格局，产创融合、民生服务等多领域彰显制度创新与市场活力双向赋能。2018年长江三角洲区域一体化发展上升为国家战略，《长江三角洲区域一体化发展规划纲要》等政策的陆续出台加速了长三角城市群高质量一体化发展进程。作为我国最早探索城市群高质量一体化发展的地区，长三角城市群始终紧扣"区域一体化发展示范区""高质量发展样板区"的战略定位，产创融合、民生服务等多领域呈现高水平一体化发展态势，逐步形成了以制度创新破除行政边界刚性约束，加速统一市场标准与跨域治理框架构建，市场依托企业自主决策和竞争机制，推动产业链跨域整合、创新要素动态重组与功能空间有机分工的"市场主导+政府引导"双轮驱动发展模式。这种模式有效加快了城市间要素自由流动与资源高效配置，特别是上海、杭州、南京、苏州等核心城市的要素资源向盐城、安庆、马鞍山、铜陵等非核心城市转移和流动，城市群内各城市间的差距逐步缩小，核心城市"虹吸效应"使区域失衡发展的难题逐步被破解，"核心提质"与"腹地扩容"共生机制不断优化。以上海、杭州、南京、苏州"多核共兴"推动长三角城市群高质量一体化向更深层次、更宽领域拓展的发展模式，标志着中国城市群发展正在从外延式扩张向内生性融合范式跃迁，为国内其他城市群高质量一体化发展提供了实践样本。

珠三角城市群依托独特的区位禀赋与市场化机制，形成了以广州和深圳为第一梯队，珠海和东莞为第二梯队，惠州、中山等为第三梯队的"双核引领、梯次发展"的多层次区域高质量一体化发展格局，有效加速了珠三角城市群从外向依赖到内源创新发展转型。作为中国改革开放的前沿阵地，珠三角城市群地理区位优越、政策机制灵活、营商环境高度市场化，较早地形成了以市场为导向的资源配置模式，特别是作为区域高质量一体化发展第一梯队、经济发展"双引擎"的广州和深圳，其交通、能源、信息等基础设施投资更注重跨城际需求对接与功能互补，在轨道交通、港口群协同、跨境数字基建等领域不断与国际经贸规则接轨，要素加速流动、规则标准逐步互认、创新资源配置愈加高效，珠三角城市群逐步实现了内外联动与双向开放协同。地理禀赋、行政统筹与市场活力三重叠加，使得珠三角城市群设施互联、协同开放等领域的高质量一体化发展水平均高于京津冀和长三角城市群。珠三角城市群"双核引领、梯次发展"的空间格局既保持了核心城市的创新策源能力，又通过技术外溢与资本输出激活了周边城市的发展潜能；珠海和东莞作为第二梯队城市，凭借其区位与政策优势，通过承接核心城市产业外溢与自主创新突破，培育特色产业集群，实现了从"被动承接"到"反向赋能"的转变；而惠州、中山等第三梯队城市则通过共建产业园、探索飞地经济等模式，发展新能源、装备制造等差异化产业。珠三角城市群的梯度发展格局将基础设施的物理连接升级为利益共享的一体化重构，既避免了核心城市过度极化导致的资源虹吸，有效破解了传统城市群"核心城市"规模持续扩大、"边缘城市"增长停滞的难题，又推动了生产要素从规模驱动转向效率驱动，有效促进了区域经济增长韧性与发展活力的提升。

（二）对策建议

一是加速区域标准互认与利益共享，促进河北从"被动输血"转变为"主动造血"。一方面，京津冀城市群应建立"标准化"政策互认体系，在已实现职称互认、社保事项"同事同标"的基础上，进一步扩大覆盖领域，加速京津冀三地知识产权、行业标准、检验检测结果、人才互通与政务数据共享互认，健全跨域数据交换机制，确保信息流转顺畅，为加速构建区域利益共享机制提供系统性支撑；另一方面，加快构建跨区域利益共享机制，推动产业协作利益捆绑与要素市场化流通，使河北从传统承接疏解的"被动洼地"转向依托比较优势参与区域分工的"价值高地"，由"被动输血"转变为"主动造血"。具体而言，通过制定企业跨域流动税收分配范围、解缴地点、解缴方式细则，河北对京津两地技术转移项目以经济贡献反哺技术源头，京津两地按生态增益比例补偿河北发展权益等方式，推动解决产业转移税收分配、科技成果跨域转化、生态环境跨域治理等城市群一体化发展利益分配矛盾，将京津的创新势能、服务能级与河北的产业纵深、生态容量有机整合，全面激发京津冀协同发展各参与主体的内驱力和积极性。

二是推动有为政府与有效市场深度结合，持续优化区域营商"软环境"。借鉴长三角城市群"市场主导+政府引导"双轮驱动发展模式，深化落实京津冀营商环境"1+5"合作框架协议，推动京津冀自贸试验区、综合保税区联动发展，探索"一地创新、三地互认"；通过统一市场准入规则、简化跨区域审批流程、共建信用监管体系，实现政务服务"一口填报、跨域通办"全覆盖，降低企业制度性交易成本；探索京津冀城市群在数字经济、绿色低碳等领域的标准制定和转化应用，搭建科研设备共享、科技创新、企业融资等"一站式"服务平台，破除要素流动壁垒，促进人才、技术、资本等各类要素合理流动和高效集聚，充分激发市场活力；优化政府性产业基金的引导作用，强化其对战略性新兴产业和薄弱环节的精准扶持，鼓励在区域内设立市场基金，吸引社会资本参与区域重大项目建设，激活市场对创新资源的配置效能，实现产业链与资本链深度融合，推动"有效市场"与"有为政府"良性互动。

三是加速科技创新与产业创新融合发展，打造"核心—协同—辐射"的创新空间层次。由政府牵头组织开展智能制造关键技术研发和项目合作，借鉴长三角G60科创走廊，打造引领京津冀城市群高质量一体化发展的重要引擎，推动京津冀创新资源跨区域整合与功能重构。依托北京国际科技创新中心的创新资源优势，布局国家实验室、大科学装置等战略科技力量，强化原始创新策源功能；利用天津先进制造业研发转化基地的制造能力，加速创新成果产业化进程；发挥河北建设全国产业转型升级试验区的空间与成本优势，承接北京科创功能转移，强化创新联动协同效应，打造以京津为技术研发中心、环京津地区（如廊坊、保定、承德、张家口等）协同创新和产业协作、辐射京津冀其他地区的"核心—协同—辐射"三个空间层次，构建产业创新"新干线"，优化"极核+链条"空间组织模式，促进创新资源跨区域流动，提高区域间连接性和便捷性。

四是推进教育、科技、人才"三位一体"，提升城市群协同融合与一体化水平。首先，健全京津冀教育人才培养与经济社会人才需求供需对接机制，强化教育链与区域发展需求对接，加快北京高校与政府、企业合作，瞄准国内顶级工科性"985"高校及 QS 世界大学排名前 50 高校，通过实施政策引导与资源共享机制，鼓励其在北京及周边地区设立研发基地，促进高校科研力量向津冀产业功能区延伸，赋能京津冀城市群产业和经济发展，实现教育链与区域产业链深度融合，构建跨区域一体化创新生态；其次，完善科技供需匹配与转化路径，打造"企业出题+高校、科研院所答题"模式，推动企业需求库与高校成果库双向开放，搭建跨区域技术交易与知识产权运营平台，提升科技成果区域内转化效率和比重，破解"卡脖子"难题；最后，加强区域人才共享，开创从高校、科研院所遴选"科技副总"到企业，从企业遴选"产业教授"到高校的高层次人才"互聘共享"模式，构建统一的科技人才评价和流动机制，打通科技人才流通体制机制堵点，推行政企联合引用留才机制，建立"公共编制池"。

参考文献

陈雯、兰明昊、孙伟等：《长三角一体化高质量发展：内涵、现状及对策》，《自然资源学报》2022 年第 6 期。

鲁钊阳、邓琳钰、黄箫竹等：《数字经济促进区域高质量发展的实证研究》，《中国软科学》2023 年第 12 期。

赵涛、张智、梁上坤：《数字经济、创业活跃度与高质量发展——来自中国城市的经验证据》，《管理世界》2020 年第 10 期。

周五七：《长三角高质量一体化发展动态评价及其空间特征分析》，《经济体制改革》2022 年第 5 期。

附表1 2014～2023年东部三大城市群高质量一体化发展子系统指数

子系统	城市群	2014年	2015年	2016年	2017年	2018年	2019年	2020年	2021年	2022年	2023年
产创融合	京津冀	0.00002	0.03898	0.02316	0.05403	0.08469	0.12542	0.11075	0.08364	0.08442	0.12732
	长三角	0.00002	0.02610	0.06171	0.05895	0.07782	0.09266	0.10260	0.11142	0.11893	0.15988
	珠三角	0.00002	0.04658	0.08937	0.08496	0.12219	0.12690	0.10561	0.10415	0.08588	0.09290
设施互联	京津冀	0.06615	0.07448	0.09359	0.05959	0.05390	0.04508	0.05972	0.05921	0.07243	0.09081
	长三角	0.06020	0.05698	0.05431	0.06430	0.08893	0.08190	0.08904	0.09262	0.10222	0.11215
	珠三角	0.13318	0.08606	0.08071	0.06681	0.09114	0.08429	0.06267	0.04011	0.05611	0.05641
生态共保	京津冀	0.00002	0.03764	0.05485	0.06459	0.07995	0.09675	0.11535	0.13579	0.16100	0.14665
	长三角	0.00049	0.01934	0.04812	0.04176	0.07580	0.08347	0.12578	0.14320	0.13363	0.14618
	珠三角	0.01164	0.08002	0.06075	0.04841	0.05954	0.06483	0.12196	0.11585	0.10966	0.14084
民生服务	京津冀	0.00335	0.03143	0.06101	0.11910	0.11223	0.16714	0.20947	0.21939	0.22789	0.25056
	长三角	0.03497	0.04307	0.07058	0.10414	0.08486	0.15715	0.16800	0.18720	0.23022	0.27017
	珠三角	0.00003	0.07073	0.15005	0.13138	0.14485	0.16093	0.18180	0.20947	0.23300	0.24189
协同开放	京津冀	0.15678	0.17005	0.13726	0.16579	0.13539	0.12788	0.02943	0.04532	0.01746	0.04858
	长三角	0.13192	0.06307	0.06431	0.05923	0.07918	0.08476	0.05088	0.06907	0.03762	0.05946
	珠三角	0.13132	0.14552	0.08818	0.09012	0.10483	0.14428	0.03995	0.11106	0.06531	0.06547

专题报告 ⟫

B.3

非首都功能疏解高质量一体化研究[*]

非首都功能疏解高质量一体化研究 [*]

叶堂林　张洪铭 [**]

摘　要： 非首都功能疏解是破解北京"大城市病"、重塑首都空间格局、推动京津冀协同发展的关键举措。近年来，尽管北京通过疏解一般制造业、区域性市场和部分行政性功能取得了初步成效，但在转向"高质量一体化发展"后，承接地普遍面临发展基础薄弱、产业不匹配、政策衔接不畅、人才吸引不足等现实困境，疏解资源出现"迁而不融"的发展瓶颈。因此，探索哪些条件组合能够支撑承接地实现高绩效转化、构建区域协同的多样路径，成为当前疏解工作提质增效的关键。本报告围绕"非首都功能疏解如何实现高质量一体化"这一核心问题，系统梳理疏解成效与承接困境，采用模糊集定性

---

　　*　本报告为国家社科基金重大项目"数字经济对区域协调发展的影响与对策研究"（23&ZD078）、教育部人文社会科学研究专项任务项目"推动京津冀高质量发展研究"（23JD710022）的阶段性成果。

　**　叶堂林，经济学博士，首都经济贸易大学特大城市经济社会发展研究院（首都高端智库）执行院长、特大城市经济社会发展研究省部共建协同创新中心（国家级研究平台）执行副主任，三级教授、博士生导师，研究方向为首都高质量发展、京津冀协同发展、都市圈治理；张洪铭，首都经济贸易大学城市经济与公共管理学院博士研究生，研究方向为区域经济。

比较分析方法进行路径分析，探究哪些条件组合能够支撑承接地实现高绩效转化。结果表明，非首都功能的有效转移不依赖单一要素，而是需要多条件耦合协同，不同地区可基于自身禀赋构建多样承接路径。基于此，本报告提出构建多路径承接的统筹机制、完善跨区域政策协同机制、优化产业功能对接与布局、强化人才吸引与培育功能等政策建议，为疏解政策精准落地与京津冀一体化深度推进提供理论支撑与现实参考。

关键词： 非首都功能疏解　高质量一体化　高质量承接

一　研究背景

（一）非首都功能疏解高质量一体化是治理北京"大城市病"的现实需要

非首都功能疏解是破解"大城市病"的根本举措，是首都北京在实现高质量发展进程中的关键举措。"大城市病"作为超大城市在工业化、城市化进程中广泛面临的结构性难题，集中体现为人口膨胀、交通拥堵、资源紧张、生态压力加大等系统性问题。它既包括发展与环境矛盾叠加所带来的早期"城市病"，也包括经济发展与社会协调失衡所引发的一系列深层次问题。在此背景下，习近平总书记2014年2月在北京考察时明确提出"要调整疏解非首都核心功能"。[①] 有序推进非首都功能疏解，是应对"大城市病"、优化城市空间结构的重要举措。通过厘清不同城市的功能定位，主动调整资源配置和职能结构，推动部分职能向周边地区有序转移，有助于缓解人口集聚、资源紧张与生态环境等多重矛盾。通过疏解，实现城市功能有序重构、空间结构科学调整和区域协同高质量发展。

---

① 严赋憬、孙少龙、李涛：《习近平总书记这样引领推动京津冀协同发展》，中央人民政府网站，2024年2月26日，https://www.gov.cn/yaowen/liebiao/202402/content_6934159.htm。

（二）非首都功能疏解高质量一体化是实现京津冀高质量一体化发展的战略支点

2015年4月，《京津冀协同发展规划纲要》审议通过，京津冀协同发展进入全面实施、加快推进的新阶段。这一纲领性文件明确了区域功能布局优化的方向，京津冀地区由此启动了以协同发展为目标的空间格局重构，力求打破行政壁垒，实现区域一体化发展的良性互动。非首都功能疏解是京津冀协同发展的"牛鼻子"，不仅着眼于北京市内部的减量发展，更着力于区域层面的功能重组和结构再平衡。一方面，通过功能外移为首都"瘦身"，强化北京作为"四个中心"的首都功能；另一方面，疏解出的产业与要素流入天津、河北等地，促进区域内产业分工与城市职能的合理定位，提升整个京津冀地区发展的协同性和均衡性，逐步形成优势互补的区域协同发展体系。

（三）非首都功能疏解高质量一体化是空间格局重塑与区域协调发展的战略要求

《中华人民共和国国民经济和社会发展第十四个五年规划和2035年远景目标纲要》明确提出"深入实施区域协调发展战略"。从国家层面来看，疏解工作的本质是推动形成更加有序、协同、高效的空间格局。一方面，非首都功能疏解有助于引导人口与产业从极度集聚的超大城市向相邻地区有序转移，缓解"大城市病"，释放城市内部发展空间；另一方面，非首都功能疏解也为周边地区提供了发展动能与转型契机，提升了区域整体的系统效率与竞争能力。在这一过程中，承接地不仅是单纯的功能接收者，在国家战略体系中也扮演着资源重组、结构承压和制度试验的重要角色。此外，非首都功能疏解还具有典型的"制度外溢"效应。其背后的体制机制创新、区域协同探索和空间治理经验，将为其他城市空间再平衡提供可借鉴、可复制的示范样本，成为支撑国家区域发展战略落地见效的重要组成部分。

二　研究思路与研究方法

（一）研究思路

本报告主要针对"非首都功能疏解高质量一体化"进行研究。非首都功能疏解高质量一体化，是以首都功能优化为导向，通过对生产要素的有序疏解和系统转化，在治理北京"大城市病"的同时，提升承接地的产业承载能力、制度承接能力和治理协同性，从而形成"疏解—承接—发展"的良性循环。本报告主要从以下三个方面进行分析。一是重点分析首都核心区域在人口、产业、生态等各个方面的疏解成效，明确现阶段非首都功能疏解的进展；二是通过对现阶段非首都功能疏解的情况进行进一步梳理，探究承接地在非首都功能疏解过程中的优势与短板；三是采用模糊集定性比较分析（fsQCA）方法，对影响承接地承接能力的因素进行分析。基于此，本报告将描述性统计分析中观测到的典型事实与模糊集定性比较分析中的具体结果相结合，得出核心观点与结论，并结合研究结论提出政策建议。

（二）研究对象选取与数据来源

1. 研究对象选取

非首都功能疏解涉及"疏解地"和"承接地"两个空间维度。疏解地主要是指首都北京的中心城区及其功能过密集区域，是非首都功能的输出地；承接地则是指北京周边及京津冀区域内承担非首都功能转移的地区。本报告在界定研究范围时统筹考虑了疏解地与承接地的联动关系，研究对象以北京核心区和周边典型承接地为主、京津冀其他地区为辅，整体构成了非首都功能疏解承接格局的典型样本，为分析不同类型区域的疏解成效和承接绩效提供了坚实基础。

2. 数据来源

本报告所使用的 2014~2023 年城市数据主要来源于《中国火炬统计年

鉴》《中国县域统计年鉴》《北京统计年鉴》《天津统计年鉴》《河北统计年鉴》，以及龙信企业大数据平台。所用夜间灯光数据来源于美国科罗拉多矿业大学佩恩公共政策研究所下属地球观测组发布的 VIIRS Nighttime Lights，并经 ArcGIS10.3 整理后统一处理。由于部分县级区域个别年份的个别指标数据缺失，为确保分析的完整性与可比性，本报告采用线性插值法进行补全。

三 现状分析

（一）非首都功能疏解的阶段性进展与成效分析

自《京津冀协同发展规划纲要》实施以来，非首都功能疏解持续推进，区域协同发展进入加快落实的新阶段。该规划纲要提出构建"4+N"功能承接平台。除国家层面部署外，北京、天津和河北也相继出台配套政策，协同推进疏解与承接工作。2017 年，三地联合出台《关于加强京津冀产业转移承接重点平台建设的意见》，形成"2+4+N"产业合作格局。

1. 非首都功能疏解的空间效应识别

一是核心区呈现"去密化"特征。为缓解"大城市病"、优化首都功能结构，近年来北京持续推进核心区"减量发展"，将非首都功能疏解作为治理过度集聚、缓解资源环境压力的关键抓手。《北京城市总体规划（2016年—2035年）》明确提出要压减建设用地总量；《首都功能核心区控制性详细规划（街区层面）（2018年—2035年）》提出，结合非首都功能疏解，统筹好北京市搬迁腾退办公用房的承接利用，优化中央党政机关办公布局，稳步推进核心区功能重组。在疏解路径上，北京采取"控增量、减存量、整违法"三类举措，推动建筑空间有序"瘦身"。从实际成效来看，2016～2023 年，西城区房屋建筑总面积由 7441.3 万平方米下降至 5190.14 万平方米。其中，住宅用地面积从 3581.16 万平方米下降至 2962.95 万平方米，工业用房面积从 87.95 万平方米下降至 29.16 万平方米；商业用房面积从

996.44 万平方米下降至 435.51 万平方米；办公用房面积从 1933.44 万平方米下降至 807.86 万平方米，尤其是工业、商业和办公类建筑密度下降较为显著，反映出以减量更新为核心的空间治理机制已初见成效。① 同时，夜间灯光遥感数据也从侧面印证了疏解成效及其空间响应。自 2015 年非首都功能疏解工作启动以来，北京市六大核心区的夜间灯光强度整体维持在较高水平，反映出其长期积累的政务、科研、教育和商业密集职能，但在年均增长趋势上出现明显分化。其中，东城区与西城区自 2017 年起夜间灯光强度不再持续上升，进入"平台期"甚至轻度下行，呈现核心资源密度下降和"去密化"的空间重构趋势（见表 1）。

表 1   2015～2024 年北京市六大核心区夜间灯光强度

年份	东城区	西城区	海淀区	朝阳区	丰台区	石景山区
2015	29.12	27.49	12.69	16.94	14.35	12.95
2016	37.27	34.90	16.35	20.81	18.27	15.75
2017	35.70	32.44	15.02	20.70	18.24	14.59
2018	34.68	33.11	14.94	20.17	18.60	15.12
2019	44.34	43.87	20.34	26.48	25.25	21.44
2020	34.20	32.99	16.19	20.88	19.28	17.07
2021	41.07	38.66	17.95	25.02	22.86	19.00
2022	49.22	45.47	20.89	28.55	27.73	26.33
2023	40.31	37.60	19.23	24.75	23.66	22.07
2024	44.59	41.43	20.85	28.27	25.68	21.98

资料来源：基于 NPP-VIIRS 影像数据并运用 ArcGIS10.3 软件处理所得。

二是通州区与雄安新区三县空间经济活跃度明显增强。自非首都功能疏解政策实施以来，通州区与雄安新区三县的夜间灯光强度显著上升，反映出其作为承接地的经济活跃度明显提高。一方面，作为北京城市副中心，通州区自《北京城市总体规划（2016 年—2035 年）》发布后，便开启了"功能

---

① 数据来源于《北京西城年鉴（2017）》《北京西城年鉴（2024）》。

导入—人口集聚—空间建设"的转型进程。2019年，首批北京市级行政机关整体搬迁，共涉及35个部门165家单位，约1.2万人；2024年初，第二批搬迁完成，涉及30个市级部门，共计1万余人，"主副共兴"的空间格局初步建立。① 夜间灯光遥感数据显示，2015年前通州区亮度显著低于中心城区，自2015年起稳步提升，2018年后加速上升，反映出其在空间功能上的跃升趋势。另一方面，雄安新区"四纵三横"高速公路骨干网全面建成，京雄城际铁路投入运营，实现雄安新区与北京中心城区的高效连接；雄安新区绿色低碳发展成效显著，绿色建筑占比达100%，地下综合管廊广泛铺设，"海绵城市"与绿色能源体系同步推进；雄安新区教育、医疗水准不断提高，65家高水平医疗机构、59所京津冀优质学校与雄安新区建立对口合作，雄安体育中心、大学园图书馆等公共设施相继投用，基础服务能力显著提升；在产业承接方面，截至2024年2月，已有央企在雄安新区设立分支机构200余家，包括中国中化、中国星网等在内的首批央企总部项目顺利落地，注册企业中来自北京的超过3000家，雄安新区逐步形成以总部经济、高端制造和现代服务业为主导的产业结构。② 夜间灯光遥感数据显示，2017年雄安新区设立前，雄县、容城县、安新县的灯光强度常年处于河北省低位，自2020年起三县灯光强度显著上升，与重大项目集中落地、政策持续扶持以及人口加速导入的时序高度一致，反映出区域经济活动明显增多、建设强度显著增强。2015~2024年通州区与雄安新区三县夜间灯光强度变化趋势见图1。

2. 人口密度呈现下降趋势

《北京城市总体规划（2016年—2035年）》确定了北京市人口总量上限。在此背景下，北京市以非首都功能疏解为导向，引导公共资源和服务向承载地区转移，重构城市功能空间布局，促进人口与产业协同转移。

---

① 《北京市级机关第二批集中搬迁至城市副中心》，中央人民政府网站，2024年2月1日，https：//www.gov.cn/lianbo/difang/202402/content_6929483.htm。

② 《央企进入雄安新区，催化创新产业落地生根》，中国雄安官网，2024年3月6日，www.xiongan.gov.cn/2024-03/06/c_1212338965.htm。

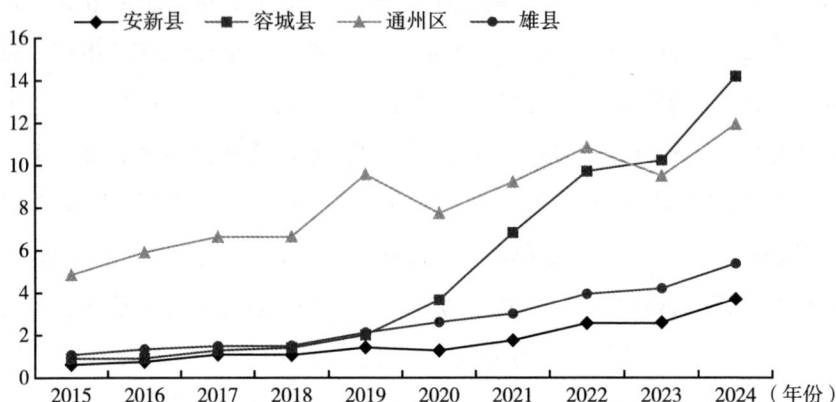

图1　2015~2024年通州区与雄安新区三县夜间灯光强度变化趋势

一是北京城六区常住人口持续下降。从常住人口数变化情况来看，2014~2023年，东城区常住人口数从91.1万人下降至70.3万人，西城区常住人口数从130.2万人下降至109.9万人，海淀区常住人口数从367.8万人下降至312.5万人，朝阳区常住人口数从392.2万人下降至344.6万人，丰台区常住人口数从230.0万人下降至201.1万人，石景山区常住人口数从65.0万人下降至56.4万人（见表2）。

表2　2014~2023年北京城六区常住人口数变化情况

单位：万人

城区	2014年	2015年	2016年	2017年	2018年	2019年	2020年	2021年	2022年	2023年
东城区	91.1	90.5	87.8	85.1	82.2	75.3	70.9	70.8	70.4	70.3
西城区	130.2	129.8	125.9	122.0	117.9	115.3	110.6	110.4	110.8	109.9
海淀区	367.8	369.4	359.3	348.0	335.8	329.0	313.2	313.0	312.4	312.5
朝阳区	392.2	395.5	385.6	373.9	360.5	357.5	345.1	344.9	344.2	344.6
丰台区	230.0	232.4	225.5	218.6	210.5	211.1	201.9	201.5	201.2	201.1
石景山区	65.0	65.2	63.4	61.2	59.0	59.4	56.8	56.6	56.3	56.4

资料来源：相关年份《北京统计年鉴》。

二是北京核心区常住人口密度呈现下降趋势。2014~2023年，北京城六区常住人口密度普遍呈现下降趋势，核心区疏解成效尤为明显。东城区和西城区作为首都核心区，常住人口密度分别下降22.8%和15.4%，降幅较大，显示出非首都功能有序疏解取得显著成效。海淀区、朝阳区、丰台区和石景山区等功能拓展区常住人口密度也有所回落，年均降幅保持在1%~2%（见表3）。

表3　2014~2023年北京城六区常住人口密度变化情况

单位：人/公里^2

城区	2014年	2015年	2016年	2017年	2018年	2019年	2020年	2021年	2022年	2023年
东城区	21763	21620	20975	20330	19637	18968	16937	16914	16818	16794
西城区	25767	25688	24916	24144	23333	22501	21888	21848	21769	21794
海淀区	8539	8576	8342	8079	7796	7515	7271	7267	7253	7255
朝阳区	8618	8691	8473	8216	7922	7632	7583	7579	7564	7572
丰台区	7521	7600	7374	7148	6884	6622	6602	6589	6579	6576
石景山区	7709	7732	7519	7258	6997	6760	6736	6713	6677	6689

资料来源：相关年份《北京统计年鉴》。

3. 产业布局不断优化

为推动产业功能有序疏解、优化区域生产力布局与空间结构，京津冀相继出台了《京津冀产业转移指南》《关于加强京津冀产业转移承接重点平台建设的意见》《京津冀产业协同发展实施方案》等一系列政策，逐步完善产业疏解路径，区域分工体系与协同发展格局初步形成。

一是产业疏解取得一定成效。《北京市新增产业的禁止和限制目录（2022年版）》明确规定了禁止类和限制类产业门类。2014年以来，北京市累计退出区域性专业市场和物流中心近1000个，除此之外，一般制造业和传统商业服务也是一般性产业疏解的重点，全市累计退出一般制造和污染企业近3000家。[①]

---

① 《北京：2014年以来累计退出一般制造和污染企业近3000家》，北京市发展和改革委员会网站，2023年2月23日，https：//fgw.beijing.gov.cn/gzdt/fgzs/mtbdx/bzwlxw/202302/t20230224_2923572.htm。

从禁止类产业来看，多个传统低效业态的市场主体逐步退出。2014～2023 年，北京市农、林、牧、渔业中"其他园艺作物种植"企业累计退出 105 户，禁止类制造业企业累计退出 1892 户。2014～2023 年，纺织服装、服饰业的退出较为集中，累计退出 1398 户。①

从限制类产业来看，企业退出趋势同样明显，尤其是在批发零售、交通运输和生活性服务业领域表现突出。2014～2023 年，限制类制造业企业累计退出 4660 户。② 值得一提的是，北京市商品交易市场数量已由 2014 年的 728 个下降至 2022 年的 422 个，呈现明显收缩趋势。③

二是产业结构持续优化，经济功能由物质集聚向价值集聚转型。北京市高精尖产业的发展呈现集聚提速、结构优化、动能增强的态势，成为推动首都经济高质量发展的关键引擎。《北京市十大高精尖产业登记指导目录（2018 年版）》涉及 10 个行业大类，包含人工智能、节能环保、新材料、医药健康、科技服务等。从企业注册资本额变化情况来看，2014～2022 年，北京市十大高精尖产业中多数产业注册资本额实现了快速增长。其中，软件和信息服务产业注册资本额从 2014 年的 207.73 亿元增加至 2022 年的 1490.29 亿元，年均增长率为 27.93%；人工智能产业注册资本额由 2014 年的 111.21 亿元快速增加至 2022 年的 1145.82 亿元，年均增长率达 33.85%。2022 年节能环保产业以 1.57 万亿元的注册资本额位居所有高精尖产业之首，年均增长率为 11.52%，表明在"双碳"目标引领下，北京市正在以疏解为契机推动绿色低碳产业体系重构。此外，新能源智能汽车、医药健康、科技服务等产业也均保持年均 10% 以上的增长速度，为北京市经济转型提供了有力支撑。④

4. 绿色空间持续拓展

疏解释放的不仅是人口和建筑空间，也为城市绿化与生态修复提供了发

---

① 数据来源于龙信企业大数据平台。
② 数据来源于龙信企业大数据平台。
③ 《商品交易市场经营情况（2022 年）》，北京市公共数据开放平台，2024 年 8 月 2 日，https://data.beijing.gov.cn//zyml/ajg/stjj/c6e433d73f8a4aa497830d1d0bfeb34e.htm。
④ 数据来源于龙信企业大数据平台。

展机会。绿地扩展的空间主要来自核心区街巷退让、腾退空间再开发，以及城市副中心生态区系统性规划建设。在城市副中心，绿心森林公园总面积达到 11.2 平方公里。① 从环境空气质量改善情况来看，2014～2024 年，北京市 PM2.5 年均浓度从 86 微克/米³ 下降至 30.5 微克/米³，降幅达 64.5%。② 通过加快疏解一般制造业、批发市场、物流基地等高污染、高能耗行业，北京市有效降低了本地污染物排放强度。

（二）非首都功能疏解的现实困境与问题提出

非首都功能疏解在首都空间重构、人口密度下降、产业结构优化和生态环境改善等多个方面取得了阶段性成效。北京城市副中心、北三县和雄安新区等承接区域已逐步成长为新的增长极，表现出较强的空间活力与经济吸附力，"中心瘦身、外围增强"的空间格局正在逐步形成。然而，随着疏解工作的持续推进，部分承接地出现了越来越突出的结构性矛盾和协同瓶颈，导致部分功能疏解未能有效落地转化。当前阶段亟须对疏解的方式、机制与目标进行系统反思，推动疏解从单向外移转向双向协同，从物理转移走向功能嵌入，从政策驱动迈向市场导向。

1. 非首都功能疏解高质量一体化面临的现实困境

北京持续推进非首都功能有序疏解，围绕一般制造业、区域性市场和部分行政性机构的外迁，取得了一定的成效。然而，随着疏解工作从"空间腾退"转向"功能转化"，现实中的结构性制约日益显现，特别是承接地呈现发展基础薄弱、要素承载分化、制度衔接不畅等多重困境，影响了疏解效能在承接地的进一步释放与区域功能体系的协同重构。

一是发展阶段与产业定位的结构性错位，削弱了承接地对生产要素的吸附与转化能力。北京已步入后工业化阶段，主要聚焦高端研发、总部经济、

---

① 《开园一年 50 余种飞禽走兽栖居城市绿心》，北京市人民政府网站，2021 年 11 月 3 日，www.beijing.gov.cn/ywdt/zwzt/jjtz/hxyjsfq/202111/t20211103_2527838.html。

② 数据来源于《北京市 2014 年国民经济和社会发展统计公报》《北京市 2024 年国民经济和社会发展统计公报》。

品牌营销等产业链高端环节，而多数承接地仍处于工业化中期，产业结构偏重于重化工业、劳动密集型和资源密集型产业。

二是承接地产业生态活力不足，市场机制发育不全，自主"造血式发展"能力有限。2023年，河北城镇单位就业人员中国有单位占比高达50.47%，显著高于北京（20.37%）和天津（26.85%），反映出其民营经济基础薄弱、市场主体活力偏低。[①] 在此背景下，承接地在高端企业服务、科技中介机构、专业孵化平台等方面明显不足，疏解资源落地后难以依托本地体系实现高效转化。

三是创新链与产业链融合程度不足，制约了承接地的产业升级与成果转化。北京作为科技创新核心区，2023年发明专利授权量达到10.79万件，分别是天津（1.43万件）、河北（1.42万件）的7.55倍和7.60倍，显现出明显的科技成果供给优势。[②] 然而，河北的实际需求集中于制造业、建筑业、批发和零售业等应用领域，与北京侧重基础研究、软件信息领域的成果供给之间存在结构性错配，叠加技术转移服务平台和专业人才队伍建设滞后，造成"有技术难转化、有成果难落地"的局面。

四是承接地政策环境与服务体系衔接不畅，影响了疏解功能的制度嵌入与产业落地。一方面，现行《京津冀协同发展产业转移对接企业税收收入分享办法》尚未覆盖多样化的企业类型和转移路径，导致部分迁入企业在资质认定、统计归口、能耗指标核算等方面缺乏明确的认定依据，出现制度空白和管理盲区。另一方面，津冀地区在办公用房、人才落户、教育、医疗等方面的政策供给尚显不足，企业虽已注册落地，但"人员难到位、人才难扎根"现象突出，出现签约多、投产少、运行弱的落地瓶颈，削弱了承接地营商环境的稳定性与实际承载能力。

五是承接地人口与产业结构匹配度不高。2023年河北三次产业就业人口占比分别为21.78%、31.66%和46.56%，而三次产业增加值占地区生产总值

---

① 数据来源于《北京统计年鉴2024》《天津统计年鉴2024》《河北统计年鉴2024》。
② 数据来源于国家统计局。

的比重分别为 10.16%、37.40% 和 52.44%，呈现就业结构与产出结构错位的突出问题。[①] 大量劳动力仍集中在第一产业，劳动力错配问题日益凸显；第三产业尽管是经济增长的主要支撑，却未能充分吸纳与之相匹配的人口资源。人口结构与区域产业承接能力之间的错配，制约了承接地对非首都功能的有效吸纳与转化，也影响了区域间产业协同与人口有序流动的整体效能。

2. 问题的提出

实现非首都功能疏解高质量一体化发展是破解上述问题的关键。从本质上讲，疏解的目标不应仅是物理空间的让渡，而应通过功能转移带动区域发展方式的转型升级。非首都功能疏解高质量一体化发展，是通过优质要素的有序疏解和系统转化，在实现北京资源重构的同时，提升承接地的产业承载能力、制度承接能力和治理协同性，从而形成"疏解—承接—发展"的良性循环。与早期"减负式疏解"不同，非首都功能疏解高质量一体化发展，强调的是优质资源合理释放而非简单腾退，是"造血式嵌入"而非"切割式转移"。在此背景下，如何提高承接地的发展绩效就成为关键，这要求承接地不仅"接得住"，更要"融得进"，最终"强起来"。这意味着疏解不再是北京单方面的资源让渡，而是京津冀区域共同重构生产力布局、共享发展红利的结构性变革过程。

为此，本报告从"非首都功能疏解如何实现高质量承接"这一核心问题出发，聚焦以下两个问题进行进一步研究，在疏解背景下，哪些结构性条件的组合最有助于提升承接地的发展绩效？如何为实现高质量一体化发展提供针对性更强的政策支持与资源配置策略？

四 承接绩效的影响因素分析

（一）理论分析

承接地对非首都功能的承接绩效，体现的是空间治理背景下产业与要素再配置的适配能力，其形成逻辑可从多种经典理论中得到系统支撑。首先，

---

① 数据来源于《河北统计年鉴 2024》。

根据新经济地理学，企业在择地过程中高度依赖交通条件、市场规模、区域经济集聚水平等空间禀赋，这些因素构成了区域吸引产业和人口的基本条件（Krugman，1991）。其次，区域创新系统理论强调，地方的知识生产能力、制度安排、产业链完整性与科技创新资源的可获得性，是决定区域能否从被动承接走向主动转型的关键要素（Cooke，2008）。此外，制度经济学认为，制度环境与政策支持是外部资源能否有效转化为本地经济成果的"转化机制"。路径依赖理论认为，原有发展轨迹对区域在经济增长中的路径选择具有深远影响，资源禀赋与制度基础的差异决定了不同区域经济增长模式的多样性和稳定性（David，1985）。

基于上述理论视角，区域能否实现高质量承接，并非取决于单一要素，而是依赖多个条件之间的有效耦合与协同作用。承接绩效结果体现了一种"多元条件-结果"的非对称关系，在不同情境下可能呈现多路径、多机制并存的复杂格局。为揭示这种复杂因果结构，本部分参照干春晖等（2011）、李灵等（2025）的做法，采用模糊集定性比较分析方法，从经济基础、交通条件、人口规模、产业结构、政策支持、创新能力六个维度出发，识别高绩效与低绩效地区在要素配置上的结构性差异，进而提炼影响承接绩效的典型条件组合路径。

（二）研究方法

模糊集定性比较分析方法建立在集合论与布尔代数基础之上，强调因果复杂性、多路径等效性与条件间的交互性。模糊集定性比较分析方法的基本原理在于，通过构建条件变量与结果变量的"模糊集合"，将每个案例在某一条件下的隶属度量化为 0~1 的连续值，并据此识别实现目标条件的充分条件、必要条件及其组合路径。与传统线性模型不同，模糊集定性比较分析方法关注的是"哪类条件在何种组合下通向某一结果"，而非变量的边际效应或平均趋势，该方法特别适用于区域政策分析中具有小样本、高维度、强交互特征的问题场景。本报告使用 fsQCA3.0 软件，设定频数阈值为 1，PRI一致性阈值为 0.8，并提取复杂解、中间解和简约解三种路径结构，从中筛选出典型高一致性路径组合。通过对这些路径背后的结构逻辑进行归纳,不仅能够揭示出各类绩效的形成机制,还可以为疏解政策的差异化策略制定提供方法支持。

(三)变量的选取与校准

在模糊集定性比较分析部分,本报告选取承接地的"新增注册企业数量"[①]作为衡量承接地发展绩效的核心代理变量,进而识别其背后所依赖的结构性条件配置及多路径实现逻辑。"新增注册企业数量"作为观测指标,能够综合反映承接地吸引资源、释放内生动能的能力,体现其营商环境、制度供给与产业生态的整体适配水平,具备较强的市场导向性,能够真实呈现企业主体对地区发展预期和政策效能的反应。同时,参考李灵等(2025)对区域产业升级路径的相关研究,兼顾要素基础、创新能力、制度保障三类主要影响机制,覆盖承接地在资源禀赋、发展潜力与制度环境方面的核心特征,从经济基础、交通条件、人口规模、产业结构、政策支持、创新能力六个维度出发,构建涵盖 6 个核心变量的因果条件集合,尝试识别影响承接绩效的关键因素组合,以满足模糊集定性比较分析方法对多因共存、路径多样性与条件非对称性的分析要求,科学地揭示非首都功能疏解绩效的多元路径机制。模糊集定性比较模型变量选取及构建方式见表 4。

表 4　模糊集定性比较模型变量选取及构建方式

变量名称	选用指标	构建方式
承接地发展绩效	新增注册企业数量	从中国工商企业注册数据库获取企业注册登记数据,并根据注册地址,获得各区县各行业的新增注册企业数量数据
经济基础	地区生产总值	地区生产总值
交通条件	公路里程数	各区县公路里程数
人口规模	户籍人口数	各区县户籍人口数

---

① 相关数据来源于《区县级!各区县各行业-新注册企业数据(2000—2023 年)》,马克数据网,2024 年 12 月 5 日,https://www.macrodatas.cn/article/1147473172。

续表

变量名称	选用指标	构建方式
产业结构	产业高级化	第三产业增加值/第二产业增加值
政策支持	政策支持	根据国家级、省级、市级重点政策支持情况进行赋值，分别赋值为 1.0、0.8、0.5
创新能力	授权专利数	区县授权专利数

　　本报告选取了 14 个典型的疏解承接区县作为研究对象，这些区县均符合以下标准：一是地理上邻近北京，处于首都辐射带动范围内；二是纳入国家或京津冀协同发展相关疏解承接政策的重点支持范围，具有明确的功能承接定位；三是统计数据连续可获取，具备可比分析基础。基于上述标准，所选案例具有较强的代表性，涵盖了当前非首都功能疏解的主要承接类型和空间板块，具体如下：首都功能向外围疏解的核心承载区，即北京市的通州区、大兴区、房山区和昌平区；京津冀协同发展前沿地带，即与北京城市副中心毗邻的河北省"北三县"，包括三河市、大厂回族自治县、香河县；京南传统发展节点，即承接产业转移重要区域的固安县、涿州市、涞水县、永清县，并选取地理位置较为关键的廊坊市广阳区进行对比分析；以及国家级新区雄安新区的容城县、雄县，安新县因数据缺失较多故不纳入分析中。

　　本部分将承接地发展绩效、经济基础、交通条件、人口规模、产业结构、政策支持、创新能力的样本描述性统计的分位数 0.95、0.50、0.05 分别设定为完全隶属、交叉点和完全不隶属的锚点。变量的校准与描述性统计见表 5。

表 5　变量的校准与描述性统计

变量名称	模糊集校准			描述性统计		
	完全隶属	交叉点	完全不隶属	标准差	最小值	最大值
承接地发展绩效	46.63	25.68	9.59	13.44	4.31	47.84
经济基础	1345.95	371.75	123.66	452.63	108.00	1424.60

变量名称	模糊集校准			描述性统计		
	完全隶属	交叉点	完全不隶属	标准差	最小值	最大值
交通条件	2999.98	1297.98	479.60	877.77	396.56	3260.87
人口规模	85.29	53.71	25.21	21.93	16.85	86.00
产业结构	3.90	2.33	0.91	0.96	0.57	3.91
政策支持	1.00	0.80	0.50	0.19	0.50	1.00
创新能力	7158.95	851.00	188.70	2861.72	125.00	7120.00

资料来源：通过 fsQCA3.0 软件计算得出。

（四）实证分析

1. 必要条件分析

表6报告了必要条件分析结果。必要条件分析主要用于检验单个条件对结果的不可或缺性，一般以一致性阈值0.9判断必要性。对高绩效组进行必要性检验发现，只有交通条件的一致性高于0.9。这表明对于承接绩效的提升而言交通条件是关键因素，其他任何单一条件的存在都不是高绩效的必要前提。相比之下，对低绩效组的必要性分析揭示了核心结构短板。结果显示，有多个条件对低绩效结果具有一致性接近或超过0.9的必要性水准。突出表现为低经济基础和低创新能力是产生低绩效的必要条件，几乎所有承接效果长期不佳的区县都存在经济总量不足及创新要素匮乏的情况。此外，部分单一条件的缺失同样普遍存在于低绩效案例中，人口规模偏小和缺乏交通区位优势在低绩效组中也高度共现。总体来看，这意味着打造承接地产业的高绩效，需要综合提升多个要素的水平；反之，任何关键结构要素的严重短缺都可能成为制约地区承接能力的短板。

表6 必要条件分析结果

条件变量	高绩效组		低绩效组	
	一致性	覆盖率	一致性	覆盖率
经济基础	0.823	0.893	0.330	0.386
~经济基础	0.435	0.376	0.909	0.847
交通条件	0.961	0.831	0.505	0.471
~交通条件	0.388	0.421	0.819	0.958
人口规模	0.884	0.794	0.495	0.479
~人口规模	0.420	0.435	0.787	0.879
产业结构	0.468	0.488	0.425	0.454
~产业结构	0.449	0.420	0.771	0.690
政策支持	0.659	0.653	0.517	0.551
~政策支持	0.547	0.512	0.675	0.681
创新能力	0.835	0.915	0.359	0.423
~创新能力	0.474	0.407	0.928	0.859

注：~表示逻辑非。

资料来源：通过 fsQCA3.0 软件计算得出。

2. 高承接绩效组态分析

基于模糊集定性比较分析，结合中间解和简约解对比，可识别出促成高承接绩效的三条典型条件组合路径。这些路径组态的一致性均高于推荐阈值0.8，表明各组态均可被视为高绩效结果的充分条件组合。

表7报告了非首都功能疏解过程中实现高承接绩效的三条路径。可以看出，高水平承接呈现多元路径并存、要素配置差异化的特点，反映了承接绩效具有典型的"等效多因"特征。第一条路径为综合优势型路径，以"经济基础—交通条件—人口规模—创新能力"四大要素全面配置为特征，是典型的资源禀赋驱动型路径。此类地区往往具备良好的基础经济体量和产业集聚效应，交通基础设施完善，人口集聚能力强，同时在创新产出方面保持一定活跃度，具备较强的企业集聚和地区发展吸引力。第二条路径为政策补偿型路径，体现了"交通区位—政策扶持"的显著作用，是典型的政策引导型承接路径。此类地区虽然在经济基础、人口规模、产业结构、创新能力等关键变量上存在短板，但凭借区位上的通达优势与明确的政策定位，通过

行政资源的配置和制度性引导，弥补了要素禀赋的不足，展现了"政策嵌入—功能对接—任务驱动"式的发展特征。第三条路径为创新驱动型路径，体现了"经济实力—交通通达—产业结构升级—技术创新"的联动协同，是一种结构优化与内生转型主导的路径。此类地区虽不依赖于显性政策支持，但通过推动产业结构高级化与创新驱动发展战略，激发区域内部活力，实现由资源承接向高端引领的转变。这表明，区域若能形成高质量的产业链体系与技术生态，即便是在外部扶持有限的条件下，也能够依靠自身"市场机制+技术升级"的内生动力实现良好绩效。总体而言，推动区域高质量承接，既要重视基础能力的长期积累，也要推动制度供给与结构优化，更应因地制宜地构建多路径支撑的承接体系。特别是在功能疏解进入"精细化匹配"阶段后，区域发展路径将更加分化，推动各类地区在自身优势的基础上形成错位发展、梯次承接的格局，这将是政策制定的核心导向。

表7　高承接绩效充分条件组态分析

指标	组态1:综合优势型	组态2:政策补偿型	组态3:创新驱动型
经济基础	●	⊗	●
交通条件	●	●	●
人口规模	•		
产业结构		⊗	•
政策支持		•	⊗
创新能力	●	⊗	●
一致性	0.916	0.921	0.846
覆盖率	0.737	0.366	0.346
涵盖地区	通州区、大兴区、昌平区、房山区	雄县、容城县	涿州市、固安县、广阳区

注：●表示核心条件存在；•表示边缘条件存在；⊗表示核心条件缺失；⊗表示边缘条件缺失。
资料来源：通过fsQCA3.0软件计算得出。

3.低承接绩效组态分析

表8报告了非首都功能疏解过程中的两条低承接绩效路径。可以看出，区域新增注册企业数量偏低的根本原因在于多要素失配与结构性短板长期叠

加。第一条路径为综合劣势型路径，表现为经济基础、交通条件、人口规模、政策支持与创新能力五大核心要素的全面缺失，区域基本发展资源严重不足，无法提供企业落地的必要支撑环境，是典型的"功能空窗区"。第二条路径为要素短缺型路径，该路径具备较好的交通条件和一定程度的政策支持，但由于缺乏经济体量、人口支撑与创新能力，形成了区位优势难以转化为产业吸附力的错配格局。

表 8　低承接绩效充分条件组态分析

指标	组态 4:综合劣势型	组态 5:要素短缺型
经济基础	⊗	⊗
交通条件	⊗	●
人口规模	⊗	⊗
产业结构		
政策支持	⊗	●
创新能力	⊗	⊗
一致性	1.000	0.973
覆盖率	0.458	0.325
涵盖地区	涞水县、永清县	香河县

注：●表示核心条件存在；·表示边缘条件存在；⊗表示核心条件缺失；⊗表示边缘条件缺失。
资料来源：通过 fsQCA3.0 软件计算得出。

五　主要结论与政策建议

（一）主要结论

一是非首都功能疏解初步实现空间重构与功能转移。近年来，北京市以疏解非首都功能为抓手，系统推进人口密度、产业结构、土地空间的再布局，取得了阶段性成效。核心区常住人口密度显著下降，建筑空间减量更新初见成效，夜间灯光遥感数据显示"中心降温、外围升温"趋势明显，北京城市副中心与雄安新区成为疏解承接的重要增长极。同时，一般制造业、区域性批发市场等功能有序退出，北京市绿色空间持续拓展，2014~2024 年 PM2.5 年均浓度下降超过 60%，生态治理成果显著。城市空间格局从"中心集聚"转向"多极联动"，功能置换初步完成。

二是疏解转化过程中结构性矛盾日益凸显，承接地未能形成内涵式增长。尽管疏解行为在物理层面落地，但在功能融合、制度承接和发展绩效方面仍面临多重困境。人口结构与产业结构错位，高附加值产业外迁难以在承接地形成完整生产链与人才链，出现"人岗错配"问题；制度衔接与政策延伸滞后，迁入企业在税收分成、能耗归属、统计认定等方面面临政策真空；市场活力不足，民营企业占比低，市场机制发育不全，承接地自主"造血"能力弱；产业转移质量不高，未形成有效集聚。

三是承接地发展依赖多维条件，当前结构性缺陷显著。实证分析表明，高绩效承接地普遍具备经济基础较好、交通条件较优、创新能力较强等多重优势，且这些要素之间形成了较强的协同性。相对而言，低绩效承接地常常在多个关键要素上同时缺失，特别是在创新能力不足与产业结构落后方面尤为突出，严重制约了疏解功能的有效落地。此外，部分地区虽然拥有交通和区位优势，但由于缺乏人口支撑、制度支持与产业配套，难以将这些显性资源转化为实际发展动能。

四是非首都功能疏解进入深化阶段后，不同承接地之间将出现分工分化、梯次承接的新格局，相关政策需因地制宜地引导各类地区走错位发展之路。京津冀区域正从要素层面的"一般协同"走向功能层面的"高质量一体化"，在这一过程中，各承接地应结合自身条件确定清晰的发展定位，基础雄厚的地区应侧重发挥市场动能，吸引外部企业有效迁入；基础相对薄弱但区位重要的地区应着力争取政策和外部资源支持，强化对特定功能的承载；定位于高端引领的地区则应突出创新驱动和制度创新，实现由被动承接向主动引领的转变，在区域内形成高、中、低梯度互补的功能布局，最终实现首都与周边区域的良性互动和协调发展。

（二）政策建议

一是构建多路径承接的统筹机制。针对承接地存在的多样化发展路径，应在宏观政策层面给予分类指导和统筹安排，鼓励各地区依据自身优势选择最适宜的承接模式。在实践中，可按照资源禀赋型、政策引导型、创新驱动型等不同类型，制定差异化的支持政策。对于基础条件优越的综合优势型地区，应注重发挥市场机制作用，减少不必要的行政干预，同时在科技创新、产业升级方面给予持续支持，巩固其自我发展动力；对于依赖政策扶持的地区，要提升政策供给的精确性和持续性，通过阶段性专项政策和资金扶持弥补其先天短板，并建立绩效评估机制确保政策投入产出效益；对于走创新驱动路径的地区，应加大研发投入和人才引进力度，打造产学研协同创新平台，进一步完善知识产权保护和成果转化激励机制，以激发其内生增长潜能。通过上述分类引导，形成"因地制宜、一地一策"的承接格局，确保多路径并进的发展模式各展其长、共同发力。

二是完善跨区域政策协同机制。非首都功能疏解与承接涉及北京和周边地区多个行政主体，亟须打破条块分割，建立健全协同决策与执行机制。建议在京津冀协同发展框架下，设立跨区域的统筹协调机构或工作专班，推进疏解项目对接和政策落实，定期协调解决跨地区的规划衔接、审批手续、资源调配等问题。进一步完善财政和利益分享机制，探索建立北京与承接地之间的利益补偿和分配制度，对因自身承接功能而承担基础设施建设和公共服务压力的地区给予财政转移支付支持，或对完成重大疏解任务的地区给予奖励。在产业项目布局上推动"飞地经济"模式，促进合作共建园区和利益共享。"飞地经济"模式实现了规划、建设、管理的统筹与收益共享，为打破行政边界制约、实现区域功能优化提供了创新路径。未来应鼓励更多此类跨区域合作平台的建立，通过协议共管、税收分成等方式提升协同承接效率，形成区域优势互补、合作共赢的良好局面。

三是优化产业功能对接与布局。实现高质量承接，关键在于产业的有效转移和衔接。首先，要根据各承接地的产业基础和功能定位，细化疏解清单与承接目录，实现产业转移的精准匹配。其次，加强承接地的产业配套和园区载体建设，提升其产业承载能力。加快重点承接平台建设，注重产业升级与功能提升，避免进行简单的低端产业转移。通过技术改造、绿色转型等手段提高承接产业的附加值和竞争力，同时引入龙头企业和创新项目，带动当地产业结构优化，真正实现从"承接存量"向"创造增量"的转变。通过以上措施，确保疏解产业和功能在新的空间落地生根、开花结果。

四是强化人才吸引与培育功能。人才是支撑区域高质量发展的核心资源，人才结构与产业结构之间的错配是当前非首都功能疏解面临的一个突出问题。为此，应从"结构调整、政策支持、环境营造"三个层面，系统构建人才吸引与适配机制。首先，推动人才结构与产业结构精准对接。在承接地编制产业发展规划的同时，建立人力资本结构与岗位需求同步研判机制，摸清区域内各类技能型、应用型、研究型人才的缺口情况。依托承接地高职院校和技工学校，建设对接京津疏解功能的专业集群，推动承接地劳动力转向符合产业升级方向的技能型人才结构，加快构建区域"产、教、人"协同体系，使人力资源真正嵌入产业链条。其次，完善"人随功能走、人岗相适"的疏解路径。鼓励北京疏解的高校、医院、研究机构在承接地设立二级分支机构，整体迁入团队，避免出现"迁而不转""转而不融"的局面。支持科研人员以及教育、医疗专家以流动编制、挂职合作等方式参与承接地公共服务体系建设，带动本地人才成长。同时，完善落户、住房、子女教育等人才配套政策，推动高素质人才向承接地稳定流动。最后，营造开放融合的宜居宜业新环境，增强人才黏性。加大公共服务与城市配套投入，提高教育、医疗、文化、生态等领域的生活品质，提升承接地的生活便利度与归属感。完善区域通勤网络，推进城际铁路、轨道交通等快速接驳体系建设，缩短承接地与北京中心城区的"心理时距"，为"跨城就业"与"双向流动"人才提供可行条件。在产业园区、大学城、高新区等功能平台内，打造具有吸引力的工作、生活一体化空间，设立产业人才联盟、创新创业平台、政策服务中心等配套设施，提升承接地人才生态系统整体效能。

参考文献

干春晖、郑若谷、余典范：《中国产业结构变迁对经济增长和波动的影响》，《经济研究》2011 年第 5 期。

李灵、王雪玮、王琦等：《产业结构优化升级的多元路径——基于 252 个地级市的定性比较分析》，《科学学与科学技术管理》2025 年第 3 期。

叶堂林：《京津冀产业高质量协同发展中存在的问题及对策》，《北京社会科学》2023 年第 6 期。

张可云、蔡之兵：《北京非首都功能的内涵、影响机理及其疏解思路》，《河北学刊》2015 年第 3 期。

Cooke, P., "Regional Innovation Systems: Origin of the Species", *International Journal of Technological Learning, Innovation and Development*, 2008, 1 (3).

David, P. A., "Clio and the Economics of QWERTY", *American Economic Review*, 1985, 75 (2).

Krugman, P., "Increasing Returns and Economic Geography", *Journal of Political Economy*, 1991, 99 (3).

B.4

京津冀交通高质量一体化研究[*]

张　贵　程一诺[**]

摘　要： 京津冀协同发展战略实施以来，区域交通一体化持续向纵深推进，"轨道上的京津冀"主骨架初具规模，"四网融合"不断深入，京津冀核心区"1小时交通圈"和相邻城市间"1.5小时交通圈"基本实现，多式联运间的衔接日益紧密，交通网络的覆盖范围不断扩大，通达效率显著提升。但目前在交通可达性、运输结构、服务质量、跨区域交通政策协调等方面仍存在一些问题，制约了区域协同发展的整体效能。本报告具体分析京津冀交通高质量一体化的发展现状及趋势，运用熵权法测度京津冀交通高质量一体化发展水平。研究发现，京津冀交通高质量一体化发展水平稳步提升，呈现京津引领、区域协同的发展格局。其中，交通基础设施建设成效显著，交通治理协同走深走实，三地交通联系有效加强，但是交通服务协同水平相对滞后，跨区域交通服务的组织管理亟待加强。通过总结发展面临的挑战与机遇，本报告提出以下具有针对性的政策建议：完善区域交通协同顶层设计，健全一体化发展体系；打造综合交通枢纽，优化经济带交通网络体系；升级交通"软联通"建设，提升服务协同水平；优化交通布局与公共服务配套，打造职住平衡通勤圈；规划客货环线，推动铁路部门释放干线运能。

关键词： 交通高质量一体化　协同发展　交通网络　京津冀

---

[*] 本报告为国家社科基金重点项目"生态位视域下现代化城市发展动力及空间形态演化研究"（24AJY018）、天津市哲学社会科学规划项目"生态位视域下京津同城化发展动力与实施路径研究"（TJYJQN24-001）的阶段性成果。

[**] 张贵，南开大学经济与社会发展研究院教授、博士生导师，京津冀协同发展研究院秘书长，研究方向为京津冀区域经济、创新生态；程一诺，南开大学经济与社会发展研究院硕士研究生，研究方向为区域经济。

京津冀地区作为我国经济发展最活跃、人口分布最密集的区域之一，在区域协同的纵深推进中取得多重成效，北京非首都功能有序疏解，"新两翼"建设取得实质性突破，"轨道上的京津冀"主骨架基本成形。2023 年 5 月，习近平总书记在河北雄安新区考察时提出，"交通是现代城市的血脉。血脉畅通，城市才能健康发展"。[1] 作为京津冀协同发展的先行领域，交通高质量一体化是经济融合与产业升级的关键动力。京津冀协同发展战略实施以来，京津冀合力构建"四纵四横一环"的交通网络，逐步打造更高效便捷的"1 小时交通圈"，持续优化区域交通格局，逐步提升区域运输服务品质，有力地促进了经济融合与社会发展。

党的二十届三中全会通过的《中共中央关于进一步全面深化改革　推进中国式现代化的决定》指出，完善实施区域协调发展战略机制，推动京津冀、长三角、粤港澳大湾区等地区更好发挥高质量发展动力源作用。区域高质量发展对交通领域提出了新要求，推动交通基础设施建设与产业、城镇规划建设有机衔接尤为重要（李小鹏，2023）。因此，充分认识京津冀交通高质量一体化的发展现状、面临的挑战与机遇，有助于进一步推进区域交通网络互联互通，强化交通高质量一体化发展在促进区域要素流动中的关键作用，对促进区域协调发展，推动京津冀成为中国式现代化建设的先行区、示范区具有重要意义。

一　交通高质量一体化的内涵与特征

（一）交通高质量一体化的内涵

1. 交通高质量一体化的双重维度："硬联通"与"软联通"

交通高质量一体化是区域协同发展的关键支撑，其内涵包括"硬联通"

---

[1] 《习近平在河北雄安新区考察并主持召开高标准高质量推进雄安新区建设座谈会》，《人民日报》2024 年 5 月 11 日，第 1 版。

与"软联通"两个维度。"硬联通"作为物质基础，强调通过铁路、公路、航空、水运等多种运输方式的综合集成，实现区域交通的物理连接，其核心在于打造互联互通的交通基础设施网络，是对交通一体化的狭义理解。"软联通"是交通高质量一体化的重要保障，通过服务协同、管理优化、政策统一和标准衔接，提升区域交通系统的运行效率和服务质量。"软联通"不仅关注交通系统内部的协同，还强调交通系统与外部环境（如经济、社会、生态）的深度融合。从广义角度看，交通一体化是"硬联通"与"软联通"的有机统一，二者共同推动区域交通的高质量一体化发展。

2.京津冀交通高质量一体化的战略内涵：服务区域经济总体目标

在区域协调发展战略框架下，交通高质量一体化的内涵不仅包括运输方式和服务的一体化，更强调通过互联互通实现区域资源的共建共享，通过构建综合的交通运输体系（刘志彪、孔令池，2019），提高区域交通运输的总体效益和服务水平，支撑区域经济规划总体目标。京津冀交通一体化工作以"疏解北京非首都功能"为首要任务，聚焦河北雄安新区和北京城市副中心"两翼"建设，具备服务京津冀协同发展的重要战略内涵。一方面，交通一体化作为疏解北京非首都功能、支撑"两翼"建设的重要抓手，通过多层次、网络化的综合交通体系建设，为区域产业转移、人口流动和功能疏解提供有力支撑；另一方面，通过打破行政壁垒，促进京津冀三地在交通规划、建设、运营和管理上的深度合作，推动区域经济、社会、生态的深度融合，为京津冀协同发展战略的实施提供坚实基础。在这一过程中，交通一体化不仅优化了区域内部的资源配置，还通过降低交易成本和要素流动成本，为区域经济、社会的蓬勃发展增添了强劲动力，推动高质量发展进程。

3.交通高质量一体化的核心：实现交易成本和要素流动成本最小化

交通高质量一体化的核心在于实现交易成本和要素流动成本最小化。成本最小化是交通高质量一体化建设的基本动力之一，流动成本与交易成本的降低有助于区域间要素流动，促进区域市场一体化。一方面，交通网络的完善不仅能够降低直接的运输费用，还可以通过建立人员交流与信息传递的高效通路，有效节约时间和信息成本，推动资本、劳动力、科技等生产要素的有序流动，促进市场一体化发展进程（员彦文、孙瑞东，2024）；另一方面，交通高质量一体化能够通过缩短城际时空距离，提升综合交通可达性，进而增强集聚效应，充分挖掘市场潜力（蒋海兵等，2024），实现区域间生产与合作的降本增效。

（二）交通高质量一体化的特征

1. 高效性与便捷性

高效性与便捷性是交通高质量一体化的核心特征，旨在通过完善交通设施、优化交通网络布局和提升服务品质，带来低廉的运输成本、丰富的资源供应以及高效的人才和信息流通途径，推动产业集聚和城市空间格局优化。交通线路的走向、空间组合、运行效率会直接影响产业和城市发展方向及空间布局（张颢瀚，2009）。因此，交通高质量一体化要求运输方式和运输线路布局具备高效性和便捷性，为城市的人员、货物和信息流动提供大运量和快速通行能力，如引入轨道交通和快速公交系统等大运量交通方式，就近规划铁路、轨道和公交站点的布局，实行票证电子化和支付兼容等。此外，交通高质量一体化还强调覆盖范围的广泛性，要求中心城区与周边郊区、卫星城镇以及城市群内的其他城市之间建立起高效的联通系统（李玲玲、赵光辉，2021），向农村和偏远地区延伸交通服务，加强与周边城市群、经济圈的互联互通，提升区域交通整体的高效性与便捷性。

2. 综合化与网络化

综合化与网络化特征强调多种交通方式的协同与融合，其本质在于通过系统集成和网络优化，实现交通资源的高效配置和运输服务的整体提升。综合化体现在交通基础设施的统筹规划与建设上，强调铁路、公路、水运、民航等多种运输方式的有机衔接与功能互补。网络化则要求构建包括快速网、干线网和基础网在内的多层次交通网络，形成干线铁路、城市间的城际交通线路、市区与郊区的市郊交通线路、城市内部的交通线路四个层次交通网络的无缝对接与零换乘，极大地改善出行条件，促进人口、产业、投资等经济要素的有序、快速流动（张贵等，2023）。综合化与网络化的交通体系能够充分发挥各种交通方式的比较优势并提升组合效率，构建起覆盖广泛、连接紧密的交通网络，保障区域内各城市之间以及城市内部建立高效、可靠的交通联系，有力地推动区域经济一体化发展。

3. 集约化与低成本

交通高质量一体化的集约化与低成本特征是现代交通运输体系可持续发展的必然要求，其核心在于通过资源优化配置和成本有效控制，实现交通系统经济效益、社会效益和环境效益的有机统一。集约化特征主要体现在空间、资源和功能三个层面：空间集约通过优化场站布局和线路设计，提高土地和空间利用率；资源集约强调各类交通资源的共享共用，包括车辆、场站、信息等资源的调度整合；功能集约则注重交通枢纽的多功能集成，实现商业、办公、居住等功能的有机融合。低成本特征不仅体现在建设运营成本的控制上，更反映在全生命周期成本的最小化上。例如，通过"公交轨道化"和"轨道公交化"二者的灵活配合，有效降低网络覆盖成本。具体而言，轨道交通作为运输的骨干，构建形成高频次、大容量的客运走廊，承担主要客流的运输任务；常规公交则发挥灵活性强、覆盖范围广的优势，作为轨道交通的有效补充和延伸。集约化与低成本不仅是交通高质量一体化在资源优化配置和成本控制方面的重要体现，更为构建高效、绿色、智能的综合交通体系奠定了坚实基础。

二　京津冀交通高质量一体化的发展现状

作为全国交通网络最密集的区域之一，京津冀拥有布局交通一体化的地理条件与基础设施优势。《京津冀交通一体化发展白皮书（2014—2020年）》显示，2014年京津冀地区已初步形成以北京为中心，以快速铁路、高速公路为骨干，以普速铁路、国省干线公路为基础，与港口、机场共同组成的放射圈层状综合交通网络，营运铁路网密度、高速公路网密度均达到全国平均水平的3倍以上，为建设综合交通运输体系提供了坚实基础。京津冀协同发展上升为国家战略后，交通作为基础支撑和关键突破口率先启动实施，持续加力建设。2014 年，京津冀三地建立交通一体化工作机制，交通一体化进入实质性推进阶段。2015 年，国家发展改革委和交通运输部联合发布《京津冀协同发展交通一体化规划》，进一步明确构建"四纵四横一环"主骨架、重点完成八项任务的顶层设计。此后，京津冀交通一体化布局与北京非首都功能疏解以及雄安新区建设等重大战略规划相结合，推动区域交通一体化向更高效率、更高质量、更高水平发展。京津冀协同发展战略实施以来，京津冀交通一体化政策从顶层设计到专项规划、从短期行动到长期蓝图，逐步形成了系统化、科学化的政策体系。数年间，区域内部交通可达性不断提升，逐渐形成以北京、天津为核心，辐射河北各城市的立体化交通网络体系，并通过京沪、京港澳等国家运输大通道与长三角、珠三角等经济区紧密连接，形成了辐射全国的交通枢纽。

（一）铁路交通网一体化状况

京津冀铁路交通网不断加密和优化，"轨道上的京津冀"初步建成。截至 2023 年底，京津冀区域内的铁路营业里程达到 11309 公里，与 2014 年相比增长 32.9%（见表 1）。以北京、天津为核心枢纽的高速铁路网已基本建成，区域内地级以上城市实现高速铁路全面覆盖。

表 1　2023 年京津冀地区铁路基本情况

省份	铁路营业里程（公里）	铁路客运总量（万人次）	铁路货运总量（万吨）
北京	1534	15165	308
天津	1287	4969	11673
河北	8488	12388	30124
总计	11309	32522	42105

资料来源：《中国统计年鉴 2024》。

在此基础上，大批城际铁路加快建设，京津冀城市群内部联系更加紧密，北京与 6 个毗邻地区全部实现 1 小时内通达，区域内形成京雄津保唐

"1 小时交通圈"，相邻城市间基本实现铁路 1.5 小时内直达（见表 2）。同时，京津冀三地持续优化市郊铁路与轨道交通网络结构，支撑远距离通勤，引导城镇空间拓展。

表 2　京津冀各城市间铁路车次与最短运行时间

起始城市	铁路车次（列）	最短运行时间（小时）	起始城市	铁路车次（列）	最短运行时间（小时）
北京—天津	174	0.50	天津—石家庄	54	1.40
北京—石家庄	179	1.00	天津—唐山	58	0.53
北京—唐山	36	1.07	天津—秦皇岛	71	1.07
北京—秦皇岛	23	1.82	天津—邯郸	28	2.10
北京—邯郸	62	1.62	天津—邢台	24	2.18
北京—邢台	44	1.60	天津—保定	34	1.02
北京—保定	113	0.58	天津—张家口	2	5.30
北京—张家口	31	0.93	天津—承德	0	—
北京—承德	68	0.87	天津—沧州	48	0.37
北京—沧州	49	0.85	天津—廊坊	22	0.28
北京—廊坊	29	0.68	天津—衡水	16	2.75
北京—衡水	21	2.13			

注：北京铁路车次统计数据截至 2024 年 6 月 30 日，天津铁路车次统计数据截至 2022 年 6 月 30 日。

资料来源：国泰安数据库。

（二）公路交通网一体化状况

京津冀三地积极强化公路交通网的协同共建，原有"单中心、放射状"的路网结构得到有效改善。区域高速公路总里程不断增加，京雄、京秦、京台、京昆、津石、荣乌等一批国家高速公路建成并投入运营。截至 2023 年底，京津冀地区高速公路总里程扩展至 10977 公里，与 2014 年相比增长 37.5%，区域内"断头路"和"瓶颈路"基本消除（见表 3）。区域高速公路网基本成形，以北京为中心，统筹规划由 7 条首都放射线、2 条纵线和 3 条横线构成的国家高速公路主干网布局。此外，京津冀地区普通国省干线公路网已实现全面对接，重点路段扩容改造全部完成，为区域内的短途交通提供了更加便捷的选择。农村公路网实现全覆盖，津冀地区实现农村公路"村村通"，城乡间交通可达性显著提高。

表3 2023年京津冀地区公路基本情况

省份	公路里程（公里）	高速公路里程（公里）	一级公路里程（公里）	二级公路里程（公里）	公路客运总量（万人次）	公路货运总量（万吨）
北京	22433	1211	1458	4020	60489	19399
天津	15221	1358	1432	1993	11310	33742
河北	211107	8408	8083	22380	29585	217492
总计	248761	10977	10973	28393	101384	270633

资料来源：《中国统计年鉴2024》。

（三）航空网络一体化状况

京津冀航空网络建设成效显著，已建成"双核两翼多节点"的现代机场群格局。具体而言，依托北京首都国际机场、北京大兴国际机场双核枢纽，天津滨海国际机场、石家庄正定国际机场两翼支持，辅以6个中小机场，打造形成"结构合理、布局均衡、功能完善、分工协作、绿色智慧"的机场群体系，具备"通达全国、辐射全球"的航空运输能力。京津冀协同发展战略深入推进的10余年间，区域机场群发展迅速，从旅客吞吐量来看，京津冀机场群旅客吞吐量由2014年的1.10亿人次，至2019年达到峰值1.47亿人次，2023年接近1.23亿人次，较2014年增长11.8%，体现出区域航空运输市场的强劲活力。在航线网络拓展方面，2023年，京津冀机场群新开通国内外航线200余条，通航城市超过300个；完成旅客吞吐量12293.81万人次，货邮吞吐量154.97万吨，凸显了京津冀在北方航空网络中的枢纽地位，展现了京津冀航空一体化建设的显著成效（见表4）。

表4　2023年京津冀民用运输机场生产情况

机场	旅客吞吐量（万人次）	同比增长（%）	货邮吞吐量（万吨）	同比增长（%）	起降架次（万架次）	同比增长（%）
北京首都国际机场	5287.92	316.30	111.59	12.90	37.97	140.90
北京大兴国际机场	3941.08	283.50	24.41	91.40	29.31	176.80
天津滨海国际机场	1847.25	216.20	12.68	-3.60	14.39	139.10
石家庄正定国际机场	986.32	77.30	6.11	40.60	7.67	43.70
邯郸机场	71.93	111.70	0.10	15.20	0.80	-80.40
唐山三女河机场	66.90	93.30	0.04	28.00	0.69	45.00
张家口宁远机场	46.49	54.30	0.01	178.70	0.44	22.50
承德普宁机场	23.08	14.40	0.02	171.30	0.42	43.20
秦皇岛北戴河机场	22.84	111.40	0.01	814.90	0.32	126.70
京津冀机场群合计	12293.81	244.50	154.97	19.90	92.01	109.74

资料来源：《2023年全国民用运输机场生产统计公报》。

（四）港口集群一体化状况

京津冀港口群形成了以天津港为核心、以河北港口为支撑的"四港联动"体系，有力地保障了区域经济一体化推进和对外贸易发展。天津港作为区域核心港口，已初步建成国际一流枢纽港口，承担着连接中国北方与世界的重要桥梁作用。近年来，天津港设施能级持续提升，海陆双向辐射能力显著增强。2024年，天津港货物吞吐量达到57931万吨，集装箱吞吐量完成2329万标准箱，海铁联运达到137.5万标准箱，首开至南美洲东海岸、美国东海岸集装箱航线，构建了与全球主要港口的高效物流通道。津冀港口间深化分工协作，形成了错位发展、有效互动的格局。天津港通过环渤海内支线串联众多港口，拉动渤海港口群的吞吐量持续攀升。河北港口发展势头强劲，秦皇岛港、黄骅港和唐山港作为能源、原材料等大宗散货运输的重要枢纽，2024年分别完成货物吞吐量18740万吨、35516万吨和86216万吨，为区域能源安全和产业链稳定提供了有力支撑（见表5）。

表 5　2024 年京津冀区域主要港口吞吐量

港口	货物吞吐量（万吨）	集装箱吞吐量（万标准箱）
天津港	57931	2329
秦皇岛港	18740	54
唐山港	86216	272
黄骅港	35516	85

资料来源：《2024 年港口货物、集装箱吞吐量》，交通运输部网站，2025 年 3 月 26 日，https：//xxgk. mot. gov. cn/2020/jigou/zhghs/202503/t20250326_ 4165984. html。

（五）运输服务一体化状况

京津冀以交通数字化转型为抓手，通过信息服务集成、跨域协同运营等方式推动运输服务体系升级，不断提升区域运输服务品质。在信息平台智能化方面，京津冀推动"出行云"平台建设，实现跨区域交通信息的互联共享。目前，平台已整合涵盖三地路况、公交、轨道交通、客运等多个领域的跨区域交通信息，并向公众开放，显著提升了交通信息服务的智能化水平。在运营服务同城化方面，京津冀加快构建跨省交通服务体系，全面上线通勤定制快巴，提供一站直达的出行服务，大幅缩短了环京地市进京通勤和日常出行的时间。轨道交通"四网融合"不断完善，多个站点优化信息共享与安检互认机制，实现高铁与市郊铁路和城市轨道之间的便捷换乘，为居民提供了更加高效、便捷的出行选择。旅客联程联运模式更加多样，空铁、空巴、公铁等联运方式不断拓展。在支付结算一体化方面，京津冀发行"交通联合"互通卡，逐步实现了区域内主要城市"一卡通行"并向全国延伸覆盖。构建电子支付互联系统，完成北京"亿通行"、天津"天津地铁"等交通应用功能互嵌。此外，货运多式联运进入快速发展期，京津冀地区依托港口、货运枢纽、物流园区建设开行海铁、公铁联运班列，部分线路实现常态化运营，立足京津冀持续扩大多式联运覆盖范围，为外贸和物流业发展提供了有力支持。

（六）交通政策机制一体化状况

京津冀三地不断健全多层次的协同发展机制，着力构建完备的政策协同体系，推动区域交通一体化的高效治理。在机制建设方面，以 2023 年为例，京津冀三地联合召开多次区域交通一体化统筹联席会议，共同签署多项框架协议、专项协议和接线协议，着力破除行政壁垒和体制机制障碍，多措并举为区域交通一体化发展走深走实提供有力支撑。此外，京津冀三省市区域交通一体化统筹协调小组工作机制持续优化，2023 年由"一办五组"调整为"一办八组"，实现了航空、铁路、道路、港口的统筹协调与联动发展。

在政策协同方面，自 2014 年启动实质性推进以来，京津冀三地交通部门全面落实《京津冀协同发展规划纲要》和《京津冀协同发展交通一体化规划》，共同完成区域交通发展的顶层设计与战略布局。基于区域重大发展战略需求，三地协同推进"1 小时交通圈"建设，着力打造同城化发展格局，系统推进"轨道上的京津冀"等重大工程，并通过分阶段实施确保规划落地。《北京市"十四五"时期交通发展建设规划》《天津市综合交通运输"十四五"规划》《河北省"十四五"现代综合交通运输体系发展规划》均以推动京津冀交通高质量一体化为重点方向，进一步明确具体任务和落实举措，共同推动京津冀交通一体化实现新突破。在政策实施层面，三地重点推进交通管理政策、执法标准、信息共享、技术规范等关键领域的统一工作，签署《泛京津冀交通运输政务服务协同发展区域合作协定》和《京津冀交通运输区域联勤联动协作办法》等，统一交通运输政务服务标准，完善交通运输执法协作制度体系，有效打破了行政壁垒，推动构建交通运输一体化治理格局。

三 京津冀交通高质量一体化发展的测度与评价

（一）指标体系

交通高质量一体化是一个多层次、多维度的综合性概念，其核心内涵涵盖交通运输基础设施建设、运营服务优化以及区域协同治理等多个层面。参考相关研究（许正中、曹贤忠，2023），本报告从交通基础设施、交通服务、交通关联、交通治理和绿色交通五个核心维度构建交通高质量发展评价指标体系（见表6），并运用熵权法对京津冀交通高质量一体化发展水平进行测度与评估。

表6 交通高质量发展评价指标体系

一级指标	二级指标	三级指标	单位	属性	权重
交通基础设施	路网基础设施	公路通车里程	公里	+	0.012
		高铁开通情况	虚拟变量	+	0.010
		民用航空飞机起降架次	架次	+	0.129
		港口生产性泊位数	个	+	0.112
	城市轨道交通	轨道交通或公共交通投资	万元	+	0.144
		城市已建成轨道交通线路长度	公里	+	0.158
		城市已建成轨道交通车站数	个	+	0.153
交通服务	客运服务	公路客运量	万人次	+	0.077
	货运服务	公路货运量	万吨	+	0.029
交通关联	驾车距离	到区域内其他城市平均驾车距离	公里	—	0.017
	网络联系	公路旅客周转量/公路客运量	公里	+	0.014
		公路货物周转量/公路货运量	公里	+	0.001
交通治理	政策法规	与交通相关的政策法规文件数量	个	+	0.127
绿色交通	道路噪声	城市道路交通噪声声级	分贝	—	0.018

（二）数据说明

本报告采用的数据主要包括京津冀城市层面的交通相关指标数据。2014年京津冀协同发展上升为国家战略，交通作为三地协同发展的先行领域，一体化程度不断提高。基于此，本报告将研究区间设定为2014~2023年，综合分析京津冀交通一体化发展态势与规律。相关数据来自《中国城市统计年鉴》、《中国交通年鉴》、《中国港口年鉴》、京津冀各省份及地级市统计年鉴以及EPS数据库。部分指标缺失数据通过各地区《国民经济和社会发展统计公报》以及相关部门披露的数据手工统计得到，并采取线性插值法补齐。

（三）测算方法

在评价指标体系构建与赋权方法研究中，现有文献主要采用专家打分法、层次分析法、熵权法和变异系数法等确定指标权重。其中，专家打分法和层次分析法主观性较强，不满足实证研究的客观性要求。熵权法和变异系数法能够确保权重赋值的客观性，相比之下，熵权法不仅能客观度量指标的变异程度，还能深入揭示指标的经济学内涵与信息价值，在指数研究中应用广泛。因此，本报告运用熵权法对各指标进行赋权，研究对象为京津冀城市群，涵盖 2 个直辖市和 11 个地级市，共计 13 个城市单元。

首先，考虑到评价指标体系中各指标量纲不一致以及数据离散程度差异显著等特点，采用标准化方法对原始数据进行无量纲化处理，将各指标值转换为 [0，1] 区间内的相对数值，以消除指标间量级差异对评价结果的潜在影响。

正向指标的标准化计算公式为：

$$Y_{ij} = \frac{X_{ij} - \min X_{ij}}{\max X_{ij} - \min X_{ij}} \qquad (1)$$

负向指标的标准化计算公式为：

$$Y_{ij} = \frac{\max X_{ij} - X_{ij}}{\max X_{ij} - \min X_{ij}} \qquad (2)$$

其中，X_{ij} 表示 i 地区第 j 个指标标准化前的结果，Y_{ij} 表示 i 地区第 j 个指标标准化后的结果。本文指标均为正向指标，标准化后的数据介于 0 和 1 之间。

其次，利用得到的矩阵计算各个指标的信息熵（E_j）：

$$E_j = -e \sum_{i=1}^{m} p_{ij} \ln p_{ij} \qquad (3)$$

其中，$e = 1/\ln m$；$p_{ij} = Y_{ij} / \sum_{i=1}^{m} Y_{ij}$，表示第 j 个指标下第 i 个评价对象的特征比重；m 表示被评价对象数量。进一步地，通过信息熵计算每个指标的权重（w_j）：

$$w_j = \frac{1 - E_j}{\sum_{j=1}^{n}(1 - E_j)} \tag{4}$$

其中，n 表示评价指标数量。

最后，将每个指标标准化后的值根据权重加权，计算得到每个指标的得分（$Score_i$）：

$$Score_i = \sum_{j=1}^{n}(w_j \times X_{ij}) \tag{5}$$

（四）结果分析

1. 京津冀交通高质量一体化发展指数分析

京津冀交通高质量一体化发展呈现京津引领、区域协同的良好态势。整体而言，京津冀交通高质量一体化发展水平呈波动上升趋势。北京和天津作为区域核心枢纽，交通基础设施建设成效显著。2014~2023 年，北京交通高质量一体化发展指数从 64.12 上升至 69.42，天津交通高质量一体化发展指数则从 30.37 上升至 50.39（见表7）。北京具备强大的资源集聚与辐射能力，持续巩固其在区域交通网络中的核心枢纽地位。天津则依托其港口优势和制造业基础，成为区域重要的交通枢纽与物流中心，与北京共同构成了京津冀交通高质量一体化发展的双核驱动。

表7 2014~2023 年京津冀各城市交通高质量一体化发展指数

城市	2014 年	2015 年	2016 年	2017 年	2018 年	2019 年	2020 年	2021 年	2022 年	2023 年
北京	64.12	61.23	59.15	61.95	65.89	70.75	63.22	68.71	59.51	69.42
天津	30.37	28.76	32.21	32.25	39.07	44.26	50.29	42.63	52.38	50.39
石家庄	9.04	10.48	10.26	13.02	13.75	13.71	14.79	12.95	13.07	14.32
唐山	10.60	10.89	12.02	13.04	12.95	14.38	14.51	14.63	13.88	14.87
秦皇岛	6.05	6.02	6.00	7.13	5.69	5.68	5.31	5.25	5.46	5.84
邯郸	6.20	6.21	5.15	6.72	6.36	6.22	5.54	5.90	5.77	4.99

城市	2014 年	2015 年	2016 年	2017 年	2018 年	2019 年	2020 年	2021 年	2022 年	2023 年
邢台	4.75	4.89	5.16	5.36	5.48	5.65	6.36	5.94	5.32	5.84
保定	6.99	6.24	6.18	6.26	6.14	6.13	5.36	5.17	5.15	5.31
张家口	3.21	3.67	3.54	3.65	3.70	3.72	4.83	4.98	5.34	5.09
承德	2.50	2.22	2.19	2.20	2.31	3.60	3.76	4.00	3.47	3.69
沧州	8.30	7.99	8.07	8.85	8.46	8.36	8.24	8.35	8.32	8.67
廊坊	4.15	4.12	4.38	4.42	4.40	4.94	3.75	3.91	4.12	4.11
衡水	3.35	3.11	3.36	3.45	4.35	4.43	4.55	4.33	4.31	4.66

注：表中各城市交通高质量一体化发展指数通过计算指标得分得到，为了增强最终结果的可视化效果，将各项得分扩大 100 倍进行分析。

资料来源：笔者测算。

在京津冀协同发展的大背景下，石家庄、唐山、邢台、张家口、承德、沧州、衡水等城市的交通高质量一体化发展水平在 2014～2023 年得到了不同程度的提升。其中，石家庄的交通高质量一体化发展指数从 9.04 上升至 14.32，石家庄是多条铁路干线的交会点，京广铁路、石德铁路等在此贯穿，有坚实的交通建设基础，在区域交通网络中占据重要地位，交通高质量一体化发展水平不断提升。唐山的交通高质量一体化发展指数从 10.60 上升至 14.87，近年来，唐山在交通基础设施建设方面持续加大投入，采取优化农村公路网络、提升航空服务水平等举措，为其交通高质量一体化发展提供了有力支撑。唐山作为重要的装备制造业基地，其交通发展有力地支撑了工业运输需求，在京津冀产业发展中发挥了重要作用。张家口的交通高质量一体化发展指数从 3.21 上升至 5.09，这一快速进步主要得益于其独特的地理位置和政策支持。张家口作为北京冬奥会的重要赛区之一，交通基础设施建设加速推进。京张高铁的开通，使张家口与北京的交通联系更加紧密，极大地提升了区域交通效率。同时，张家口在区域交通网络中的重要性日益凸显，成为连接京津冀与内蒙古、山西等地区的重要节点。邢台、承德、沧州、衡水等城市的交通高质量一体化发展水平也得到了一定提升，共同推动区域交通网络整体升级。

然而，保定、廊坊等近京津城市，以及秦皇岛、邯郸等距离核心枢纽较远城市的交通高质量一体化发展水平未能达到预期，出现停滞甚至下降。这种差异主要源于京津两市的政策资源倾斜和经济辐射能力强，而周边城市在资源分配、产业协同和规划衔接上相对不足。此外，交通基础设施建设的不均衡也影响了区域交通的整体协同性。

2. 京津冀交通高质量一体化发展分指数分析

京津冀交通高质量一体化发展总指数整体呈现波动上升的发展趋势，2023年达到最高值90.78（见表8）。2014~2023年，交通基础设施分指数总体显著提升，从33.43跃升至48.25，这得益于京津冀地区不断建设完善综合交通网络体系，特别是有力地推动高速公路、铁路和航空网络互联互通，持续推进城市轨道交通的建设进度，极大地促进了区域交通设施的一体化发展。此外，京津冀三地在交通基础设施建设上的协同合作，也为交通设施一体化提供了有力支撑。

表8 2014~2023年京津冀交通高质量一体化发展分指数

指数	2014年	2015年	2016年	2017年	2018年	2019年	2020年	2021年	2022年	2023年
交通基础设施	33.43	34.87	35.18	39.12	40.32	43.83	45.83	45.63	46.73	48.25
交通服务	17.46	16.69	14.79	15.32	15.75	14.19	10.46	10.83	8.40	10.01
交通关联	24.06	23.02	24.95	24.90	24.81	27.62	27.12	27.09	27.30	28.78
交通治理	1.62	0.90	1.16	3.17	2.51	3.53	5.08	4.18	4.25	2.93
绿色交通	0.80	0.80	0.80	0.80	0.80	0.80	0.80	0.74	0.80	0.81
总指数	77.37	76.28	76.88	83.31	84.19	89.97	89.29	88.47	87.48	90.78

资料来源：笔者测算。

交通服务分指数总体呈现下降趋势，京津冀各城市间配套交通服务未能跟上基础设施建设的步伐。这一现象可能与区域间政策协同不足、标准不统一以及交通服务组织和管理效率较低有关。为提升交通服务的协同性，京津冀应进一步加强交通服务一体化建设，促进客流、货流在区域间的畅通运转，推动区域内交通服务的协同发展。一方面，要优化交通服务的组织和管理，提升跨区域交通服务的质量和效率。另一方面，要加强区域间的政策协同和标准统一，打破行政壁垒，促进交通服务的互联互通。此外，还需进一步提高交通基础设施的智能化水平，以提升交通服务的高效性与便捷性。

交通关联分指数总体稳步提升，得益于区域交通网络的全域覆盖和交通治理水平的不断提高，京津冀地区实现时空距离的有效压缩，通过打造"1小时通勤圈"，不断织密物流网，为人员和货物的高效流动提供了有力支撑。

交通治理分指数总体平缓上升，表明三地在政策法规的有效衔接、标准规范的逐步统一、行政管理体制的深度协同等方面取得了突破性进展，为交通高质量一体化进程构筑起强有力的体制机制支撑，有效破解了跨区域协调难题。

绿色交通分指数总体保持相对稳定，表明区域在推进交通基础设施建设过程中较好地兼顾了绿色发展理念。

四 面临的主要挑战及原因分析

（一）面临的主要挑战

随着京津冀协同发展战略的深入推进，交通高质量一体化作为区域协同发展的重要支撑取得了显著成效。尽管近年来交通基础设施建设取得了长足进步，但在实际运行中仍暴露出一些深层次矛盾。轨道交通断点、资源配置效率较低、交通运输网络存在结构性短板等已成为制约交通高质量一体化发展的主要障碍。

1. 交通网络断点堵点亟须打通

一方面，京津冀轨道交通网络仍存在断点，距离构建以快速轨道交通为支撑和引导的大众运输系统还有较大提升空间。例如，承德等部分县市尚未实现高铁互通，部分区间（北京—天津、天津—廊坊、天津—石家庄等）

铁路高峰期车票紧张，表现为车次少、票价高、低票价列车车次供给不足、时间设置不合理等问题；北京、天津、石家庄的远郊区和县城人口密集地缺乏轨道交通连接，地面公交面临交通拥堵、交通成本高的困境。另一方面，交通枢纽衔接不畅的堵点问题突出，部分城际铁路站点与城市轨道交通、公交枢纽存在物理空间割裂。例如，唐山北站距离市中心约28公里，且无直达地铁，需要驾车或坐公交摆渡；保定东站、怀来站距离市区均10余公里，给京津冀三地间出行带来较高的时间和资金成本。

2. 交通运输服务质量仍需提升

京津冀虽已初步形成多节点、网格状的综合交通体系，但各种交通运输方式之间衔接不畅，存在"重硬件、轻软件"的问题。一方面，跨区域交通服务协同性亟待提升，部分跨市铁路末班车时间晚于城市地铁末班车，夜间到达旅客面临"最后一公里"接驳难题；城际铁路与城市轨道交通尚未实现"一票通行"，如京津城际与北京地铁需分别购票，增加了出行时间与成本。另一方面，在服务质量以及信息化水平等软件建设方面相对滞后，交通枢纽内便民接驳换乘设施建设不足，旅客在高铁站与城市轨道之间面临走得远、换乘多、上下难等问题；智能交通系统的应用范围有限，部分枢纽缺乏智能导航、实时客流监测等功能，乘客在站内换乘时容易迷失方向或滞留。

3. 交通运输结构失衡问题突出

京津冀现有铁路货运能力与区域货运需求之间存在显著矛盾。自京津冀各大港口全面禁止接收公路运输煤炭以来，区域内货运铁路便处于满负荷状态，铁路数量与沿线配套设施无法完全满足货运需求。同时，"公转铁"政策虽有助于缓解公路运输对环境的压力，但缺乏配套调控措施，导致对相关市场产生负面影响，部分企业因"无铁可转"而面临运输成本上升、供应链效率下降等问题。此外，京津冀地区铁路货运与公路、水运等其他运输方式的衔接不够紧密，多式联运发展仍处于起步阶段，制约了区域物流效能的提升。

（二）原因分析

1. 协同机制和管理机制不够完善

一方面，京津冀三地在行政管理体制、政策法规、标准规范等方面存在差异，缺乏权威性的协同机制，区域府际合作机制不健全，特别是在政策激励、项目协调、信息互通、资源共享等方面仍不够成熟。此外，现有投融资机制不适应交通运输结构调整的需求，缺乏足够资金支持铁路基础设施建设和改造。另一方面，京津冀三地在交通基础设施建设水平和功能层次上存在显著差异，导致区域交通高质量一体化的协同推进面临诸多障碍。除京津地区已形成较为完善的市域交通网络外，河北地区多为过境高速铁路，区域内以快速轨道交通为支撑的石雄、津沧、津雄、石衡沧港等城际铁路网络尚处于建设阶段，区域交通"一张图"尚未真正实现。此外，交通软件管理相较于硬件建设存在滞后现象。

2. 交通规划格局与城市具体需求匹配度低

在交通远期规划上，京津冀区域一体化要求通过建设大型交通基础设施来带动远郊区域的开发与人口流入。然而，当前面临人口流失、城市萎缩等问题，城市扩张与人口增长未达到有效预期，导致规划的交通设施无法得到充分利用，交通枢纽与城市中心间连接不足。在交通格局上，首都都市圈空间协同规划整体呈现围绕首都"单中心、放射状、非均衡"的网络布局，未充分考虑横向的区域互联需求，以北京为中心向外辐射的交通设计规划不利于三地间的互联互通和高效换乘，也使得三地尚未真正实现合作共赢。

3. 软件基础设施建设与投资机制不健全

交通硬件设施更具直观经济效益，容易获得政府和投资者的支持。而软件管理则涉及复杂的系统设计、数据分析、人员培训等问题，需要更高级的技术和专业知识，实施难度相对较大，并且软件管理成效显现需要时间，如通过优化调度提高交通效率、通过信息共享提升服务体验等，在短期决策中可能不易被充分考虑。当前缺乏有效的激励机制和耐心资本的助力，使得软件基础设施建设滞后，在优化调度、信息共享等方面区域交通"软联通"水平不高。

五 主要结论与政策建议

（一）主要研究结论

2014~2023年，京津冀交通高质量一体化取得了显著成效，整体呈现稳步提升的态势。一方面，交通基础设施建设持续推进，为京津冀交通高质量发展奠定了坚实基础，通过构建"轨道上的京津冀"和优化高速公路网络，显著提升了区域交通的通达性和便捷性；另一方面，交通一体化进程加速推进，京津冀在交通设施互联互通、运输服务协同等方面取得了重要进展，区域交通网络的协同效应逐步显现。

然而，京津冀交通一体化发展仍面临一些挑战。尽管交通基础设施建设成效显著，但交通服务一体化水平仍相对滞后，城市间交通服务的协同性不足，跨区域交通服务的组织和管理效率有待提升。同时，区域交通发展不平衡问题依然存在，部分城市的交通发展水平与核心城市之间存在差距，交通服务均等化仍需进一步强化。此外，跨区域交通规划、建设、运营和管理等方面的体制机制障碍尚未完全破除，行政区划壁垒、政策协调不足等问题依然制约着交通一体化的深入推进。

（二）提升京津冀交通高质量一体化发展水平的政策建议

1. 完善区域交通协同顶层设计，健全一体化发展体系

从完善京津冀区域交通协同的顶层设计入手，以京津冀空间总体布局为载体，贯彻"规划同图、建设同步、运输一体、管理协同"的一体化发展思路，在持续推进"轨道上的京津冀"、互联互通公路网、世界一流港口群和世界级机场群的建设中，聚焦"区内强点、辖域结网、域外畅通"，建成一批标志性工程，形成城区内综合交通枢纽、辖区内"城市轨道+城市公

交"与辖区外"高速公路+城际铁路+省市域（郊）铁路+干线铁路"等多层嵌套的综合交通网络体系，构建高效、便捷、绿色的京津冀综合交通网络体系，为区域经济社会高质量发展提供有力支撑。

2. 打造综合交通枢纽，优化经济带交通网络体系

以构建现代化的综合交通枢纽为支撑，着力提升天津、石家庄和唐山的综合交通网络，加快海路空地（铁）各种交通工具和线路互联、互通、结网。一是在铁路联运方面，充分发挥京津核心和沿渤海优势，建立以城际轨道交通为主导的快速铁路网，辅以城市轨道交通（地铁、轻轨）、市郊铁路，谋划京津冀交界的廊坊、武清地铁轻轨等轨道延长线，加强冀北开发带与东部沿海的综合运输通道系统建设。二是在港口联运方面，打破行政区划限制，以设施补短板夯实发展基础，以区域港口协同增强发展动力，以智慧化、绿色化引领发展方向，优先建设深水港和先进的集疏运体系，建设世界一流的智慧港口、绿色港口。三是在空港联运方面，推动区域内机场结网形成合理的航空运输网络体系，并与区域内的公路、铁路及水路等枢纽有效联动，实现不同交通方式之间的无缝对接、便捷衔接与有机配套。四是完善综合运输通道，整合京津冀三地交界地的交通基础设施，加快推动重要节点城市的内部交通基础设施建设，实现交通网络与产业布局、城镇空间优化相结合，最终形成环状节点城市群。

3. 升级交通"软联通"建设，提升服务协同水平

完善"轨道上的京津冀"，兼顾硬件建设和运营管理，推进京津冀现代化综合交通网络系统建设。一是构建智慧交通互联体系，打造区域交通服务网，实现交通信息服务"一站通"，升级"一票制"客运联程服务，提升ETC"一路通"系统覆盖率，形成公共交通标准化"一卡通"模式。二是重点推进京津冀信息共享服务，建设五大核心功能平台，主要包括公众出行大数据平台、客货运协同监管信息平台、道路货运交易平台、电子口岸信息平台和航空联运信息平台。三是扩大智能交通管理系统的应用范围，利用现代信息技术构建统一的信息服务平台，实现交通流量实时监控、交通信息共享和智能调度，提高整个交通系统的运行效率。四是支持区域交通运营市场

化，将社会资本和民营资本纳入投融资渠道，鼓励使用清洁能源交通工具，加快建设雄商高铁、雄忻高铁、津潍高铁等，形成京津冀与周边城市群间良性互动局面。

4. 优化交通布局与公共服务配套，打造职住平衡通勤圈

聚焦区域快线连接与公共服务配套建设，推动京津、京雄发展空间上的"一体化"向时间上的"同城化"迈进。一是加强区域快线建设，提升通勤效率。打造由城际轨道交通、高速公路、高速铁路构成的交通网络体系，扩大北京"一小时通勤圈"范围，完善通州、大兴、廊坊、武清等京津冀交界地公共交通体系建设，加快推进圈层轨道交通系统建设，加强轨道交通与京津地区地铁线网间的有效衔接。二是扩大轨道交通覆盖面，促进区域协同发展。围绕北京、天津、石家庄等核心城市，规划以轨道为主连接远郊区、县城和人口密集地的交通网络，推动同城化轨道交通发展，构建"轨道上的都市圈"。三是完善公共服务配套，打造职住平衡通勤圈。通过"以公共交通为导向的开发模式"（TOD）推进高铁站及地铁沿线站点的开发，形成具备"TOD+商务服务""TOD+商业消费"等复合功能的站产城融合发展新模式。同时，推动"以公共服务为导向的开发模式"（SOD），将居住功能与商务办公相结合，优化布局创业创新、总部商务、品质居住等功能，打造"TOD+SOD"相结合的宜居、宜业、宜游的职住平衡通勤圈。

5. 规划客货环线，推动铁路部门释放干线运能

加快补齐京津冀铁路建设短板，建设客货分离环线，避免两者之间的冲突，提高运输效率。一是优化设计客货环线。客货环线优先连接主要的城市和工业区，推进天津港集疏运专用货运通道、天津滨海国际机场三期改扩建工程等重大项目建设，有效解决京津冀铁路和港口建设的短板问题。二是释放既有干线运能。对现有的铁路干线进行技术改造，如提升线路等级、增加复线、改善信号系统等，以提高运输能力和效率。三是引导市场化运作。鼓励社会资本参与铁路建设，通过公私合作（PPP）等方式，减轻政府财政压力，同时引入市场竞争，提高铁路运营效率。四是强化科技赋能。利用现代信息技术，如大数据、云计算、物联网等，提升铁路运输的智能化水平，实现精准调度，提高运输效率。五是打造应用场景。推动智慧交通、智慧城市、智能网联车、智慧能源等融合发展的应用场景建设。

参考文献

蒋海兵、张文忠，余建辉等：《交通一体化驱动下可达性对生产性服务业空间格局演化的作用机理——以长三角地区为例》，《地理科学进展》2024 年第 4 期。

李玲玲、赵光辉：《城乡交通一体化高质量发展的困局及其治理》，《中国软科学》2021 年第 7 期。

李小鹏：《以交通运输高质量发展支撑中国式现代化》，《求是》2023 年第 19 期。

刘志彪、孔令池：《长三角区域一体化发展特征、问题及基本策略》，《安徽大学学报》（哲学社会科学版）2019 年第 3 期。

许正中、曹贤忠：《长三角城市交通高质量发展评价及其空间差异》，《城市与环境研究》2023 年第 4 期。

员彦文、孙瑞东：《高速铁路网络、交易成本与技术市场一体化》，《产业经济研究》2024 年第 6 期。

张贵等：《京津冀协同发展：访谈、专题与概况》，经济管理出版社，2023。

张颢瀚：《论长三角港口群、区域与交通发展的一体互动》，《南京社会科学》2009 年第 1 期。

B.5
京津冀生态高质量一体化研究[*]

叶堂林　刘华桢[**]

摘　要：　推动生态高质量一体化是践行绿色发展理念、深化京津冀生态协同发展的关键之举，对推动京津冀高质量一体化至关重要。本报告采用超效率 SBM 模型测度 2014~2023 年京津冀所辖城市的生态效率，采用核密度估计法、Dagum 基尼系数法、社会网络分析法和马尔可夫链模型等方法，从生态效率的区域差异特征、空间关联特征和动态演进规律等方面剖析京津冀生态高质量一体化在新阶段新形势新要求下的发展特征及面临的挑战。研究发现，京津冀生态效率区域差异呈现收敛态势，多极分化格局逐渐弱化；区域总体差异和区域间差异均持续缩小，但北京、天津与河北的生态效率梯度差异较为明显，区域内尤其是河北省内部差异是京津冀生态效率差异的主要来源；京津冀生态效率空间关联网络结构稳健通达，但城市间生态联动发展亟待加强；京津冀生态环境持续改善，区域差异呈现收敛态势，各城市生态效率呈现梯度分异特征；京津冀生态效率呈现显著的路径依赖特征与两极分化趋势，且效率等级跃迁存在明显制约；京津冀生态效率存在空间溢出效应，低效率城市呈现空间俱乐部趋同特征，高效率城市则产生虹吸效应；从长期来看，京津冀生态效率分布呈现向高值集中的趋势，但低水平邻域环境容易诱发生态效率低效锁定，高水平邻域环境会产生负向空间溢出。在此基础

---

[*]　本报告为国家社科基金重大项目"数字经济对区域协调发展的影响与对策研究"（23&ZD078）、教育部人文社会科学研究专项任务项目"推动京津冀高质量发展研究"（23JD710022）的阶段性成果。

[**]　叶堂林，经济学博士，首都经济贸易大学特大城市经济社会发展研究院（首都高端智库）执行院长、特大城市经济社会发展研究省部共建协同创新中心（国家级研究平台）执行副主任，三级教授、博士生导师，研究方向为首都高质量发展、京津冀协同发展、都市圈治理；刘华桢，首都经济贸易大学城市经济与公共管理学院博士研究生，研究方向为区域经济。

上，本报告提出以下对策建议：健全生态补偿机制，推动多元主体协同共治；以数字化赋能生态治理，打造智慧生态协同平台；坚持绿色低碳发展，加快区域能源结构绿色转型。

关键词： 生态高质量一体化　生态效率　空间差异　京津冀

一　研究背景

（一）生态高质量一体化是推进生态文明建设的必然要求

在全面建设社会主义现代化国家新征程中，生态文明建设作为关乎中华民族永续发展的根本大计，正面临新的历史机遇和挑战。党的二十届三中全会通过的《中共中央关于进一步全面深化改革　推进中国式现代化的决定》提出，"必须完善生态文明制度体系，协同推进降碳、减污、扩绿、增长"。这一战略部署充分彰显了以习近平同志为核心的党中央对生态文明建设的高度重视。2023 年 7 月，习近平总书记在全国生态环境保护大会上指出，"我国经济社会发展已进入加快绿色化、低碳化的高质量发展阶段，生态文明建设仍处于压力叠加、负重前行的关键期"。[①] 在这一关键期，必须以更高站位、更宽视野、更大力度来谋划和推进生态环境保护工作，确保生态文明建设行稳致远。生态高质量一体化通过打破传统行政边界壁垒、构建跨区域协同治理机制、建立跨区域生态补偿机制等举措，推动区域间要素优化配置、产业绿色转型升级、生态环境持续改善，为加快推进生态文明建设提供了新路径。这一发展模式不仅能够有效破解区域发展不平衡、生态治理碎片化等问题，还有助于推进生态价值向经济价值转化，实现生态效益与经济效益双

---

① 《习近平在全国生态环境保护大会上强调：全面推进美丽中国建设　加快推进人与自然和谐共生的现代化》，中央人民政府网站，2023 年 7 月 18 日，https：//www.gov.cn/yaowen/liebiao/202307/content_ 6892793. htm？type＝5。

赢。站在"十五五"规划开局的历史新起点，推动生态高质量一体化发展既是深化习近平生态文明思想的生动实践，也是贯彻落实绿色发展理念的具体行动，对于建设美丽中国、推动我国生态文明建设迈上新台阶具有深远的战略意义。

（二）生态高质量一体化是推动城市群可持续发展的重要路径

在国家新型城镇化战略纵深推进的背景下，城市群作为承载人口集聚与经济增长的核心载体，正经历发展方式转型的重要挑战。《中华人民共和国国民经济和社会发展第十四个五年规划和2035年远景目标纲要》明确指出，要以促进城市群发展为抓手，优化提升京津冀、长三角、珠三角、成渝、长江中游等城市群，推动城市群一体化发展。这标志着城市群一体化发展已成为国家战略布局的重要环节。然而，在城市群快速扩张过程中，高强度人类活动与粗放型发展模式导致区域资源消耗激增、污染排放累积等问题日益凸显，特别是跨行政边界的流域污染、大气污染等区域性环境问题愈加严峻，单靠传统属地化管理模式已难以有效应对。在此背景下，生态高质量一体化通过打破地域界限、强化区域协同治理、统筹生态保护与经济发展，为破解跨域生态治理难题提供了全新思路。通过推动生态高质量一体化发展，城市群可在资源共享、生态共保、污染共治等方面实现突破，推动经济发展与生态保护良性互动，不仅能够有效改善城市群环境，还能催生绿色技术创新和生态产业集群，为城市群注入可持续发展的新动能。

（三）生态高质量一体化是实现京津冀高质量一体化的基础保障

2025年是"十五五"规划谋篇布局之年，也是京津冀协同发展进入第二个十年的新起点。面对新形势、新任务，特别是在习近平总书记提出的"努力使京津冀成为中国式现代化建设的先行区、示范区"新使命背景下，京津冀正处于由协同发展向高质量一体化发展进阶的新阶段。生态高质量一体化不仅是区域高质量一体化的内在要求，更是实现区域可持续发展的基础保障，是突破区域协同发展瓶颈、促进区域实力跃升的重要战略支点。推动生态高质量一体化发展，不仅能够解决跨界污染问题、促进环境基础设施共享等，实现以环境保护促进产业创新和升级、以生态维护提供绿色宜居基底，还能有效破解区域生态与发展失衡的难题，为区域经济注入绿色动能，实现生态保护与经济发展协同增效，为京津冀高质量一体化筑牢绿色根基。在京津冀协同发展进入新十年、站上新起点之际，积极推进生态高质量一体化发展，既是推动京津冀生态协同走深走实的关键抓手，更是推动京津冀实现高质量一体化、打造世界级城市群的基础保障和战略选择。

二　研究思路与研究方法

（一）理论框架

生态高质量一体化作为生态协同发展的高级形态，在既有生态协同框架的基础上深化了城市生态系统的互动逻辑，其本质是一种以差异缩小为约束条件、以空间关联为内生基础、以效率提升为目标导向的发展模式，强调在保持区域生态效率整体提升的同时，既要维持合理差距以保障发展均衡性，又要强化城市协同联动以实现整体优化。

根据京津冀生态高质量一体化的内涵，本报告探索性地构建"差异-关联-效率"三维分析框架，在差异缩小、空间关联与效率提升之间建立理论逻辑关系，剖析京津冀生态高质量一体化的内在机理与发展规律（见图1）。三个维度具有以下理论内涵。首先，生态效率区域差异缩小是生态高质量一体化的重要表征和约束条件。城市间的生态效率差异直接影响空间关联质量，当差异超出合理阈值时，将导致要素流动制约与协同成本激增，削弱空间网络的功能传导效能；当差异缩小至合理区间时，则能提升城市间联系的紧密度和协同性，为推动生态高质量一体化创造有利条件。其次，生态效率空间关联是生态高质量一体化的结构基础。构建多中心、网络化的空间关联体系，能够打破城市生态治理的"孤岛效应"，促进要素跨域优化配置，通过资源共享与优势互补形成生态协同治理载体，推动区域生态高质量一体化。最后，生态效率提升是京津冀生态高质量一体化的核心目标。生态效率提升意味着区域在实现经济增长的同时，也实现资源节约与环境污染减排，推动经济发展模式向低投入、低排放和高产出转变，加速区域生态高质量一体化。

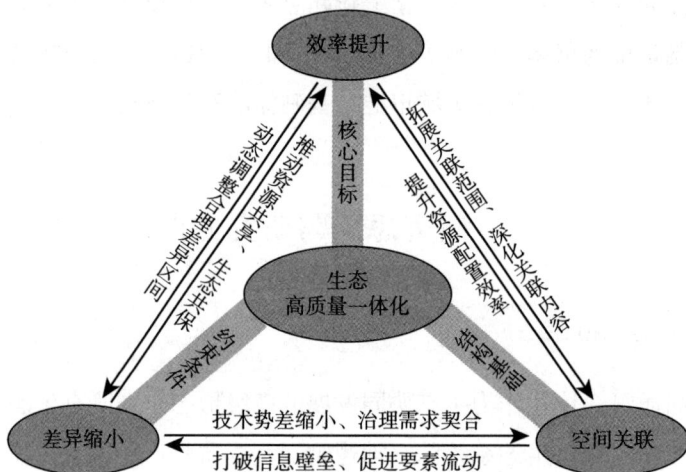

图1 京津冀生态高质量一体化分析框架

在三维分析框架中，生态高质量一体化是差异缩小、空间关联、效率提升三者协同互动、互促互馈的结果。首先，差异缩小与空间关联之间存在协同演化关系。一方面，差异缩小促进空间关联深化。通过缩小城市间生态效率差距，能够促使城市间制度环境趋同、技术势差缩小以及治理需求契合，为知识溢出、技术扩散和协同治理创造基础条件，从而驱动生态关联深化。另一方面，空间关联反作用于差异缩小。城市间日益紧密的生态关联行为能够加速打破信息壁垒、促进要素流动与资源整合，降低技术扩散边际成本，引发网络外部性，进而提升区域生态治理协同性，形成具有自我强化特征的收敛动力。其次，差异缩小与空间关联的协同演化过程与效率提升形成互馈关系。一方面，差异缩小与空间关联的正向协同演化为效率提升注入强大动力。这种正向协同演化不仅能够推动各城市实现资源共享、生态共保等，还能促进多元要素创造性组合，进而驱动生态效率提升。同时，当不同城市建立生态关联时，不仅联结了某一城市，还联结着城市各自嵌入的复杂社会网络，当某一城市与能够填补其社会网络"结构洞"的另一城市建立联结时，其共享渠道将呈现非线性增加态势，为该地区在更大空间尺度内配置要素提供条件，进而以资源配置效率提升促进整体生态效率优化。另一方面，效率提升对差异缩小与空间关联的正向协同演化具有引导作用。生态效率的提升不仅能够推动区域生态环境持续改善，还会改变原有城市间的生态关系，使生态系统呈现非均衡发展态势，当这种态势发展到一定程度，系统将对城市生态关系进行自我调整，重新趋向新的有序状态。在差异缩小层面，这种关系调整表现为效率的非均衡提升促使不同城市为达到有效联结而合理调整彼此的差距，动态地向新合理差异区间趋近。在强化联结方面，这种关系调整体现为效率提升促使关联范围拓展与关联内容深化，加速区域生态联结进程。由此，效率提升引导差异缩小和空间关联形成正向协同演化，促使城市在更强生态发展能力的基础上开展新一轮关系建构活动，生态系统将呈现"效率趋异—差异缩小—网络重构—效率跃升"的螺旋式发展轨迹，持续推动生态高质量一体化不断迈向新高度。

（二）研究思路

本报告立足京津冀协同发展迈入第二个十年的历史性阶段，聚焦生态高质量一体化研究主线，依托京津冀生态高质量一体化三维分析框架展开研究。一是区域差异解析。鉴于生态效率的差异缩小是京津冀生态高质量一体化的重要体现，本报告运用核密度估计和 Dagum 基尼系数法来分析京津冀各城市生态效率的空间差异。二是空间关联分析。鉴于城市间的生态联动是生态高质量一体化的基础，本报告采用修正的引力模型和社会网络分析法构建京津冀生态关联网络，通过测算网络关联密度和网络关联数来分析京津冀生态发展的空间关联关系。三是效率演进趋势研究。鉴于生态效率提升是京津冀生态高质量一体化的终极目标，本报告采用超效率 SBM 模型测度京津冀 13 个城市的生态效率，对其时空演变特征进行刻画，揭示京津冀协同发展战略实施以来京津冀生态发展的阶段性特征；鉴于科学评判生态效率动态演变规律和未来发展趋势是推动生态高质量一体化的重要支撑，本报告通过引入马尔可夫（Markov）链模型模拟生态效率分布的动态演化过程，分析京津冀生态发展的动态演变规律，进一步结合转移概率矩阵预测京津冀生态效率的长期演进趋势，以期为"十五五"时期政策制定提供前瞻性依据。通过以上研究，本报告将揭示京津冀协同发展战略实施以来京津冀生态治理成效、发展特征及新时代面临的挑战，为推动京津冀生态高质量一体化提供理论支撑与决策参考。

（三）研究方法

1. 超效率 SBM 模型

数据包络分析（Data Envelopment Analysis，DEA）方法下的超效率 SBM 模型既能避免常规 DEA 模型下变量松弛性和径向带来的测量误差问题，又能解决多个有效决策单元之间的可比性问题。本报告采用超效率 SBM 模型对京津冀各城市的生态效率进行测度。具体公式如下：

$$\rho = \min \frac{\dfrac{1}{m}\sum_{i=1}^{m}(\bar{x}/x_{ik})}{\dfrac{1}{s_1+s_2}\left(\sum_{p=1}^{s_1}\bar{y}^d/y_{pk}^d + \sum_{q=1}^{s_2}\bar{y}^u/y_{qk}^u\right)} \quad (1)$$

$$\text{s.t.}\begin{cases}\bar{x} \geqslant \sum_{j=1,\neq k}^{n}x_{ij}\lambda_j; \bar{y}^d \leqslant \sum_{j=1,\neq k}^{n}y_{pj}^d\lambda_j; \bar{y}^u \geqslant \sum_{j=1,\neq k}^{n}y_{qj}^u\lambda_j; \\ \bar{x} \geqslant x_k; \bar{y}^d \leqslant y_k^d; \bar{y}^u \geqslant y_k^u; \\ \lambda_j \geqslant 0, j=1,2,\cdots,n; j \neq 0; \\ i=1,2,\cdots,m; p=1,2,\cdots,s_1; q=1,2,\cdots,s_2 \end{cases}$$

其中，ρ 为生态效率；m、s_1、s_2 分别为投入、期望产出和非期望产出的数量；u 为期望矩阵；d 为非期望矩阵；$\bar{x}$、$\bar{y}^d$、$\bar{y}^u$ 分别为投入、期望产出和非期望产出的松弛变量；k、j 为不同决策单元；x_{ik}、y_{pk}^d、y_{qk}^u 和 x_{ij}、y_{pj}^d、y_{qj}^u 分别为第 k 和 j 个决策单元的第 i 项投入、第 p 项期望产出和第 q 项非期望产出；x_k、y_k^d、y_k^u 分别为第 k 个决策单元的投入、期望产出和非期望产出；λ_j 为第 j 个决策单元的权重；n 为决策单元的数量。

2. 核密度估计法

核密度估计（Kernel Density Estimation）是一种非参数估计方法，被广泛应用于空间非均衡分析中。本报告采用核密度估计法分析京津冀生态效率的时序演进特征。具体公式如下：

$$f(x) = \frac{1}{nh} \sum_{i=1}^{n} k(\frac{x_i - \bar{x}}{h}) \tag{2}$$

其中，n 为京津冀城市数量；h 为带宽；x_i 为城市 i 的生态效率；$\bar{x}$ 为生态效率平均值；$k(\frac{x_i - \bar{x}}{h})$ 为高斯核函数。

3. Dagum 基尼系数

Dagum 基尼系数是衡量区域差异的重要方法。本报告基于 Dagum 基尼系数揭示京津冀生态效率的区域差异，并分析差异的具体来源与贡献。具体公式如下：

$$G = \frac{\sum_{j=1}^{k} \sum_{h=1}^{k} \sum_{i=1}^{n_j} \sum_{r=1}^{n_h} |y_{ji} - y_{hr}|}{2n^2 \bar{y}} = G_w + G_{nb} + G_t \tag{3}$$

其中，G 为总基尼系数；k 为京津冀省份数量；n 为京津冀城市数量；$\bar{y}$ 为京津冀所辖城市的生态效率平均值；n_j、n_h 分别为 j、h 地区内测度对象的数量；y_{ji}、y_{hr} 分别为 j、h 地区内任意测度对象的生态效率；G_w 为区域内差异贡献率；G_{nb} 为区域间差异贡献率；G_t 为超变密度贡献率。

4. 修正的引力模型

引力模型（Gravity Model）是反映城市间相互作用关系的经典模型。参考赵林等（2022）的做法，在传统引力模型的基础上引入生态效率，采用修正的引力模型计算京津冀城市间生态效率引力矩阵。具体公式如下：

$$F_{ij} = K_{ij} \frac{ECO_i \times ECO_j}{D_{ij}^2}, K_{ij} = \frac{ECO_i}{ECO_i + ECO_j}, D_{ij} = \frac{DIS_{ij}}{PGDP_i - PGDP_j} \tag{4}$$

其中，F_{ij} 为 i、j 城市间生态效率联系强度；K_{ij} 为引力系数，即 i 城市生态效率对 i、j 城市生态发展关联度的贡献率；ECO_i、ECO_j 分别表示 i、j 城市的生态效率；D_{ij} 为 i、j 城市间的综合经济地理距离；DIS_{ij} 为 i、j 城市间的地理距离；$PGDP_i$、$PGDP_j$ 分别表示 i、j 城市的人均地区生产总值。

5. 社会网络分析法

社会网络分析法（Social Network Analysis，SNA）是刻画和分析不同社会单位空间关联网络结构与属性特征的重要方法。本报告选取网络关联数和网络密度来分析京津冀生态效率整体网络结构特征。网络关联数由网络中所有成员的联系数量之和表征，网络密度的计算公式为：

$$E = \frac{m}{n(n-1)} \tag{5}$$

其中，E 为网络密度；m 为网络中实际存在的联系数量；n 为网络节点数。

6. 马尔可夫链模型

马尔可夫链模型是一种通过初始概率和相互转移概率来确定不同状态类型研究对象变化趋势的方法。本报告首先将京津冀生态效率按照四分位数分为 4 种状态类型，数值由小到大划分为 k = 1，2，3，4；其次计算各种类型的概率分布；最后基于京津冀生态效率的转移概率构建一个 $k×k$ 阶马尔可夫转移概率矩阵 K，据此分析京津冀生态效率的动态演进规律。转移概率的计算公式为：

$$P_{ij} = \frac{n_{ij}}{n_i} \tag{6}$$

其中，P_{ij} 表示城市生态效率从 t 年 i 状态转移至 $t+1$ 年 j 状态的概率；n_{ij} 表示生态效率由 t 年 i 状态转移至 $t+1$ 年 j 状态的城市数量；n_i 表示 t 年生态效率处于 i 状态的城市数量。

空间马尔可夫链模型是在空间环境下对传统马尔可夫链模型的拓展，该

模型在考虑空间滞后的前提下，通过设置空间权重矩阵，将传统的 $k×k$ 阶马尔可夫转移概率矩阵分解为 k 个 $k×k$ 阶转移概率矩阵，由在空间滞后类型为 k 的条件下城市生态效率由 t 年 i 状态转移至 $t+1$ 年 j 状态的空间转移概率（$P_{ij|k}$）构成空间马尔可夫转移概率矩阵，以此分析相邻地区生态效率对本地区状态转移概率的作用。

经过长时间转移，马尔可夫链系统将出现一个稳定状态，该状态不因时间推移而发生改变，此时的概率分布被称为平稳分布。通过计算马尔可夫转移概率矩阵的极限求出随机过程的平稳分布，从而预测京津冀生态效率的长期演变趋势。按照极限的定义有：

$$\lim_{k \to \infty} \omega(k) = \lim_{k \to \infty} \omega(k+1) = \omega \tag{7}$$

将式（7）代入马尔可夫预测模型的递推公式可得：

$$\lim_{k \to \infty} \omega(k+1) = \lim_{k \to \infty} \omega(k)K \tag{8}$$

其中，当 ω 满足 $0 \leq \omega_i \leq 1$，$\sum_{i=1}^{n} \omega_i = 1$ 的条件时，ω 为马尔可夫决策过程的终极状态矩阵；K 为马尔可夫转移概率矩阵。同样地，可据此原理计算空间马尔可夫决策过程最终状态，以此预测在考虑空间滞后时京津冀生态效率的长期演变趋势。

（四）指标体系构建与数据来源

考察京津冀生态高质量一体化发展情况，首先要对京津冀生态效率进行测度。本报告采用超效率 SBM 模型测度 2014~2023 年京津冀 13 个地级市的生态效率，其中涉及投入、期望产出和非期望产出三类变量指标的选择（见表 1）。基础数据主要来源于历年《中国城市统计年鉴》《中国城市建设统计年鉴》，个别指标缺失的数据采用几何平均增长率插值法进行填补。

表1 生态效率测度变量、测算方式及指标说明

指标类型	指标名称	单位	测算方式与指标说明
投入	资本投入	亿元	资本存量。采用永续盘存法测算，具体公式为：$K_t = K_{t-1} \times (1-\delta_t) + I_t/P_t$。其中，$t$ 为年份；K 为资本存量；δ 为资本折旧率；I 为资本投资；P 为固定资产投资价格指数
	劳动力投入	万人	从业人员数
	能源投入	百吨标准煤	能源消费量。采用夜间灯光数据进行拟合计算
	水资源投入	万立方米	供水总量
	土地投入	平方公里	城市建设用地面积
产出	期望产出	亿元	实际地区生产总值（2014年=100）
		亿元	财政预算收入
		公顷	城市园林绿地面积
	非期望产出	万吨	工业废水排放量
		吨	工业烟（粉）尘排放总量
		吨	工业 SO_2 排放总量
		微克/米³	PM2.5 浓度
		万吨	CO_2 排放量

三 京津冀生态高质量一体化发展水平分析

（一）京津冀生态发展的区域差异特征

第一，京津冀生态效率区域差异呈现收敛态势，多极分化格局逐渐弱化。通过绘制京津冀生态效率的三维核密度图可以发现，从分布位置来看，考察期内京津冀生态效率核密度曲线呈现渐进向右偏移态势，说明城市群生态效率总体呈现不断上升的变化趋势，生态环境呈现良好发展态势。从分布形态来看，核密度曲线的峰值在样本期内呈现上升趋势，波峰形状逐渐收窄，从宽峰变为尖峰，表明京津冀各城市间生态效率的绝对差距呈缩小趋势。从分布延展性来看，核密度曲线存在左拖尾现象，说明部分城市的生态效率明显较低，各城市的生态效率存在梯度差异。从极化特征来看，考察期内核密度曲线的波峰状态由多峰转向单峰，说明京津冀生态效率的多极分化格局逐渐弱化（见图2）。

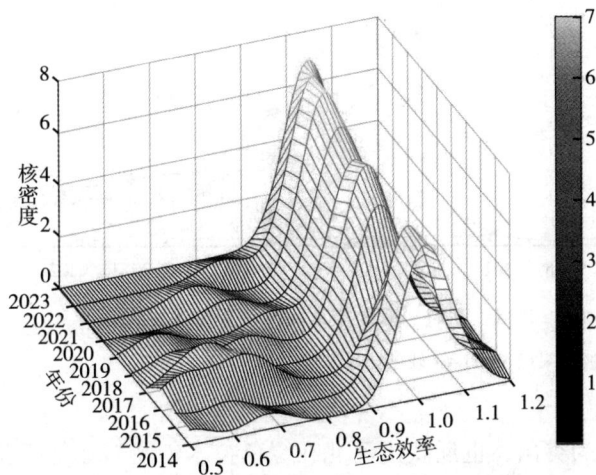

图2 2014~2023年京津冀生态效率三维核密度曲线

资料来源：采用MATLAB软件绘制。

第二，京津冀生态效率总体差异持续缩小。由图3可知，2014~2023年，京津冀生态效率总体差异呈现波动下降趋势，基尼系数由0.0712下降至0.0190，年均降速为13.65%，可见京津冀生态效率的空间差异总体呈现缩小态势，契合京津冀协同发展要求。

第三，京津冀三地间生态效率差异逐渐缩小。2014~2023年，京津生态效率差异最小，区域间基尼系数均值为0.0079；而京冀与津冀的生态效率非均衡性较为接近，区域间基尼系数均值分别为0.0416、0.0428，区域间生态效率差异均显著高于京津。从演变趋势来看，京津区域间基尼系数始终较小，介于0.0011和0.0227之间，且波动幅度最小，年均降速为4.92%。京冀与津冀区域间基尼系数的阶段性变化特征较为明显，2014~2023年均呈现先上升后下降的变动趋势。具体来说，2016年同步达到峰值（0.1061与0.1053），此后受区域生态协同规划驱动，总体呈下降趋势，至2023年分别回落至0.0176与0.0158，年均降速分别为10.69%与11.98%。这表明生态协同政策对津冀的边

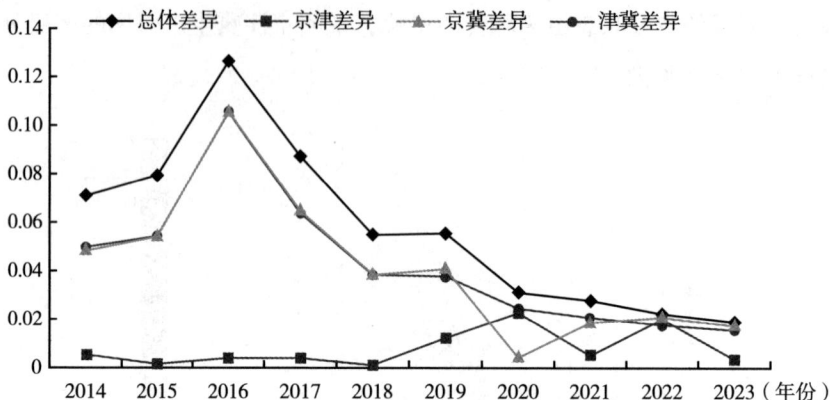

图 3 2014～2023 年京津冀生态效率区域差异

资料来源：采用 MATLAB 软件计算得出。

际改善效应更为突出，也反映出河北在绿色技术创新与绿色产业对接中的后发追赶特征。总体而言，京津冀生态效率差异呈收敛态势，但北京、天津与河北的生态效率梯度落差仍然存在，需进一步强化跨区域生态补偿机制与资源要素优化配置，推动生态高质量一体化发展。

第四，京津冀生态效率区域差异主要来源于区域内差异。由图 4 可知，2014～2023 年，京津冀生态效率的区域内差异贡献率均值为 79.69%，显著高于区域间差异贡献率均值（11.08%）和超变密度贡献率均值（9.23%），这意味着缩小区域内差异是避免京津冀生态效率差异扩大的关键。从演变趋势来看，区域内差异贡献率变化相对平稳，表明京津冀三地生态效率的异质性具有较强的路径依赖特征。区域间差异贡献率呈现显著收缩趋势，由2014 年的 11.43%降至 2023 年的 6.26%，反映出生态协同治理政策有效缓解了北京、天津与河北的生态效率梯度落差，与前文基尼系数分析所得结论形成印证，即三地间基尼系数均呈下降趋势，生态效率差异不断缩小。超变密度贡献率总体呈波动上升态势，由 2014 年的 7.05%上升至 2023 年的16.90%，说明京津冀不同区域间数据分布的交叉重叠现象逐渐显现，也从侧面印证了区域间差异逐渐缩小的事实，反映出区域内尤其是河北省内部生态发展失衡是京津冀存在生态效率差异的主要原因。

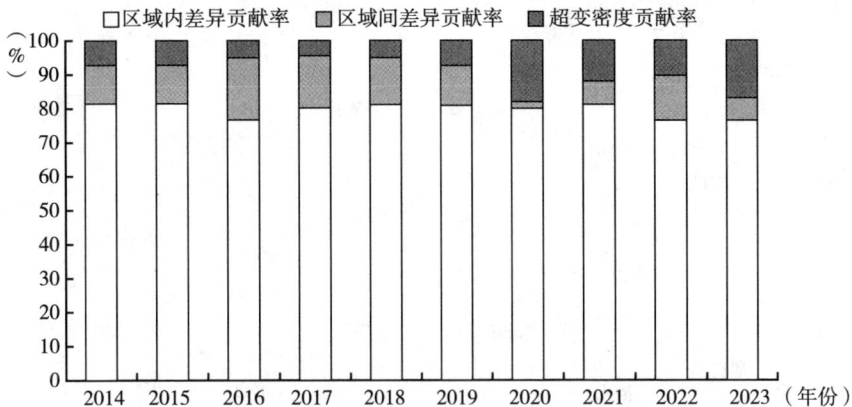

图4　2014~2023年京津冀生态效率区域差异贡献率

资料来源：采用 MATLAB 软件计算得出。

（二）京津冀生态发展的空间关联特征

依据修正的引力模型和社会网络分析法构建生态关联网络，利用 Gephi 软件绘制京津冀生态效率的空间网络拓扑图，选取2014年、2017年、2020年、2023年四个截面进行分析（见图5）。

第一，京津冀生态效率空间关联网络结构稳健通达，城市间生态联系稳定且复杂。2014~2023年，京津冀生态关联关系形成多线程复杂网络结构形态，各节点均通过至少一条有效链路实现连接，未出现孤立节点，各城市生态效率的空间关联作用已打破传统地理空间限制，不仅对其邻近地区产生生态联动效应，也与非邻近地区建立起复杂且稳定的空间作用关系。鉴于此，现阶段要基于全域视角推动京津冀生态高质量一体化进程，各城市在制定生态环境保护规划时不能仅着眼于自身状况，还需兼顾与其他城市产生的绿色发展联动效应。

第二，京津冀生态关联逐渐弱化，城市间生态联动发展亟待加强。从整体来看，2014~2023年，京津冀生态效率空间关联强度总体呈下降趋势，网络密度由0.288下降至0.263，网络关联数由45条下降至41条，表明城市

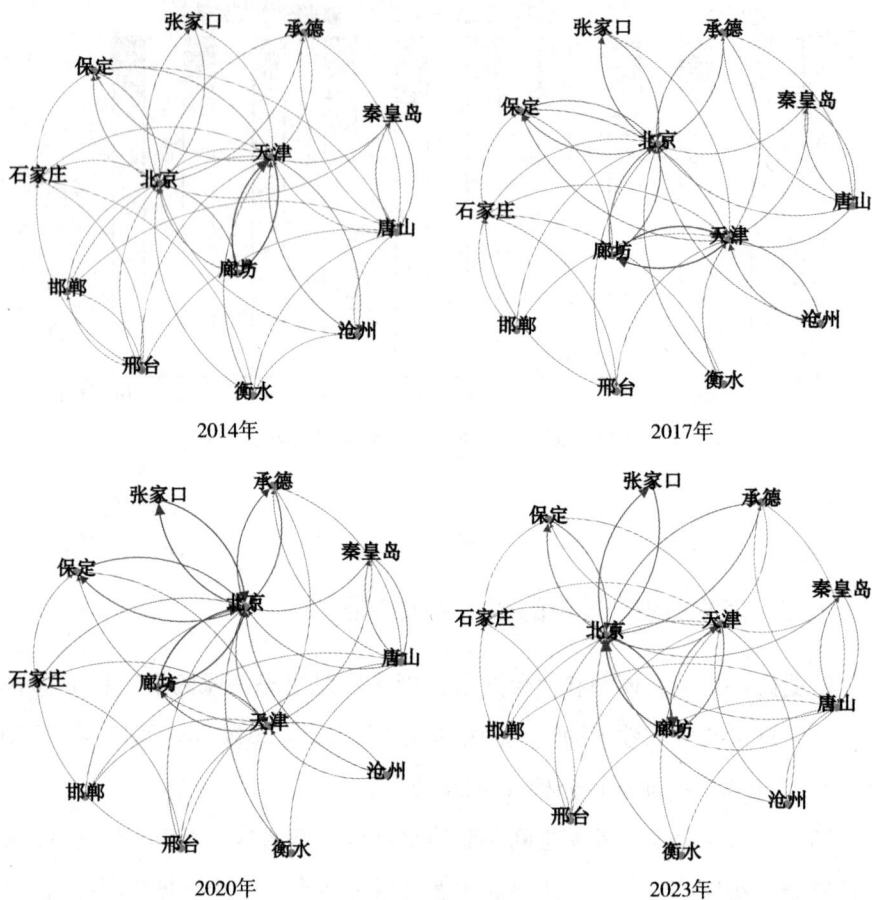

图5　2014年、2017年、2020年、2023年京津冀生态效率的
空间关联网络演变

资料来源：采用Gephi软件绘制。

间生态关联有所弱化，生态协同有待强化（见图6）。此外，样本期内网络密度始终远低于最佳网络密度1，网络关联数也远小于理论最大关联数156条（13×12），空间关联网络仍较为松散，跨域生态协调管理机制亟须完善。分时段来看，2014～2019年，网络密度由0.288下降至0.231，网络关联数由45条下降至36条，城市生态关联在这一时期明显减弱。而2019～2023年，网络密度、网络关联数逐渐回升，并于2021年开始稳定在0.263、41

条，显示出城市间生态关联关系的恢复与巩固，也反映出"十四五"时期生态优先政策的常态化，京津冀生态协同机制逐步成熟。总体来看，区域生态一体化进程虽在波动中稳步推进，但整体发展仍处于初级阶段，未来需进一步提升城市间生态联动发展水平。

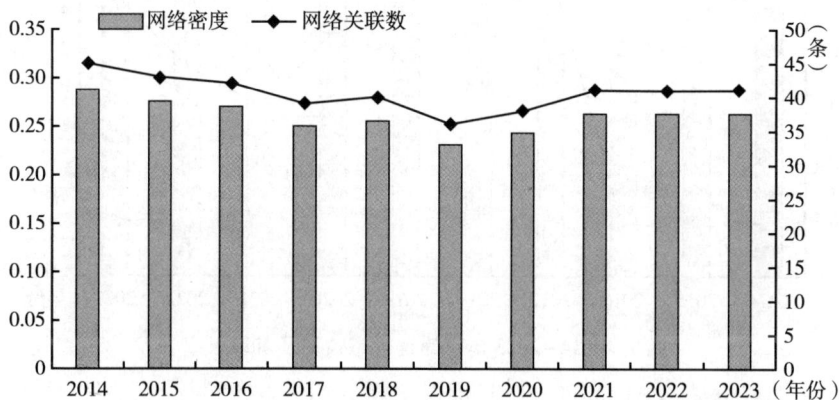

图6 2014～2023年京津冀生态效率空间关联强度的时序演化

资料来源：采用 Gephi 软件计算得出。

（三）京津冀生态发展的效率演进趋势

1. 京津冀生态发展的时序演变特征

第一，京津冀生态环境持续改善。由图7可知，总体来看，样本期内京津冀生态效率总体呈上升趋势，生态治理成效显著。2014～2023年，京津冀生态效率由0.9562上升至1.0601，说明京津冀协同发展战略实施以来，京津冀在生态环境改善方面取得了显著成效，生态高质量一体化展现出韧性与活力。分时段来看，样本期内京津冀生态效率以2016年为界呈现明显的先降后升趋势，2014～2016年生态效率由0.9562下降至0.8793，下降幅度为8.04%；2016～2023年生态效率由0.8793上升至1.0601，上升幅度为20.56%。在生态效率的这种变化趋势中，前半段的下降可归因于京津冀发展过程中沿袭的粗放型发展模式与生态承载力薄弱的双重制约；后半段的总体上升则得益于 2015 年 12 月京津冀就环境问题出台的《京津冀协同发展生态环境保护规划》这一纲领性文件的有效落实。

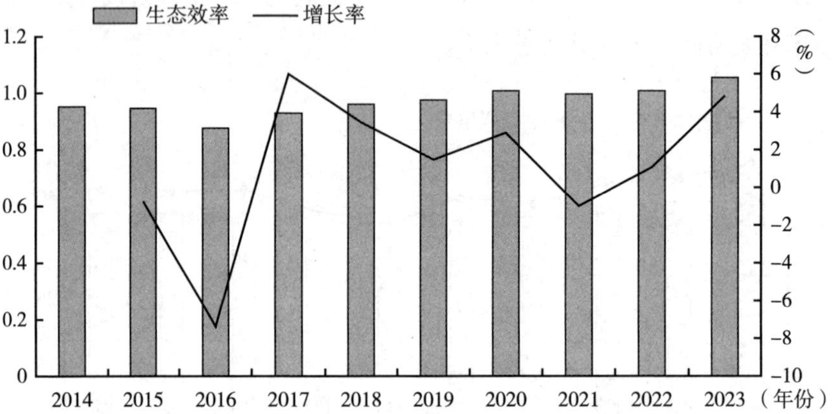

图 7　2014~2023 年京津冀生态效率及其增长率

资料来源：采用 DEARUN 软件计算得出。

第二，京津冀各城市生态效率呈现梯度分异特征。借鉴常新锋和管鑫（2020）的做法，本报告对京津冀生态效率进行等级划分。① 由表 2 可知，京津冀各城市生态效率均大于 0.5，即均处于中等及以上水平，且高效率城市占样本总量的比例最大（61.54%），说明在京津冀协同发展战略驱动下，京津冀生态效率实现了整体跃升。

表 2　京津冀各城市生态效率等级分布

生态效率分类	城市
高效率	北京（1.0236）、天津（1.0129）、秦皇岛（1.0168）、保定（1.0056）、承德（1.0474）、沧州（1.0195）、廊坊（1.0467）、衡水（1.0939）
较高效率	唐山（0.9751）、邢台（0.9825）
中等效率	石家庄（0.8013）、邯郸（0.7581）、张家口（0.8829）

资料来源：采用 DEARUN 软件计算得出。

---

① 以生态效率值 1 为临界点，以生态效率值 0.5 为临界点的中间值做出如下划分：生态效率值处于区间 [1，+∞) 为高效率，处于区间 [0.9，1) 为较高效率，处于区间 [0.5，0.9) 为中等效率，处于区间 (0，0.5) 则为低效率。

为进一步明晰各城市生态效率演进特征，选取样本初期（2014 年）、末期（2023 年）两个时间节点绘制生态效率雷达图（见图 8）。

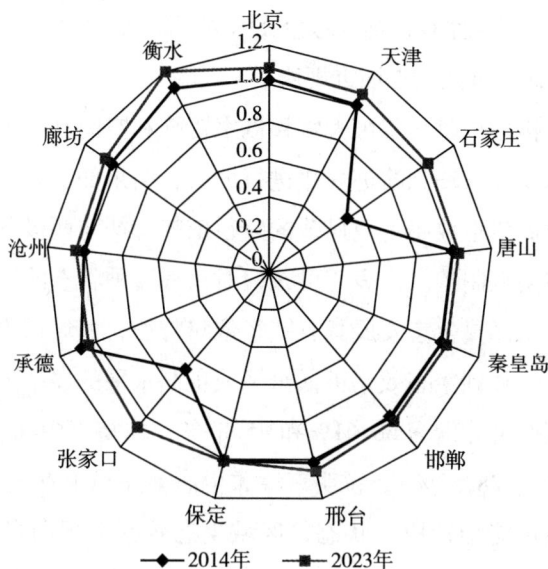

图 8　2014 年、2023 年京津冀各城市生态效率雷达图

资料来源：采用 DEARUN 软件计算并绘制。

可以看出，2014~2023 年，石家庄、张家口和衡水的生态效率提升较为明显，年均增长率分别为 8.35%、5.37% 和 1.04%，这一现象与石家庄和张家口多年来在缓解京津生态环境压力、优化首都圈生态格局方面的持续努力密切相关，也彰显了衡水作为国家水生态文明城市的示范效应。与之形成对比，天津、北京、秦皇岛、沧州、廊坊、保定等高效率城市的年均增长率较低，分别为 0.69%、0.64%、0.36%、0.36%、0.27%、0.09%，均介于 0 和 1% 之间，说明样本期内高效率城市生态效率变化基本保持稳定状态，主要原因在于高效率城市已趋于相对饱和状态，投入相应要素对其效率提升的作用微弱。值得注意的是，承德作为京津冀水源涵养功能区，生态效率在样本期内有所下降，由 2014 年的 1.0730 下降至 2023 年的 1.0507，年均降速为 0.23%，说明承德生态效率具有较大的提升空间，京津冀应进一步加强生态涵养区建设。邯郸作为京津冀城市群"生态洼地"，生态效率最低，2014~2023 年的年均增长率为0.33%，较京津冀年均增长率（1.15%）低0.82个百分点，处于生态效率与年均增长率"双滞后"状态，凸显出传统工业城市绿色转型困境，亟须探索生态补偿市场化路径，推进绿色技术创新驱动与环境治理协同。

2.京津冀生态发展的动态演进规律

本部分通过构建传统马尔可夫转移概率矩阵和空间马尔可夫转移概率矩阵对京津冀生态发展的动态演进规律进行分析，结果如下。

第一，京津冀生态效率呈现显著的路径依赖特征与两极分化趋势，且效率等级跃迁存在明显制约。由表3可知，对角线4种状态的概率值普遍高于非对角线，表明京津冀生态发展具有路径依赖特征，各城市维持同等水平生态效率的概率比转移到生态效率更低水平或更高水平的概率大。对角线两端（$k=1$，4）的概率值分别为60.61%和45.83%，均高于中间（$k=2$，3）的概率值（43.75%、28.57%），说明京津冀生态效率低和生态效率高的城市在下一阶段更有可能维持原有状态，区域生态效率呈现明显的两极分化趋势，这种分化趋势会扩大区域生态效率差异，对京津冀生态高质量一体化形成挑战。非对角线上的概率值均小于50%，说明城市生态效率在相邻年份实现等级跃迁的概率较小。

表3　2014~2023年京津冀不同生态效率类型的马尔可夫转移概率矩阵

t	$t+1$			
	1	2	3	4
1	0.6061	0.2424	0.1515	0.0000
2	0.1563	0.4375	0.2188	0.1875
3	0.1071	0.1429	0.2857	0.4643
4	0.0000	0.1250	0.4167	0.4583

注：表中将京津冀生态效率值按照四分位数划分为4种状态类型，数值由小到大依次为$k=1$，2，3，4；t表示初始年份，$t+1$表示初始年份的下一年份。下同。

资料来源：采用MATLAB软件计算得出。

第二，京津冀生态效率存在空间溢出效应，低效率城市呈现空间俱乐部趋同特征，高效率城市则产生虹吸效应。由表4可知，在考虑邻域背景条件后，京津冀生态效率状态转移情况发生明显变化，说明京津冀生态效率具有

空间溢出效应。具体来看，当相邻区域生态效率较低时，城市发生生态效率等级向下转移的概率显著提升；当相邻区域生态效率较高时，其向上跃迁的概率反而下降。例如，在低邻域情境（$k=1$）下，$P_{32|1}$（0.2500）$>$ P_{32}（0.1429），$P_{43|1}$（0.5556）$>P_{43}$（0.4167）；而在高邻域情境（$k=4$）下，$P_{23|4}$（0.2000）$<P_{23}$（0.2188），$P_{34|4}$（0.0000）$<P_{34}$（0.4643）。这表明低效率城市呈现空间俱乐部趋同特征，高效率城市则因虹吸效应而产生负向空间溢出，对周边地区的辐射带动能力尚未充分显现。

表4　2014~2023年京津冀不同生态效率类型的空间马尔可夫转移概率矩阵

邻域类型	t	$t+1$			
		1	2	3	4
1	1	0.6250	0.3750	0.0000	0.0000
	2	0.3000	0.4000	0.1000	0.2000
	3	0.1250	0.2500	0.1250	0.5000
	4	0.0000	0.1111	0.5556	0.3333
2	1	0.7143	0.1429	0.1429	0.0000
	2	0.0000	0.5000	0.0000	0.5000
	3	0.0000	0.0000	0.2000	0.8000
	4	0.0000	0.0000	0.5000	0.5000
3	1	0.5714	0.2143	0.2143	0.0000
	2	0.0667	0.4667	0.3333	0.1333
	3	0.0833	0.1667	0.3333	0.4167
	4	0.0000	0.0833	0.3333	0.5833
4	1	0.5000	0.2500	0.2500	0.0000
	2	0.2000	0.4000	0.2000	0.2000
	3	0.3333	0.0000	0.6667	0.0000
	4	0.0000	1.0000	0.0000	0.0000

资料来源：采用MATLAB软件计算得出。

3. 京津冀生态发展的长期演变趋势预测

本部分通过计算传统马尔可夫和空间马尔可夫的极限分布，预测京津冀生态效率的长期演变趋势，结果见表5。

表 5　2014~2023 年京津冀不同生态效率类型的演变趋势预测

空间滞后类型	状态类型	t	t+1			
			1	2	3	4
不考虑空间滞后	初始状态	t	0.3846	0.2308	0.2308	0.1538
	终极状态		0.1656	0.2177	0.2915	0.3252
考虑空间滞后	终极状态	1	0.3001	0.3019	0.1757	0.2223
		2	0.0000	0.0000	0.3846	0.6154
		3	0.0935	0.1985	0.3222	0.3857
		4	0.3478	0.2174	0.3913	0.0435

资料来源：采用 MATLAB 软件计算得出。

第一，从长期来看，京津冀生态效率分布呈现向高值集中的趋势。在不考虑空间滞后的情况下，根据传统马尔可夫转移概率矩阵求解极限分布并与初始状态进行对比，发现低效率等级（$k=1$，2）城市的数量在减少，而高效率等级（$k=3$，4）城市的数量明显增加。这说明京津冀各城市生态效率类型将随时间的推移而逐步由低级状态向高级状态转移，生态效率呈现由低至高的演变趋势。

第二，从长期来看，低水平邻域环境容易诱发生态效率低效锁定，高水平邻域环境会产生负向空间溢出。在考虑空间滞后的情况下，京津冀生态效率的长期演变趋势将发生明显变化。具体来看，与生态效率低的城市（$k=1$）为邻，将出现低效率城市多而高效率城市较少的局面，表明低效率区域形成路径依赖，陷入低水平锁定状态；而与生态效率高的城市（$k=4$）为邻，则高效率城市数量锐减，占比仅为 4.35%，说明高效率城市产生的负向空间溢出限制了周边城市生态效率的提升。

四　研究结论与对策建议

（一）研究结论

第一，从区域差异特征来看，京津冀生态效率区域差异呈现收敛态势，多极分化格局逐渐弱化；区域总体差异和区域间差异均持续缩小，但北京、天津与河北的生态效率梯度差异较为明显，区域内尤其是河北省内部差异是京津冀生态效率差异的主要来源。

第二，从空间关联特征来看，京津冀生态效率空间关联网络结构稳健通达，但城市间生态联动发展亟待加强。京津冀生态关联关系呈现多线程复杂网络结构形态，每个城市均与其他城市产生生态关联。但是，样本期内京津冀生态效率网络密度和网络关联数总体均呈下降趋势，城市间生态关联有所弱化，生态协同有待强化。

第三，从时序演变特征来看，京津冀生态环境持续改善，区域差异呈现收敛态势，各城市生态效率呈现梯度分异特征。样本期内京津冀生态效率总体呈上升趋势，且各城市生态效率均处于中等及以上水平。其中，石家庄、张家口和衡水的生态效率等级跃升较为明显；天津、北京、秦皇岛、沧州、廊坊、保定等城市的生态效率变化基本保持稳定状态；承德作为京津冀水源涵养功能区，其生态效率却呈下降趋势；邯郸的生态效率与年均增长率均较低，面临绿色转型困境。

第四，从动态演进规律来看，京津冀生态效率呈现显著的路径依赖特征与两极分化趋势，且效率等级跃迁存在明显制约；京津冀生态效率存在空间溢出效应，低效率城市呈现空间俱乐部趋同特征，高效率城市则产生虹吸效应。

第五，从长期演变趋势来看，京津冀生态效率未来发展趋势较为乐观，生态效率随时间的推移而逐步提升。然而，不同邻域背景对城市生态效率演变的影响具有异质性，与低效率区域为邻的城市，其生态效率难以实现快速突破；而与高效率区域为邻的城市，则会因虹吸效应而导致生态效率降低。

（二）对策建议

第一，健全生态补偿机制，推动多元主体协同共治。一是建立市场化、多元化的生态补偿方式。建立吸引社会资本投入生态环境保护的市场化机制，规范运用政府和社会资本合作模式，引导社会资本参与生态环境保护，发挥市场在资源配置中的决定性作用，建设产业园区或设立环保基金，逐步形成政府有力主导、社会有序参与、市场有效调节的生态保护补偿体制机制；建立生态保护公益组织联盟，提升公众参与生态治理与监管的积极性。二是拓展生态补偿资金来源。加大财政资金对生态补偿的支持力度，设立专项资金，推动政府购买服务，加强对资金使用的评估和监督；借鉴长三角绿色金融合作经验，支持金融机构发行京津冀生态专项债券，探索绿色信贷资产证券化，鼓励地区间开展绿色金融合作，发挥绿色金融合力，助力京津冀生态高质量一体化发展。三是建立绿色绩效考核评价机制。探索将生态补偿工作纳入地方政府政绩考核，建立绿色绩效考核评价机制，对连续三年考核优秀的区域实施生态项目资金优先保障、建设用地指标弹性配置、绿色金融贴息政策倾斜等组合激励；对未达标区域执行生态修复责任清单制度，形成"奖优罚劣"的长效闭环机制。

第二，以数字化赋能生态治理，打造智慧生态协同平台。一方面，加快推动生态环境遥感监测数智化转型。京津冀三地应提升技术装备数智化能力，通过加强大数据、物联网、人工智能等新技术集成，提高生态环境态势感知、分析研判、预测预警、应急响应和监测监管的自动化、智能化水平，配套建立三地数字生态治理标准互认体系，联合开发数字孪生流域、大气污染联防联控等智能决策平台，实现生态治理从经验判断向数据驱动的范式变革，实现三地污染联防联控和生态修复精准施策。另一方面，大力发展绿色算力。推动张家口、承德等生态涵养区的绿色数据中心集群建设，利用可再生能源优势承接京津算力需应，推动区域数字经济与生态经济深度融合，为生态治理提供高效、低碳的数字化基础设施保障。

第三，坚持绿色低碳发展，加快区域能源结构绿色转型。一方面，加快推进绿色韧性基础设施建设，创新京津冀绿色能源发展模式。京津冀三地应共同制定绿色基础设施发展规划，明确绿色能源发展目标和路径，包括可再生能源的利用比例、绿色建筑的标准等，通过构建区域能源互联网平台，实现能源的智能调度和优化配置，提高能源利用效率；推广绿色建筑标准，鼓励新建建筑采用绿色建材和节能技术，对既有建筑进行节能改造。另一方面，加强绿色能源技术示范应用，推进绿色能源布局。大力推进国家绿色发展示范区建设，在示范区内集中展示和推广绿色能源技术，积极推动绿色能源技术应用和绿色能源布局；加大对绿色能源技术研发的财政支持力度，鼓励企业、高校和研究机构合作，推动绿色能源技术创新和应用；通过政策引导和财政补贴，鼓励企业和居民使用太阳能、风能等绿色能源，提高绿色能源在能源消费中的比重。

参考文献

常新锋、管鑫：《新型城镇化进程中长三角城市群生态效率的时空演变及影响因素》，《经济地理》2020 年第 3 期。

赵林、曹乃刚、韩增林等：《中国生态福利绩效空间关联网络演变特征与形成机制》，《自然资源学报》2022 年第 12 期。

B.6
京津冀产业高质量一体化研究[*]

叶堂林　高聪聪[**]

摘　要： 产业高质量一体化是提升国家竞争力、推动经济高质量发展、助力构建新发展格局的关键着力点。本报告基于2014~2023年京津冀13个城市产业高质量一体化数据，从产业发展活力、产业创新能力和产业发展潜力三个层面探究京津冀产业发展现状，使用修正的引力模型和社会网络分析法研究京津冀产业高质量一体化社会网络关系。研究发现，京津冀产业发展活力强劲，但区域发展不均衡现象明显；京津冀产业创新能力持续增强，形成"北京引领、周边协同"的发展格局；京津冀产业发展潜力不断提升，呈现区域协同与分化并存的态势；京津冀产业关联日趋紧密，一体化进程逐步推进。基于此，本报告提出以下对策建议：发挥京津冀三地各自比较优势，构建产业协同发展格局；构建协同创新和产业协作体系，共促产业链与创新链深度融合；强化政策支持与利益共享机制，推动京津冀产业高质量一体化进程。

关键词： 产业高质量一体化　产业发展活力　产业创新能力　产业发展潜力
京津冀

---

* 本报告为国家社科基金重大项目"数字经济对区域协调发展的影响与对策研究"（23&ZD078）、教育部人文社会科学研究专项任务项目"推动京津冀高质量发展研究"（23JD710022）的阶段性成果。
** 叶堂林，经济学博士，首都经济贸易大学特大城市经济社会发展研究院（首都高端智库）执行院长、特大城市经济社会发展研究省部共建协同创新中心（国家级研究平台）执行副主任，三级教授、博士生导师，研究方向为首都高质量发展、京津冀协同发展、都市圈治理；高聪聪，首都经济贸易大学城市经济与公共管理学院博士研究生，研究方向为区域经济、首都圈发展与治理。

一 研究背景

（一）综观国际——产业高质量一体化是提升国际竞争力的必然选择

随着全球竞争格局不断演变，技术迭代速度持续加快，世界经济发展环境愈加复杂多变，全球产业链供应链重构加速，产业竞争力是国家经济主权与抗风险能力的根基，世界大国正通过产业高质量一体化提升自身在全球经济格局中的地位与影响力。美国在人工智能、软件开发和生物技术等领域投入大量资源，汇聚苹果、谷歌、微软等科技巨头，其强大的研发基础设施和创业文化推动了科技产业的持续发展。日本为提升全球市场竞争力，大力投资人工智能和可再生能源技术的研发，本田和软银等公司在人形机器人和自动化技术方面处于领先地位。德国积极推动工业4.0计划，将物联网和人工智能等先进技术融入制造过程，在精密工程、高质量制造等方面占据全球重要地位。以色列以其强大的创业文化和风险投资支持推动网络安全、人工智能和生物技术领域的持续创新，以其军事技术而闻名。中国以科技创新为核心驱动力，积极构建现代化产业体系，加快推进产业结构优化与升级，促进薄弱产业链条完善、优势产业链条延伸、传统产业链条升级以及新兴产业链条构建，提升产业链和供应链的韧性与安全保障能力，重塑全球分工话语权。由此可见，推进产业高质量一体化不仅是经济高质量发展的内在要求，也是应对外部挑战、赢得国际竞争优势的必然选择。

（二）审视国内——产业高质量一体化是加快中国式现代化建设的重要举措

党的二十大报告明确指出，高质量发展是全面建设社会主义现代化国家的首要任务，并着重强调要建设现代化产业体系，坚持把发展经济的着力点放在实体经济上，推进新型工业化，加快建设制造强国、质量强国、航天强国、交通强国、网络强国、数字中国。产业作为推动高质量发展的核心支撑与关键载体，其结构与质量决定了区域竞争力提升与中国式现代化建设的速度。产业高质量一体化以科技创新为核心动力源泉，以产业链与创新链深度融合为重要抓手，以打造现代化产业体系为最终目标，实现产业质量持续提升、规模不断扩大。习近平总书记强调，"现代化产业体系是现代化国家的物质技术基础"①，"推动经济实现质的有效提升和量的合理增长"②，"要大力发展数字经济，促进数字经济和实体经济深度融合，打造具有国际竞争力的数字产业集群"③，凸显了产业高质量一体化的战略地位。因此，产业高质量一体化作为实现中国式现代化目标的核心驱动力与集中体现，为实现经济高质量发展、构建现代化产业体系、构建新发展格局注入了不竭动力。

（三）聚焦京津冀——产业高质量一体化是京津冀协同发展向纵深推进的关键支撑

2025 年正值"十五五"规划谋篇布局之年，也是京津冀协同发展进入第二个十年的新起点。京津冀协同发展处在新的历史起点，需要在更深层次上发力。2023 年 5 月，习近平总书记在深入推进京津冀协同发展座谈会上强调，要"努力使京津冀成为中国式现代化建设的先行区、示范区"。④ 产业高质量一体化作为京津冀打造中国式现代化建设先行区、示范区的重要着力点，通过整合产业链上下游资源，提升产业协同效率，优化产业链布局，提升产业链的韧性和安全水平，形成产业协同发展格局和梯度分工体系，实现产业的数字化、智能化和绿色化，促进京津冀协同发展向纵深突破。因此，推动产业高质量一体化发展，是深化京津冀协同发展战略的核心实践路径，更是驱动京津冀成为中国式现代化建设先行区、示范区的核心动能。

---

① 2023 年 5 月 5 日，习近平总书记在二十届中央财经委员会第一次会议上的讲话。
② 2022 年 10 月 16 日，习近平总书记在中国共产党第二十次全国代表大会上的报告。
③ 2024 年 1 月 31 日，习近平总书记在中共中央政治局第十一次集体学习时强调。
④ 《推动京津冀协同发展不断迈上新台阶——习近平总书记在河北考察并主持召开深入推进京津冀协同发展座谈会重要讲话引发热烈反响》，人民网，2023 年 5 月 14 日，http：//paper. people. cn/rmrbwap/html/2023-05/14/nw. D110000renmrb_ 20230514_ 2-01. htm。

二 京津冀产业高质量一体化的显著成效

2015 年 4 月，中共中央政治局审议通过《京津冀协同发展规划纲要》，交通一体化、生态环境联防联治和产业转型升级成为京津冀协同发展战略中率先突破的三大领域。2023 年 5 月，工信部会同国家发展改革委、科技部等有关部门以及京津冀三地政府共同编制的《京津冀产业协同发展实施方案》发布，明确指出到 2025 年，京津冀产业分工定位更加清晰，产业链创新链深度融合，综合实力迈上新台阶。京津冀协同发展战略实施以来，京津冀共下"一盘棋"，从"谋思路、打基础、寻突破"走向"滚石上山、爬坡过坎、攻坚克难"，再到当前的"努力使京津冀成为中国式现代化建设的先行区、示范区"，从依赖政策外力进行"外科手术式"的调整，逐步转向注重区域发展整体性、渐进性及可持续性的"中医调养模式"。产业高质量一体化发展有力有序向前推进，在产业空间转移、产业结构优化、产业分工明晰、链群深化融合、产业链上下游整合联动等方面取得了显著成效。

（一）产业转移承接进程不断加快，实现产业结构优化升级

京津冀协同发展战略实施以来，京津冀三地产业转移、承接、升级同步进行，联动效应明显。

一是产业高效转移。《京津冀协同发展产业转移对接企业税收收入分享办法》《京津冀产业转移指南》《关于加强京津冀产业转移承接重点平台建设的意见》等政策文件的出台，为京津冀产业高效转移提供了有力的政策支持和制度保障。北京紧紧抓住疏解非首都功能这个"牛鼻子"，坚持内外发力，以疏为进、以减提质。截至 2024 年，北京累计退出一般制造业企业超过 3000 家，疏解和升级区域性专业市场和物流中心近 1000 个①，积极推

---

① 《十年拆违还绿 13 个"奥森公园"》，北京市发展和改革委员会网站，2024 年 1 月 25 日，https：//fgw. beijing. gov. cn/gzdt/fgzs/mtbdx/bzwlxw/202401/t20240126_ 3547027. htm。

进"腾笼换鸟"工作。例如，动物园批发市场曾经是北方地区最大的服装集散中心，现已升级改造成金融科技与专业服务创新示范区核心区；大红门服装商贸城转型升级为南中轴国际文化科技园；等等。

二是产业精准承接。京津冀协同发展战略实施以来，京津冀三地重点承接平台各具特色、互补发展，众多产业项目通过地理位置转移实现生产力优化升级。自2017年《关于加强京津冀产业转移承接重点平台建设的意见》颁布实施以来，京津冀相继构建了北京城市副中心和河北雄安新区两大核心承载区，曹妃甸协同发展示范区、北京新机场临空经济区、天津滨海新区和张承生态功能区四大战略合作区域，并打造了一批高水平协同创新平台和专业化合作平台，形成"2+4+N"产业合作格局。北京城市副中心着力引进和培育企业，自规划建设启动以来，高新技术企业存量突破1200家，2024年引入20家央企二、三级总部，市属国企子公司，累计入驻企业数量达到171家。截至2024年底，运河商务区累计注册企业1.8万家，占全区企业总数的近一成。天津滨海新区发展势头强劲，发展规模与质量效益同步增长，中国资源循环集团成功落户中新天津生态城，2024年累计引入111个疏解非首都功能项目、551家新设机构，实现总投资额759.67亿元。天津滨海-中关村科技园累计注册企业数量超5800家，其中北京企业数量占比超两成。河北雄安新区统筹推进大规模建设与承接北京非首都功能疏解齐头并进，首批向雄安新区疏解的北京非首都功能项目进展顺利，第二批4家疏解央企的总部项目已全部完成土地出让，中国卫星网络集团在雄安新区启动办公。截至2024年底，雄安新区内央企所设立的机构已超过300家，带动近2万名疏解及配套服务单位的员工在新区内缴纳职工医疗保险。①

三是产业结构持续升级。京津冀协同发展战略实施以来，京津冀地区经济实现了质的飞跃，地区生产总值连续6年突破万亿元大关。2024年京津冀地区生产总值实现11.5万亿元，按照现价计算，为2013年的2.1倍；北

---

① 《十一载交融共进　京津冀协同焕新》，北京市统计局、国家统计局北京调查总队网站，2025年2月21日，https://tjj.beijing.gov.cn/tjsj_31433/sjjd_31444/202502/t20250220_4015222.html。

京、天津和河北地区生产总值分别实现 49843.1 亿元、18024.3 亿元和 47526.9 亿元，按照不变价格计算，三地经济增长率分别为 5.2%、5.1% 和 5.4%。京津冀三次产业结构从 2014 年的 6.2∶35.7∶58.1 变化为 2023 年的 4.3∶26.8∶68.9，第三产业增加值占比提高 10.8 个百分点。其中，北京第三产业增加值占比稳定在 80% 以上；天津第三产业增加值占比超过 60%；河北实现跨越式增长，第三产业增加值占比达到 53.7%。与 2013 年相比，2024 年北京、天津和河北第三产业增加值占比分别提升 5.8 个、9.8 个和 12.7 个百分点。2024 年，京津冀高端产业蓬勃发展，北京高技术制造业增加值占规模以上工业增加值的比重达到 32.3%，较 2014 年提升 11.5 个百分点；天津高技术制造业增加值占规模以上工业增加值的比重达到 14.8%，较 2014 年提升 2.5 个百分点；河北高技术产业增加值占规模以上工业增加值的比重达到 22.3%，较 2013 年提升 10.5 个百分点；京津冀地区服务业规模持续扩张，增加值近 8 万亿元，其中金融业，信息传输、软件和信息技术服务业发展势头强劲，二者占地区生产总值的比重较 2013 年分别提升 2.1 个和 7.0 个百分点。[①] 随着京津冀产业高质量一体化进程的推进，区域经济韧性与活力不断增强。

（二）产业定位与分工日益明晰，推动构建协同发展格局

京津冀协同发展战略实施以来，京津冀三地根据自身资源和区位优势，产业定位与产业分工日益明晰。

一是北京作为新兴产业技术创新策源地、产业人才培养输出高地和现代化服务业集聚地，重点发展高技术产业、现代服务业等产业，推动科技创新与产业创新深度融合，加快构建现代化首都都市圈。2025 年第一季度，北京高精尖产业活跃，规模以上工业战略性新兴产业与高技术制造业增加值（含交叉部分）分别增长 16.1% 和 10.4%，增速均高于全市工业平均水平，

---

① 《十一载交融共进　京津冀协同焕新》，北京市统计局、国家统计局北京调查总队网站，2025 年 2 月 21 日，https://tjj.beijing.gov.cn/tjsj_31433/sjjd_31444/202502/t20250220_4015222.html。

高技术产业投资增速达 88.9%。① 2025 年第一季度，北京服务业以高端产业引领发展，实现增加值 10584.3 亿元，按不变价格计算，同比增长 5.4%，比上年全年提高 0.3 个百分点，拉动全市 GDP 增长 4.7 个百分点。其中，1~2 月规模以上高技术服务业收入同比增长 10%，服务业数字经济核心产业收入同比增长 9.7%，服务业战略性新兴产业收入同比增长 8.4%，增速均高于服务业平均水平。②

二是天津作为科技成果孵化转化集聚地、先进制造研发基地和制造业高质量发展示范区，侧重于发展港口经济、制造业和现代服务业，依托制造业基础雄厚、研发转化能力强的优势，为京津冀产业高质量一体化提供产业配套能力。自京津冀协同发展战略实施以来，天津主动对接北京科技创新资源，促进北京科创优势与天津先进制造研发优势有效结合，形成以 8 个中试基地为支撑的产品研发和技术转化平台。2024 年天津工业增加值达到 5738.71 亿元，较 2023 年增长 4.5%，规模以上工业增加值增速为 4.6%，较 2023 年提升 0.9 个百分点。在规模以上工业中，制造业增长 3.8%。③

三是河北作为战略性新兴产业承接地、传统产业转型升级示范区和现代化产业体系支撑区，生产资源丰富，产业基础良好，着力打造石家庄都市圈，积极承接京津产业转移，推动传统产业转型升级和战略性新兴产业发展，为京津冀产业高质量一体化提供载体支撑。2024 年，河北积极落实全域对接和全面承接，与京津携手共筑 6 条产业链，吸引 332 家央企二、三级

---

① 《地区生产总值达 12159.9 亿元 同比增长 5.5% 一季度北京经济实现良好开局》，北京市人民政府网站，2025 年 4 月 19 日，https：//www.beijing.gov.cn/gongkai/shuju/sjjd/202504/t20250419_ 4069496.html。

② 《服务业运行总体良好 重点行业支撑作用明显——2025 年一季度北京服务业运行情况解读》，北京市统计局、国家统计局北京调查总队网站，2025 年 4 月 18 日，https：//tjj.beijing.gov.cn/zxfbu/202504/t20250418_ 4068171.html。

③ 《工业和建筑业概况》，天津市人民政府网站，2025 年 3 月 24 日，https：//www.tj.gov.cn/sq/tjgk/jjjs/gygk/。

子公司入驻，京津技术合同成交额同比增长 34.8%。① 京津冀协同发展战略实施以来，京津冀三地协同创新、产业协作水平持续提升。

（三）"六链五群"有力推进，催生京津冀发展新动能

京津冀协同发展战略实施以来，京津冀"六链五群"产业布局落地见效，三地协同布局新质生产力，实现区域产业高质量发展。

一是京津冀大力发展氢能、生物医药、网络安全和工业互联网、高端工业母机、新能源和智能网联汽车、机器人六大产业链（"六链"），推动创新链、产业链与供应链深度融合，建立跨区域"链长制"，开展延链、补链、强链、优链，打造新的经济支柱。北京加速推进燕东集成电路生产线、小米汽车工厂等重点项目投产，发布全球首个纯电驱拟人奔跑的全尺寸人形机器人"天工"，以及全球首个新一代量子计算云平台"夸父"。2024 年，天津 12 条重点产业链增加值合计占规模以上工业增加值的 82.1%，比上年提高 2.3 个百分点。特色产业链集聚效应凸显，航空航天、车联网、信息技术应用创新、生物医药产业链增加值分别增长 26.0%、22.4%、21.4% 和 14.6%。② 河北借助资源、应用场景等优势，促成阿里张北大数据、京车造车基地等项目成功落地并投产。

二是京津冀围绕集成电路、网络安全、生物医药、电力装备、安全应急装备五大产业集群（"五群"），全力推进世界级产业集群建设。截至 2024 年，京津冀生命健康集群、保定电力及新能源高端装备集群已成功迈进"国家队"，两大产业集群产值在全国占比均超 20%。新一代信息技术应用创新（网络安全）产业集群规模占全国的 50% 以上，对国产四大 CPU 发展路线中的三种实现全面覆盖，与麒麟、统信两大国产操作系统全面适配，并实现上百万款软件产品的兼容。凭借预测预警、防控防护等领域的突出优势，安全应急装备集群中的高端防护装备、特种机器人等产品已处于全国领

---

① 《2024 年河北省经济形势新闻发布稿》，河北省统计局网站，2025 年 1 月 22 日，http：// tjj. hebei. gov. cn/hbstjj/sj/fbh/101731892570597. html。

② 数据来源于《2024 年天津市国民经济和社会发展统计公报》。

先水平。[1] 随着"六链五群"进程的加速推进，京津冀三地积极推动产业链、创新链深度融合与有效衔接，在实践中形成了多种创新模式，如中关村海淀园秦皇岛分园的"4∶2∶2"利益共享模式、北京·沧州渤海新区生物医药产业园的跨区域监管创新模式、芦台经济开发区的"飞地"经济实践、北京（曹妃甸）现代产业发展试验区的共建共享探索等。京津冀三地产业链群发展态势良好，重点产业发展稳步提升，催生京津冀发展新动能。

三　分析框架

（一）研究思路

产业一体化是指区域内各产业主体在区位选择的基础上通过优化资源配置、加强分工协作、整合产业链条等方式，重塑产业空间布局并实现生产要素在区域内自由流动的过程（廖常文、张治栋，2023）。产业一体化是产业高质量一体化的基础，旨在为产业高质量一体化发展提供必要的产业基础、市场条件和协同机制；产业高质量一体化则强调高质量的资源配置、创新能力和协同发展，旨在提升产业的整体质量和效益，实现产业结构优化升级、经济效率提升和区域协调发展，是产业一体化的进一步深化与升级。基于产业一体化内涵以及与产业高质量一体化关系的分析，本报告将产业高质量一体化定义为在特定区域内，产业主体通过产业联动、协同发展、资源优化配置等，推动产业链与创新链的深度融合与有机衔接，实现产业质量、产业效率与产业效益的全面提升，提高产业竞争力和可持续发展能力。产业高质量一体化以推动产业现代化发展为出发点，以提升现代化产业链水平为关键点，以构建现代化产业体系为落脚点，最终实现产业质量与规模的双提升。

产业高质量一体化是推动京津冀协同发展向纵深推进的重要突破口，遵

---

[1] 《〈京津冀产业协同发展十周年报告〉发布　京津冀"六链五群"培育见行见效》，河北省人民政府网站，2024 年 11 月 5 日，http：//www.hebei.gov.cn/columns/580d0301-2e0b-4152-9dd1-7d7f4e0f4980/202411/05/9fda44ac-2dbc-4b9d-9430-b938bda5ae76.html。

循"一盘棋"思路统筹产业发展，以产业联动发展、跨区域协同创新及资源要素优化配置为途径，实现产业高质量发展。产业高质量一体化并非单一概念，而是由多个维度构成的复杂整体，既要注重高质量，又要兼顾一体化，因此需要充分考虑京津冀产业一体化的整体关联性特征与动态演化趋势。高技术产业通常具有高知识密集度、高技术密集度、高产品附加值及经济效益显著等特点，并且京津冀"六链五群"涵盖多个高技术产业，不仅能够推动产业规模扩张和产业结构优化，还能推动区域产业协同发展，符合产业高质量一体化的理论内涵。基于此，本报告使用高技术产业来研究产业高质量一体化。

本报告主要从以下三个方面展开研究。第一，系统梳理京津冀产业高质量一体化发展现状，重点分析产业发展活力、产业创新能力及产业发展潜力。其中，产业发展活力反映了产业的活跃程度和增长潜力，是产业高质量一体化的重要基础；产业创新能力反映了产业的知识密集度、技术密集度、高附加值、可持续发展能力和辐射带动作用，是产业高质量一体化的关键；产业发展潜力反映了产业在未来的发展空间和增长潜力，是产业高质量一体化的重要支撑。第二，采用修正的引力模型和社会网络分析法构建京津冀产业高质量一体化联动网络，测算联动网络关联密度和系数以分析京津冀产业高质量一体化发展的空间关联关系。第三，梳理研究结论，围绕京津冀产业高质量一体化进程中存在的主要问题进行深入剖析，提出促进京津冀产业高质量一体化的对策建议。

（二）研究方法

1. 修正的引力模型

本报告参考王欢芳等（2021）的研究方法，运用修正的引力模型对京津冀产业高质量一体化关联网络进行分析，计算公式如下：

$$R_{ij} = k_{ij} \frac{\sqrt{P_i T_i} \sqrt{P_j T_j}}{d_{ij}^2}, k_{ij} = \frac{P_i T_i}{P_i T_i + P_j T_j} \tag{1}$$

其中，R_{ij} 表示城市群内城市 i 和城市 j 之间产业高质量一体化关联的引力系数，P 表示在营企业累计注册资本额，T 表示累计授权发明专利数，PT 表示在营企业累计注册资本额和累计授权发明专利数共同表示的城市产业高质量一体化发展水平，d_{ij} 表示选用球面距离测度的城市群内城市 i 和城市 j 之间的地理空间距离，k_{ij} 表示权重调整系数。依据式（1），生成京津冀各城市间产业高质量一体化的引力矩阵。以引力矩阵各行的均值作为阈值的筛选标准，低于该标准的引力值标记为 0，意味着该行所对应的城市对于列所对应的城市而言，在产业高质量一体化方面没有产生溢出效应。

2. 社会网络分析法

社会网络分析法通过构建京津冀各城市间空间关联的拓扑结构，揭示京津冀产业高质量一体化的网络化特征。本报告主要选取网络密度、平均聚类系数、平均路径长度和接近中心度来测度产业高质量一体化。其中，网络密度指的是网络中实际存在边数与可能存在边数的比值，用以衡量网络中节点联系的紧密程度，高密度的网络代表不同节点的联系较为频繁，产业高质量一体化程度较高；低密度的网络则表明节点之间的联系较为稀疏，产业高质量一体化程度较低。平均聚类系数表示网络中所有节点聚类系数的平均值，用以衡量网络中节点的聚集程度。平均路径长度表示网络中任意两个节点之间最短路径的平均长度，反映网络中节点间的连接效率。接近中心度表示在网络中某一节点到其他所有节点的平均距离的倒数，接近中心度越高的节点，信息传播速度越快。

（三）数据选取

本报告以 2014~2023 年京津冀 13 个城市高技术产业发展为主要研究对象。有关高技术产业分类，根据国家统计局发布的《高技术产业（制造业）分类（2017）》和《高技术产业（服务业）分类（2018）》，参考桂俊煜（2018）的研究方法，高技术产业主要包括高技术制造业和高技术服务业。本报告将医药制造业、电子商务服务、检验检测服务等 15 个大类，飞机制造、信息传输服务、医疗仪器设备及器械制造、互联网平台、质检技术服务、气象服务、自然科学研究和试验发展、技术推广服务、知识产权服务、环境与生态监测等 59 个中类，化学药品原料药制造、半导体器件专用设备制造、复印和胶印设备制造、航天相关设备制造、文化用信息化学品制造、口腔科用设备及器具制造、固定电信服务、互联网生产服务平台、检验检疫服务、气象服务、自然科学研究和试验发展、农林牧渔技术推广服务、知识产权服务、环境保护监测等 182 个小类纳入高技术产业的范畴。本报告选用在营企业累计注册资本额（单位：亿元）表示产业发展活力，选用累计授权发明专利数（单位：件）表示产业创新能力，选用累计吸收外地资本额（单位：亿元）表示产业发展潜力。本报告所有数据均来源于龙信企业大数据平台。

四　京津冀产业高质量一体化发展水平分析

（一）京津冀产业发展现状分析

1. 京津冀产业发展活力现状

京津冀资本规模不断扩张，产业发展活力显著提升。2014~2023 年，京津冀在营企业累计注册资本额呈现明显的上升趋势，由 6.11 万亿元增加至 17.65 万亿元，增长 188.87%，说明京津冀产业发展势头强劲，发展活力实现跨越式提升，为推动创新链、产业链深度融合奠定了坚实基础。

从京津冀各城市来看，产业发展规模持续扩大，但区域发展不均衡现象明显。如图 1 所示，北京、天津在营企业累计注册资本额稳定领先，始终保持增长趋势，分别从 2014 年的 5.19 万亿元、0.51 万亿元增加至 2023 年的 12.28 万亿元、2.43 万亿元，说明京津产业发展规模始终占据核心地位。河北产业发展活力不断提升，城市间两极分化现象日益减少，但仍与京津两地存在明显差异。2023 年，石家庄在营企业累计注册资本额净增加值（0.77 万亿元）是承德（0.07 万亿元）的 11.00 倍，与 2014 年的 21.11 倍相比差距逐渐缩小；是秦皇岛（0.08 万亿元）的 9.63 倍，与

2014 年的 23.23 倍相比差距大幅缩小；是邢台（0.18 万亿元）的 4.28 倍，与 2014 年的 6.34 倍相比差距有所缩小。这说明河北各城市间两极分化现象逐渐减少。2014~2023 年，保定、廊坊、唐山、邯郸在营企业累计注册资本额净增加值分别为 0.41 万亿元、0.23 万亿元、0.21 万亿元、0.19 万亿元，说明河北多个城市产业规模增长趋势向好，但与北京、天津在营企业累计注册资本额净增加值（7.09 万亿元、1.92 万亿元）相比差距较大。

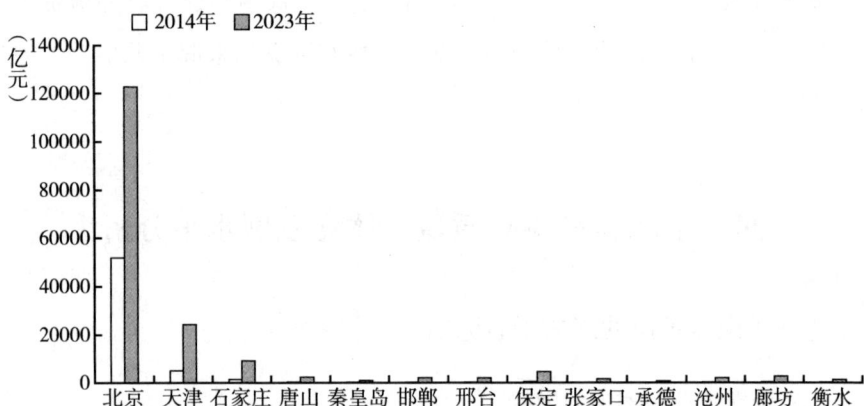

图 1　2014 年、2023 年京津冀各城市在营企业累计注册资本额

资料来源：龙信企业大数据平台。

2. 京津冀产业创新能力现状

京津冀创新发展态势良好，产业创新能力稳中有升。2014~2023 年，京津冀累计授权发明专利数增长趋势明显，由 53566 件增加至 394834 件，增长 637.10%，说明京津冀产业创新发展水平加速提升，展现出强大的产业创新能力。

从京津冀各城市来看，产业创新能力逐步提高，呈现"北京引领、周边协同"的发展格局。如图 2 所示，2014~2023 年，北京在京津冀产业创新进程中处于引领地位，累计授权发明专利数由 47560 件增加至 348628 件，增长 633.03%，分别占京津冀累计授权发明专利总数的 88.79% 和 88.30%。

天津产业创新增长势头强劲，累计授权发明专利数由 2014 年的 4178 件增加至 2023 年的 30170 件，增长 622.12%。2014~2023 年，河北各城市产业创新发展较快，但仍有较大的提升空间。石家庄、廊坊、保定、唐山累计授权发明专利数分别增加 4243 件、2713 件、2589 件、1022 件，说明这些城市的产业创新增长趋势明显，但张家口（增加 265 件）、承德（增加 161 件）、衡水（增加 447 件）等城市的产业创新发展水平仍有进一步提升的空间。

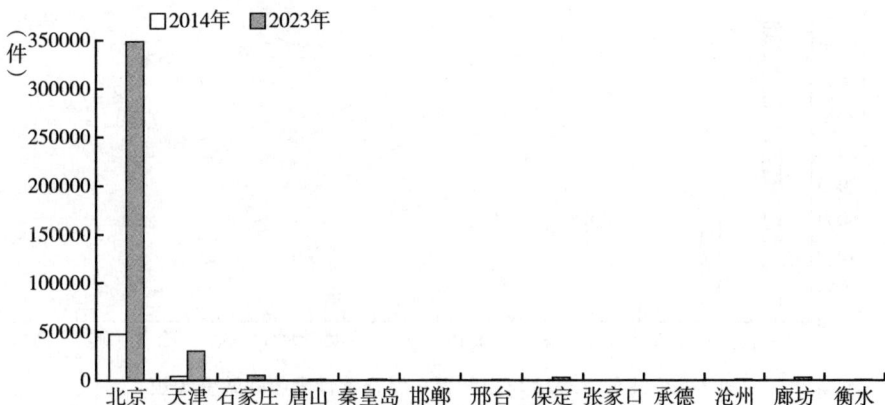

图 2　2014 年、2023 年京津冀各城市累计授权发明专利数

资料来源：龙信企业大数据平台。

3. 京津冀产业发展潜力现状

京津冀吸引投资能力持续增强，产业发展潜力不断提升。2014~2023 年，京津冀累计吸收外地资本额由 5217.57 亿元增加至 29931.50 亿元，增长 473.67%，说明京津冀产业吸引投资能力提升迅速，产业发展势头迅猛。

从京津冀各城市来看，各城市吸引投资能力不断增强，呈现两极分化现象。如图 3 所示，北京吸引投资能力在京津冀地区占据引领地位，核心驱动效应显著，累计吸收外地资本额由 2014 年的 3893.86 亿元增加至 2023 年的 17666.20 亿元，分别占京津冀累计吸收外地资本总额的 74.63% 和 59.02%。2014~2023 年，天津累计吸收外地资本额增加 5297.19 亿元，说明天津吸引投资能力不断提升。河北各城市吸引投资能力呈持续增强态势，但与京津两地存在明显差距。2023 年，北京累计吸收外地资本额（17666.20 亿元）是承德（165.20 亿元）的 106.94 倍，是衡水（141.30 亿元）的 125.03 倍；天津累计吸收外地资本额（6075.92 亿元）是秦皇岛（217.73 亿元）的 27.91 倍，是衡水（141.30 亿元）的 43.00 倍。可见，京津冀吸引投资能力两极分化现象明显。

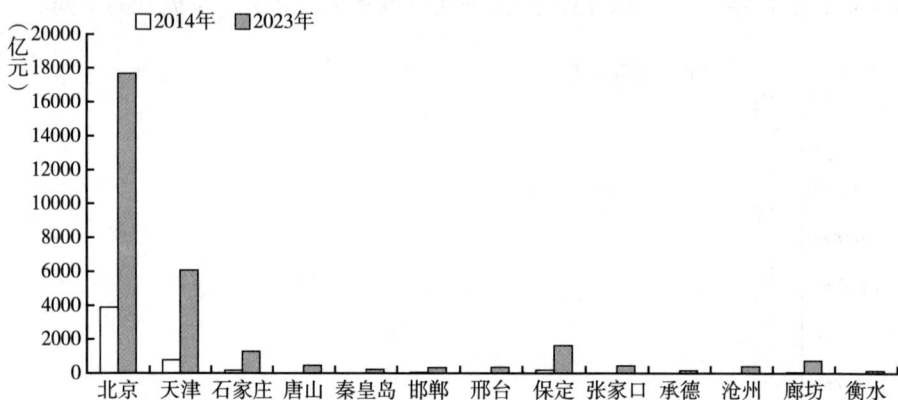

图 3　2014 年、2023 年京津冀各城市累计吸收外地资本额

资料来源：龙信企业大数据平台。

（二）京津冀产业高质量一体化社会网络分析

为了直观地展示京津冀产业高质量一体化发展的密切程度，本报告利用 Gephi 软件可视化京津冀产业高质量一体化联动网络（见图 4）。其中，城市节点大小与连线粗细表示两城市间产业高质量一体化联系强度，节点越大、连线越粗，表示两城市间的产业联系越紧密。

1. 京津冀产业关联日趋紧密，一体化进程逐步推进

京津冀产业高质量一体化呈现多维度联动网络结构形态，形成以北京为核心、天津强相关的空间结构，京津冀 13 个城市间至少通过一条链路进行连接，并未存在孤立点。2014~2023 年，网络密度从 0.40 增至 0.41，表明京津冀网络整体连接更加紧密，城市间合作不断深化，但部分城市间存在连接不

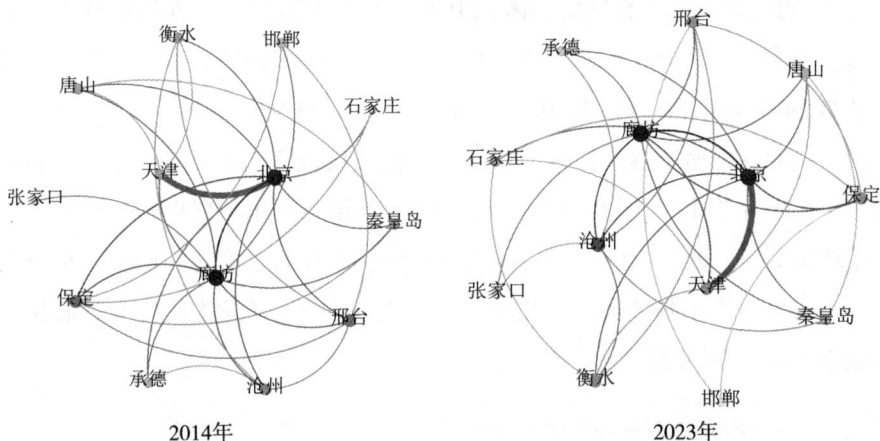

2014年   2023年

图4　2014年、2023年京津冀产业高质量一体化联动网络

资料来源：根据龙信企业大数据平台数据，采用Gephi软件绘制。

足问题，仍处于逐步优化进程中；平均聚类系数从0.71降至0.65，表明网络局部结构的紧密性有所下降，城市间产业协同有待强化；平均路径长度从1.63增至1.67，表明京津冀网络效率小幅下降，节点间协作需要更多中间环节，但网络的整体连通性仍然较好（见表1）。

表1　2014年、2023年京津冀产业高质量一体化测算指标

年份	网络密度	平均聚类系数	平均路径长度
2014	0.40	0.71	1.63
2023	0.41	0.65	1.67

资料来源：根据龙信企业大数据平台数据，采用Gephi软件计算得出。

2.北京处于社会网络核心位置，天津及河北多数城市逐渐靠近网络中心

整体来看，京津冀呈现"核心城市强、边缘城市弱"的产业布局。2014年、2023年，北京的接近中心度较高，保持在0.8以上，说明北京在京津冀产业高质量一体化中始终处于核心地位，与津冀其他城市的联系日趋紧密，起着引领和辐射作用。天津的接近中心度在2014年、2023年保持在

0.6，说明天津在产业高质量一体化中承担枢纽作用，与京冀其他城市联系紧密。石家庄、邯郸、衡水和张家口的接近中心度呈现不同程度的提升，分别从 2014 年的 0.52、0.57、0.57、0.48 升至 2023 年的 0.57、0.71、0.63、0.50，说明这些城市逐渐向中心靠拢，与核心城市的联系愈加紧密。沧州的接近中心度在 2014 年、2023 年保持在 0.63，说明沧州与京津冀其他城市的联系较为紧密。2014~2023 年，保定、唐山、秦皇岛、廊坊、邢台、承德的接近中心度出现下降趋势，这些城市在产业高质量一体化进程中与核心城市的联系不足（见图 5）。

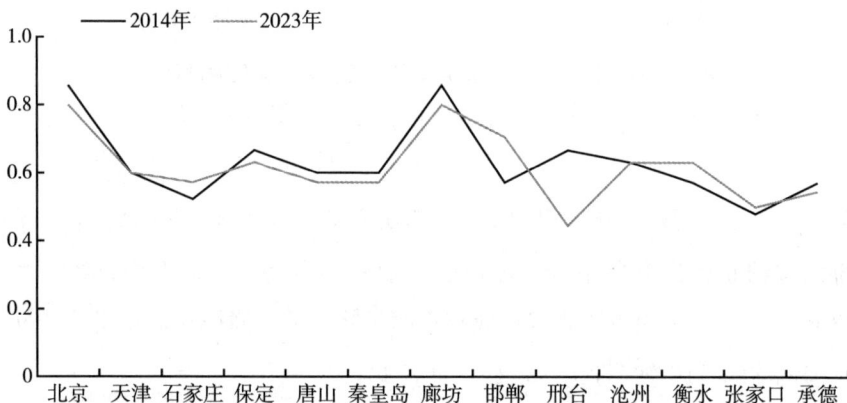

图 5   2014 年、2023 年京津冀各城市产业高质量一体化接近中心度

资料来源：根据龙信企业大数据平台数据绘制。

五　主要结论与对策建议

（一）主要结论

一是京津冀产业发展活力强劲，但区域发展不均衡现象明显。2014~2023 年，京津冀产业发展规模呈现显著扩张趋势，区域发展动能持续增强。京津作为核心城市，依托产业基础优势保持引领地位，形成区域发展核心驱动格局。河北产业动力释放加速，城市在营企业累计注册资本额呈现持续增长态势，但与京津相比，在产业发展规模上仍存在较大差距。同时，河北各城市产业规模发展不均衡，石家庄、保定、廊坊、唐山、邯郸等城市产业规模增长趋势向好，秦皇岛、承德、邢台等城市产业规模虽有增长，但与上述城市相比仍存在差距。因此，区域协同发展仍需进一步加强。

二是京津冀产业创新能力持续增强，形成"北京引领、周边协同"的发展格局。2014～2023年，京津冀累计授权发明专利数呈现加速增长态势，产业创新发展水平显著提升。北京在产业创新进程中发挥着核心引领作用，累计授权发明专利数始终占据绝对优势，远超天津及河北各城市之和。天津产业创新发展势头强劲，累计授权发明专利数增长迅速。河北各城市产业创新能力有所提升，石家庄、廊坊、保定、唐山等城市产业创新发展较快，累计授权发明专利数有明显增长，但内部发展不均衡，张家口、承德、衡水等城市的产业创新发展水平相对较低，仍有较大提升空间。

三是京津冀产业发展潜力不断提升，呈现区域协同与分化并存的态势。2014～2023年，京津冀累计吸收外地资本额实现高速增长，吸引投资能力显著增强。北京核心驱动效应显著，累计吸收外地资本额在京津冀地区的占比超过一半。天津吸引投资能力不断提升，与北京共同构成了区域吸引投资的"双核"。河北各城市吸引投资能力虽呈持续增强态势，但与京津两地相比存在明显差距。因此，亟须缩小城市间吸引投资能力差距，实现产业高质量一体化发展。

四是京津冀产业关联日趋紧密，一体化进程逐步推进。京津冀产业高质量一体化呈现多维度联动网络结构形态，形成以北京为核心、天津强相关的空间结构。北京始终占据社会网络核心地位，与域内其他城市联系紧密，发挥着引领和辐射作用。天津作为产业协同枢纽，与京津冀其他城市联系紧密。河北石家庄、邯郸、衡水、张家口等城市逐渐向产业中心靠拢，与核心城市的联系日益紧密，保定、唐山、秦皇岛、廊坊、邢台、承德等城市与核心城市的联系不足。网络密度微幅提升表明跨域协作网络覆盖面扩展，平均聚类系数下降揭示产业转移过程中局部协作网络解构与重构并存，平均路径长度小幅延长反映协作流程复杂度有所提升，但网络连通性仍维持较高水平。因此，解决网络连接效率损耗以及边缘城市功能补位等问题仍需持续推进。

（二）对策建议

1. 发挥京津冀三地各自比较优势，构建产业协同发展格局

一是强化北京核心引擎作用，聚焦"科技创新+总部经济"发展。依托中关村科学城、怀柔科学城、未来科学城和北京经济技术开发区等平台，集中资源突破人工智能、量子信息等前沿技术，成为全球原始创新策源地；依托北京金融街，吸引国内外金融机构总部及功能性总部集聚，创新金融产品与服务，为京津冀产业发展提供资金支持。

二是提升天津先进制造研发基地能级，打造京津冀产业"第二极"。充分发挥先进制造与"双港"枢纽优势，以智能科技产业为引领，推动传统制造业智能化改造升级，将北京研发成果在天津实现产业化生产，构建"北京研发、天津制造"产业合作模式；进一步强化港口枢纽功能，围绕港口发展航运金融、国际贸易、临港产业等，积极开展多式联运，加强与铁路、公路运输衔接，拓展内陆无水港布局，增强港口对京津冀及更广泛区域的辐射带动能力，打造北方国际航运核心区。

三是培育河北特色产业"增长极"，构建现代化产业体系。紧抓北京非首都功能疏解机遇，依托曹妃甸、雄安新区等重点承接平台，完善基础设施建设，优化营商环境，吸引优质产业项目落地；积极对接京津产业需求，主动融入京津产业链、供应链，成为京津产业发展的配套基地和腹地。

2. 构建协同创新和产业协作体系，共促产业链与创新链深度融合

一是完善创新型领军企业培育机制，推动企业成为协同创新与产业协作的核心力量。构建"雏鹰—瞪羚—独角兽—小巨人"企业培育梯队，共建区域高成长、高质量科技企业培育库，形成多层次、梯队化的创新型企业集群；健全企业关键核心技术攻关促进机制，建立企业研发准备金制度，加快培育一批拥有核心技术和自主知识产权的创新型领军企业。

二是围绕重点产业需求推进关键技术突破，提升京津冀原始创新策源能力。以"六链五群"为重要依托，组建京津冀及未来产业联合实验室，着力提升区域原始创新与颠覆性创新能力，打破产业链竞争力薄弱的瓶颈；探索构建智能化实验室管理体系，以重大科研项目为驱动力，推动高校、科研机构、创新研发组织及科技领军企业积极融入国家实验室的建设和日常管理，为科技成果的落地转化提供有力支撑。

三是推动产业链和创新链深度融合，助力北京科技成果在津冀落地转化。北京构建国际技术转移枢纽，天津与河北设立专业化中试及概念验证平台，加速科技创新成果从理论突破向实际生产转化；推广"科创飞地"和"产业飞地"模式，支持中关村在雄安新区、滨海新区设立分园，打造"技术研发在北京、中试转化在雄安、产业应用在滨海"的协同创新走廊，着力破解科技成果产业化"最后一公里"难题。

3. 强化政策支持与利益共享机制，推动京津冀产业高质量一体化进程

一是实行"一地创新、三地互认"政策。推动金融开放、知识产权等重点领域制度创新优先互认，完成所有领域制度创新"一地创新、三地互认"三步走，推动自贸试验区制度实现突破。

二是构建"标准化"政策互认体系。加快京津冀三地在知识产权、行业标准、检验检测结果互认以及政务数据共享方面的进程，完善跨区域数据交换机制，打破区域属地管理的限制。

三是完善区域间成本共担、利益共享机制。制定统一的税收优惠、财政补贴等政策，细化企业跨域流动税收分配范围、解缴地点、解缴方式等规则，构建公平合理、协同共赢的产业转移税收分配，科技成果跨域转化等区域发展利益分配机制。

参考文献

桂俊煜：《我国省域高技术产业发展水平测度与提升策略》，《经济纵横》2018 年第

7 期。

廖常文、张治栋：《产业一体化、产业结构优化与经济高质量发展——来自长三角城市群的证据》，《经济体制改革》2023 年第 6 期。

王欢芳、陈惠、傅贻忙等：《区域高新技术产业集群创新网络结构特征研究——基于湖南省数据》，《财经理论与实践》2021 年第 4 期。

叶堂林：《京津冀产业高质量协同发展中存在的问题及对策》，《北京社会科学》2023 年第 6 期。

B.7

京津冀基本公共服务高质量一体化研究[*]

叶堂林 严亚雯[**]

摘 要： 推进京津冀基本公共服务高质量一体化是促进协同发展向纵深推进的重要突破口，其核心在于优化区域基本公共服务资源配置，本质要求是统一服务标准、协同政策机制、强化信息互通与资源共享。本报告基于2014~2023年京津冀地区13个城市数据，构建基本公共服务高质量评价指标体系，采用修正的引力模型识别京津冀各城市间基本公共服务高质量发展的空间关联关系，借助社会网络分析法测度京津冀基本公共服务高质量一体化水平。结果表明，京津冀协同发展战略实施以来，京津冀基本公共服务协作强度不断提升，但城市间联动效应稍显不足，非核心城市融入一体化水平相对较低，制约了整体发展。在此基础上，本报告提出推进京津冀基本公共服务高质量一体化的对策建议：三地需在空间结构优化与制度创新方面共同发力。在空间结构优化方面，可按照"圈层—廊道—极核"展开梯度布局：将河北作为圈层核心承载区，加强全域基本公共服务网络建设；三地协同共建京唐秦、京雄保等多条基本公共服务走廊；北京城市副中心和雄安新区作为极核，需打造京津冀制度创新策源地，输出标准化基本公共服务管理模式。在制度创新方面，需遵循"联通—互认—融合"三阶段演进规律：联通阶段要致力于实现基本公共服务资源在信息与数据

---

* 本报告为国家社科基金重大项目"数字经济对区域协调发展的影响与对策研究"（23&ZD078）、教育部人文社会科学研究专项任务项目"推动京津冀高质量发展研究"（23JD710022）的阶段性成果。

** 叶堂林，经济学博士，首都经济贸易大学特大城市经济社会发展研究院（首都高端智库）执行院长、特大城市经济社会发展研究省部共建协同创新中心（国家级研究平台）执行副主任、三级教授、博士生导师，研究方向为首都高质量发展、京津冀协同发展、都市圈治理；严亚雯，首都经济贸易大学财政税务学院博士研究生，研究方向为财税理论与政策。

层面的深度互联互通；互认阶段的重点任务是推动京津冀三地在基本公共服务领域的制度要素深度整合与逐步趋同；进入融合阶段后，则需推进京津冀基本公共服务在标准设定、政策协调等方面实现制度一体化，以推动区域基本公共服务协同发展迈向更高水平。

关键词： 基本公共服务高质量一体化　空间结构优化　制度创新　京津冀

一　研究背景

2024年7月，《中共中央关于进一步全面深化改革　推进中国式现代化的决定》明确提出，"完善区域一体化发展机制，构建跨行政区合作发展新机制"。这是新时代党中央对统筹区域协调发展做出的重大部署，旨在完善宏观经济治理体系，加速构建新发展格局，推动实现高质量发展。基本公共服务一体化是区域一体化发展体制机制创新的必由之路，是增进民生福祉的关键手段，也是深化我国区域协调发展战略的重要支撑。推进区域基本公共服务一体化发展的核心在于解决区域间及跨区域基本公共服务不均等问题，最终目标是实现公共教育、医疗卫生、文化体育、社会保障等领域的资源均衡配置与公共服务均等化，确保地区间基本公共服务全面共享与协同发展。

（一）京津冀基本公共服务高质量一体化是促进协同发展向纵深推进的重要突破口

习近平总书记指出，推动区域协调发展，就是要实现基本公共服务均等化，基础设施通达程度比较均衡，人民生活水平大体相当。[①] 基本公共服务

[①] 《中央经济工作会议在北京举行》，中央人民政府网站，2017年12月20日，https：//www.gov.cn/xinwen/2017-12/20/content_5248899.htm。

绝对的均等化或等同化通常被认为是基本公共服务一体化，也有学者认为基本公共服务均等化本身就是基本公共服务一体化的最终目标。因此，在京津冀协同发展的整体框架内，推进三地基本公共服务一体化显得尤为重要。它不仅是让人民群众共享发展成果的重要举措，也是促进区域间协调发展的重要支撑。

当前，京津冀协同发展已进入全方位、高质量深入推进的新阶段，高质量协同发展是首要任务，缩小三地差距是主攻方向，其中推动三地基本公共服务高质量一体化是重要突破口和牵引性举措，其内在逻辑在于以下几个方面。一是基本公共服务高质量一体化可以推动政府、市场与社会等多方力量的协同合作，通过建立健全合作机制，可以实现资源共享、优势互补，为协同发展向纵深推进提供有力支撑。二是基本公共服务高质量一体化进程促进了服务供给模式的创新，如"互联网+基本公共服务"、智慧医疗、智慧教育等新型服务模式的出现，提高了基本公共服务的便捷性和可及性。这些创新服务模式不仅提升了服务效率，也为协同发展提供了新的思路和方向。三是基本公共服务一体化本质上是一种跨区域的制度性安排，核心要义在于构建一套旨在达成不同地区间基本公共服务区域均等化目标的制度体系，以此来促进区域基本公共服务资源的合理配置与均衡发展。只有京津冀三地基本公共服务供给的标准化程度可以突破行政区划限制时，资源配置效率的帕累托改进才能真正实现，这实质上指向了建立基本公共服务一体化制度体系的诉求。由于京津冀三地经济水平、基本公共服务供给能力存在差距，京津冀基本公共服务高质量一体化更多是指相对的、渐进的与动态的一体化。这种治理范式的更深层价值体现在：当教育、医疗、养老等关键基本公共服务资源能够在区域内实现高质量一体化时，将有效缓解北京主城区的资源过载压力，同时激活其他区域的发展潜能，最终形成"均等化供给促公平、一体化机制提效率"的双轮驱动格局，为区域协调发展向纵深推进注入可持续的制度动能。

（二）京津冀基本公共服务高质量一体化是培育长效内生增长机制的关键路径

基本公共服务高质量一体化之所以能培育长效内生增长机制，其本质是通过跨区域体制机制创新改革来优化公共资源使用，在打破传统行政壁垒的过程中形成"要素流动自由化—人力资本增值化—创新生态网络化—产业升级持续化"的链式反应机制。

从城市化发展的路径来看，我国以往的城市化模式主要是人才随产业与资本流动。随着我国经济发展由投资主导转型为创新驱动，城市化发展逐渐转变为产业与资本依据人才分布来布局的新态势。既往研究表明，优质的基本公共服务对劳动力流入具有明显的促进作用，而实施基本公共服务一体化策略能够在一定程度上优化劳动力资源的空间配置，使其分布趋向均衡。当医疗、教育、养老、社保等基本公共服务实现跨域标准化供给时，人才流动的隐性成本将呈指数级下降。优质人才集聚可以构成一个高密度的知识库，为知识的深度交流与广泛传播提供天然的平台，个体间的知识溢出效应显著增强，新知识、新技术和新理念得以迅速传播与共享，形成跨区域的创新生态网络，让创新技术在区域内共享。进一步地，创新生态网络通过促进创新技术在区域内的共享与应用，能够显著提升区域内产业的竞争力与创新力。由此，基本公共服务高质量一体化即可为区域发展培育长效内生增长机制。

立足京津冀，推进京津冀基本公共服务一体化发展，不仅有利于探索河北依托承接北京非首都功能疏解改善自身投资环境，从而带动全面发展的模式与方法，而且有利于创新北京、天津以疏解基本公共服务功能为依托反哺河北的路径，提升京津冀整体竞争能力。应以提升三地群众满意度为立足点和出发点，持续加大体制机制改革创新力度，加快促进基本公共服务一体化，不断为京津冀协同发展培育长效内生增长机制。

二 京津冀基本公共服务高质量一体化的显著成效

京津冀基本公共服务高质量一体化的根本出发点是满足人民群众对美好生活的需求。京津冀协同发展战略实施以来，三地在"硬基建"的基础上加速推进基本公共服务层面的"软联通"项目，基本公共服务协同发展成效显著，在一些重要民生领域一体化的速度明显加快。

（一）医疗卫生趋向一体化，群众就医更便捷

一是医联体扩容推动资源均衡布局。自京津冀协同发展战略实施以来，三地跨域医联体建设按下快进键。截至 2023 年底，河北累计有 40 余家医疗机构与京津的高水平医院组建医联体，京津专家团队累计派驻河北 3043 人，成功引入新技术 532 项。截至 2024 年底，医疗合作实现突破性进展，三地共建医联体增至 115 个，较 2023 年增长 187.5%，覆盖河北 11 个设区市和雄安新区，合作范围涉及中医药、疾病预防控制等多个领域，其中新成立的京津冀医养结合联盟联动 542 家机构，构建起全生命周期健康服务体系，这意味着更多患者无须跨省即可获得国家级诊疗服务。[①]

二是随着医联体建设的深入推进，检查结果互认的范围持续扩大。京津冀二级及三级定点医疗机构已被纳入互认体系之中，实现了跨省异地就医普通门诊费用的直接结算功能。截至 2023 年，已有 685 家医疗机构达成了 50 项医学检验结果的相互认可，2024 年这一数据增加至 914 家，其中686 家更是实现了 50 项医学影像检查资料的共享。[②] 此举不仅有效减轻了患者的重复检查负担，还显著提升了整体就医流程的效率。依托技术革

---

① 《北京卫健委：三地共建立京津冀区域医联体 115 个》，北京市卫生健康委员会网站，2025年 3 月 2 日，https：//wjw.beijing.gov.cn/xwzx_20031/mtjj/202502/t20250227_4020598.html。

② 《三地就医日趋协同便捷》，北京市人民政府网站，2025 年 2 月 25 日，https：//www.beijing.gov.cn/ywdt/gzdt/202502/t20250225_4018517.html。

新、远程医疗咨询以及检验结果的互认机制，京津冀地区的优质医疗资源得以流通共享，给当地居民带来了更加便利、高效的医疗服务体验。

三是医保支付体系持续升级，降低了跨域就医成本。2024年，京津冀区域内参保人员在定点医疗机构就医时，备案环节全面取消，实现了门诊挂号直接刷卡即时结算。当前，京津冀在异地就医结算方面展现出更高的便捷性，津冀两地患者能够在北京所有设有床位的定点医疗机构直接办理结算，北京超过3000家医疗机构已开通普通门诊的异地结算服务，更有2500余家医院能够支持高血压、糖尿病等门诊慢特病的跨省结算。此外，1400余家零售药店也已实现异地医保直接购药的结算功能。[①]

（二）教育一体化进程不断加快，数字技术为教育合作注入新活力

一是在基础教育领域，河北与京津地区的合作不断深化。截至2024年9月，246所京津优质中小学幼儿园与河北370所学校建立合作，形成"名校托管+师资轮岗+课程共享"的跨省办学模式。同时，雄安新区成为关键突破点，北京支援雄安新区"建三援四"办学项目已全部落地。其中，"交钥匙"项目中的雄安北海幼儿园、雄安史家胡同小学、北京四中雄安校区3所优质学校已顺利开学。同时，建立了长效帮扶机制，北京市六一幼儿院雄安院区等4所学校启动第二轮援建，重点输出教研管理经验。[②]

二是数字技术重塑教育生态。5G、人工智能与大数据等先进科技手段有效打破了地域局限，改变了传统支教及帮扶模式，显著缩小了京雄两地间的教育差异。借助智慧教育平台，两地能够共享优质的名师课程资源，"共上一堂课"的新模式已成为常态，有力地促进了教育资源的均衡配置。

三是产教融合重构人才培养体系。2024年2月，京津冀协同发展人工

---

① 《三地就医日趋协同便捷》，北京市人民政府网站，2025年2月25日，https：//www.beijing.gov.cn/ywdt/gzdt/202502/t20250225_4018517.html。

② 《智慧课堂缩小教育差距 让学习更加有趣 246所京津学校与河北"联姻"》，北京市人民政府网站，2024年9月23日，https：//www.beijing.gov.cn/ywdt/gzdt/202409/t20240923_3902794.html。

智能助力人才培养先行先试改革示范园区在固安启动建设，标志着京津冀教育协同发展步入崭新阶段，这是推动京津冀协同发展向纵深迈进的关键举措。该园区集合了中央财经大学等北京 7 所高校，以及华为、京东等 20 家龙头企业，未来将致力于构建"园、校、企"协同发展共同体，旨在形成产学研深度融合、产业链上下游紧密衔接、大中小企业相互协同的园区生态系统布局。

（三）推动社保卡"一卡通"，民生服务共享更便利

一是协同立法推动社保卡"一卡通"。2024 年 9 月，京津冀三地人大常委会相继通过推进社会保障卡"一卡通"的规定，标志着区域基本公共服务一体化迈入法治化新阶段。具体而言，"一卡通"明确涵盖了人力资源、社会保障、医疗卫生、交通出行、旅游文化等多个关键领域。该规定强调"线上线下融合服务+数据共享互认"的模式，旨在构建三地间联动的技术标准体系与安全规范框架，并大力促进线上线下服务的深度融合与协同发展。

二是场景落地，多领域数据印证民生获得感。在政务服务方面，截至2024 年底，京津冀已实现 25 项高频人社事项"跨省通办"，15 个社保业务实现"同事同标"；在医疗卫生方面，6.4 万家医疗机构实现"一卡通结"；在交通互联方面，3900 条公交地铁线路实现"一卡通行"；在文旅融合方面，193 家景区、23 家博物馆、171 家图书馆实现"一卡畅游/览/阅"；在就业市场联动方面，北京向河北共享岗位 47.86 万个，联合举办招聘会175 场。[①]

三是京津冀签订三项协议，释放深化改革信号。2025 年 2 月，京津冀人社协同活动月在石家庄启动并签订了人社法治等三项协议，同时推出一系列协作举措，如推进劳务品牌联合培育与共建工作、加强执法领域的协同联

[①] 《京津冀人社协同活动月启动　25 项人社服务事项在三地"一卡通办"》，北京市人民政府网站，2025 年 2 月 27 日，https://www.beijing.gov.cn/ywdt/gzdt/202502/t20250227_4020063.html。

动机制建设，以及实现劳动者维权渠道与路径的透明化、规范化等，有效推动了京津冀人社协同发展迈向纵深。

（四）"文化保护+消费焕新+交通赋能"，文旅协同释放惠民红利

一是文化保护，大运河协同监督凝聚三地合力。大运河作为京津冀的关键文化廊道、经济命脉及生态走廊，在促进三地协同发展中的纽带作用愈加显著。2024年9月，三地人民代表大会在北京联合开展了一项针对大运河文化保护、传承与利用情况的协同监督调研检查。展望未来，应充分利用人大协同监督的体制优势，将立法进程与监督活动有机融合，将执法监察与法治教育宣传紧密结合，以期更有效地促进大运河文化的妥善保护、有序传承与高效利用。

二是"体育+"激活文旅融合新动能。2024年8月，第十五届北京奥运城市体育文化节暨第五届"8·8"北京体育消费节以"奥运+体育+文化+旅游+商务"为载体，打造了京津冀联动的文体商旅融合样本。为期近两个月的消费节策划并执行了数十项多元化活动，不仅激发了全民健身的热情，还广泛传播了奥运文化，有力地推动了城市消费的增长，惠及民众超百万人。活动期间，总营业额累计达到4600万元。此外，全市16个区的线下分会场也积极响应，推出了如夜京城、文旅生活季等一系列精彩纷呈的活动，共计举办140余场体育文化盛宴。[①]

三是交通赋能，"1小时生活圈"催生"微度假"热潮。随着京津冀交通网络的持续完善，"快旅慢游"成为三地游客的新选择，张北草原旅游爆发式增长。截至2024年8月，张北草原天路接待游客数量突破360万人次。张北县凭借其三张特色"旅游名片"——草原天路、中都草原及草原音乐节，显著推动了当地旅游业的发展。乡村旅游作为张北全域旅游的关键一环正日益发展壮大。

[①] 《北京奥运城市体育文化节惠及京张百万群众》，北京市人民政府网站，2024年10月25日，https://www.beijing.gov.cn/fuwu/bmfw/sy/jrts/202410/t20241025_3928212.html。

三　京津冀基本公共服务高质量一体化测度

京津冀基本公共服务高质量一体化是一个复杂且多维度的概念，其核心内涵在于通过区域资源的优化配置与制度机制的协同创新，构建覆盖京津冀三地的基本公共服务均衡发展体系。这一进程不仅涉及教育、医疗、养老等基础民生领域的资源跨区域整合，更要求在政策标准、财政保障、服务供给等制度层面形成协同联动机制，以消除区域间公共服务质量差异，最终实现三地居民基本公共服务均等化目标。既有文献多使用价格法等量化工具测度一体化，却忽略了区域经济发展中空间关联与溢出效应的关键作用，难以全面捕捉一体化进程的全局特征与动态演化规律。因此，本报告借鉴张可云和张江（2024）的方法，构建京津冀基本公共服务联动网络来测度一体化水平。首先，运用熵权法实现多指标数据的客观赋权；其次，通过修正的引力模型精准刻画京津冀基本公共服务关联关系轨迹；最后，依托社会网络分析法解构区域联动网络的拓扑结构特征。通过"指标赋权—关联量化—结构解析"的研究路径，测度京津冀基本公共服务高质量一体化水平。

（一）研究方法

1. 熵权法

作为一种以信息熵理论为基础构建的客观赋权方法，熵权法的本质在于通过量化指标数据分布的离散程度来确定评价权重。该方法的运算逻辑遵循信息熵的核心原理，即当特定指标的数值在不同评价对象间呈现高度趋同性（熵值较大）时，则赋予较低权重；反之，则赋予较高权重。在测算京津冀基本公共服务高质量发展指数时，采用熵权法进行评估，整个计算流程可划分为三个关键步骤。首先，确定指标对基本公共服务高质量一体化的影响，区分正指标与逆指标；其次，对正指标、逆指标实施无量纲化处理；最后，依据式（1），将无量纲化后的指标值 Z_j 与其对应权重 g_j 相乘（i、j 代表城市，t 代表年份），得出城市基本公共服务高质量一体化水平的综合得分 S_{it}。

$$S_{it} = \sum_{i=1}^{n} Z_j g_j / \sum_{i=1}^{n} g_i \tag{1}$$

2. 修正的引力模型

与向量自回归模型（VAR）主要关注时间序列维度变量的交互影响相比，引力模型在刻画城市关联关系时更具优势。该模型不仅能够刻画空间关联网络的演化特征，而且其参数设置机制天然规避了时间滞后项显著性检验的干扰。同时，为使模型更适用于复杂城市系统的关联特征分析，本报告借鉴王山等（2022）的研究，采用修正的引力模型对京津冀各城市基本公共服务高质量发展关联网络进行识别分析，公式如下：

$$R_{ij} = K_{ij} \frac{\sqrt[3]{P_i G_i S_i} \times \sqrt[3]{P_j G_j S_j}}{D_{ij}^2}, K_{ij} = \frac{S_i}{S_i + S_j} \tag{2}$$

其中，i、j 代表城市，P 代表城市常住人口，G 代表城市实际 GDP，S 代表城市基本公共服务的综合得分，R_{ij} 用来表征城市 i、j 间基本公共服务高质量发展的引力强度，K_{ij} 用来表征城市 i 在京津冀基本公共服务高质量一体化发展联系网络中的贡献度，D_{ij} 用来表征城市 i、j 间的球面地理距离。基于式（2），可进一步计算出京津冀各城市间基本公共服务高质量发展的引力矩阵。随后，设定阈值为引力矩阵每行的均值，当城市间引力值低于该行阈值时，将其记为 0，表明该行所代表的城市对列所对应城市的基本公共服务高质量发展不存在显著的溢出效应。

3. 社会网络分析法

社会网络分析法是一种研究社会实体间关系结构的跨学科方法，其核心在于将个体或组织视为网络中的"节点"，通过量化节点间的"联结"来揭示复杂系统的互动模式。本报告主要使用以下指标来测度京津冀基本公共服务高质量一体化水平。平均加权度是加权网络中所有节点的加权度（即每个节点邻边权重之和）的平均值，用来衡量网络中节点间互动强度的整体水平。该值越大，表明节点间普遍存在密切交互。网络密度为网络中实际存在的连接边数量与理论状态下网络可能达到的最大连接边数量之比。该指标用来衡量网络整体的连接紧密程度，其数值大小能够直观反映网络内各城市间的联动关联状况。具体而言，网络密度值越大，意味着网络内各城市间的互动联系越紧密，联动网络架构越趋于稳固，区域一体化发展程度也相应越高。平均路径长度是网络中所有节点对之间最短路径的算术平均值，用来衡量信息或资源传递效率。平均聚类系数是所有节点局部聚类系数的平均值，用来衡量节点之间互相连接的程度。

（二）京津冀基本公共服务高质量发展指数测算

参考长三角一体化指数并借鉴朱楠和任保平（2019）的研究，本报告从卫生健康、义务教育、基础设施、公共文化、人民生活五个方面选取12个基础指标（每万人卫生技术人员数、每万人拥有医疗机构数、每万人拥有医师数、普通小学生师比、普通中学生师比、人均城市道路面积、每万人拥有公共交通车辆、每万人城市公园绿地面积、人均公共图书馆图书总藏量、城镇居民人均可支配收入、基本公共服务支出占财政支出比重、公共教育支出占财政支出比重）构建评价体系，使用熵权法测算了京津冀各城市基本公共服务高质量发展指数（见表1）。根据数据的可得性，本报告选择2014~2023年京津冀13个地级市的年度数据为研究样本，原始数据均来源于《中国城市统计年鉴》《中国城市建设统计年鉴》，以及各省份《国民经济和社会发展统计公报》。

表1　2014~2023年京津冀各城市基本公共服务高质量发展指数

城市	2014年	2015年	2016年	2017年	2018年	2019年	2020年	2021年	2022年	2023年
北京	0.466	0.493	0.499	0.533	0.529	0.559	0.569	0.575	0.496	0.608
天津	0.339	0.351	0.372	0.345	0.390	0.393	0.393	0.404	0.412	0.391
石家庄	0.216	0.198	0.217	0.215	0.206	0.199	0.201	0.196	0.346	0.256
唐山	0.204	0.212	0.203	0.198	0.202	0.221	0.233	0.247	0.261	0.261
秦皇岛	0.240	0.251	0.287	0.280	0.293	0.294	0.288	0.288	0.296	0.289
邯郸	0.153	0.148	0.173	0.158	0.144	0.152	0.158	0.153	0.175	0.184

城市	2014 年	2015 年	2016 年	2017 年	2018 年	2019 年	2020 年	2021 年	2022 年	2023 年
邢台	0.118	0.133	0.139	0.123	0.122	0.132	0.144	0.132	0.146	0.153
保定	0.106	0.128	0.139	0.112	0.106	0.127	0.111	0.102	0.145	0.138
张家口	0.159	0.179	0.345	0.195	0.164	0.176	0.197	0.175	0.189	0.196
承德	0.146	0.153	0.167	0.172	0.172	0.182	0.191	0.162	0.171	0.171
沧州	0.119	0.105	0.144	0.112	0.108	0.124	0.122	0.129	0.161	0.169
廊坊	0.130	0.113	0.145	0.123	0.133	0.152	0.154	0.151	0.170	0.182
衡水	0.085	0.088	0.111	0.112	0.124	0.129	0.141	0.137	0.152	0.160

资料来源：根据相关年份《中国城市统计年鉴》数据整理和计算。

由表 1 可知，2014~2023 年，京津冀三地基本公共服务整体水平实现稳步提升，但区域失衡问题依然突出，河北部分城市的基本公共服务高质量发展指数依旧较低。具体而言，三地基本公共服务高质量发展呈现以下特征。一是整体趋势稳步提升但增速分化。北京、天津持续领先，北京的基本公共服务高质量发展指数从 2014 年的 0.466 增至 2023 年的 0.608，年均增速为 3.00%，2022 年短暂下降（0.496），原因可能是疏解非首都功能导致资源外流，但 2023 年快速回升；天津的基本公共服务高质量发展指数由 2014 年的 0.339 增至 2023 年的 0.391，年均增速为 1.60%，相较于北京动力稍显不足；河北各城市的基本公共服务高质量发展指数则呈波动性增长态势。二是城市间绝对差距较大。2023 年，北京的基本公共服务高质量发展指数（0.608）是衡水（0.160）的 3.80 倍，天津的基本公共服务高质量发展指数（0.391）是邢台（0.153）的 2.56 倍，这说明区域内基本公共服务发展水平呈现"核心高、边缘低"的空间格局。同时，石家庄（0.256）与沧州（0.169）的基本公共服务高质量发展指数差距明显，说明石家庄未能有效承担资源中转职能，导致"省域服务洼地"长期存在。三是边缘城市发展动能不足。邯郸、邢台、保定、承德、沧州、廊坊、衡水的基本公共服务高质量发展指数始终处于 0.2 以下。总体而言，京津冀核心城市的虹吸效应未有效转化为扩散动能，边缘城市陷入"低水平均衡"陷阱。

（三）京津冀基本公共服务高质量一体化水平测度

基于已计算得出的各城市基本公共服务高质量发展指数，本报告使用修正的引力模型对各城市间基本公共服务协同发展能力进行量化测算，系统构建了京津冀基本公共服务的空间关联网络。为深入剖析京津冀基本公共服务高质量一体化水平，本报告进一步采用社会网络分析法展开评估。为更清晰、直观地展现京津冀各城市间基本公共服务的空间联动特征，本报告借助Gephi这一专业可视化工具，对京津冀各城市间基本公共服务高质量发展指数进行了可视化处理，相关结果如图1所示。可以看出，2023年京津冀基本公共服务联动网络呈现多维度复杂网络拓扑形态，全域13个节点（城市）均通过至少一条有效链路实现连接，未出现孤立节点（孤立度＝0），已形成全域覆盖的协作框架。从关联数量来看，核心节点（北京、天津）凭借其显著的资源集聚优势，形成了高密度辐射型连接模式，然而地理区位边缘化的承德、秦皇岛等城市间的联系稍显不足。北京和天津在基本公共服

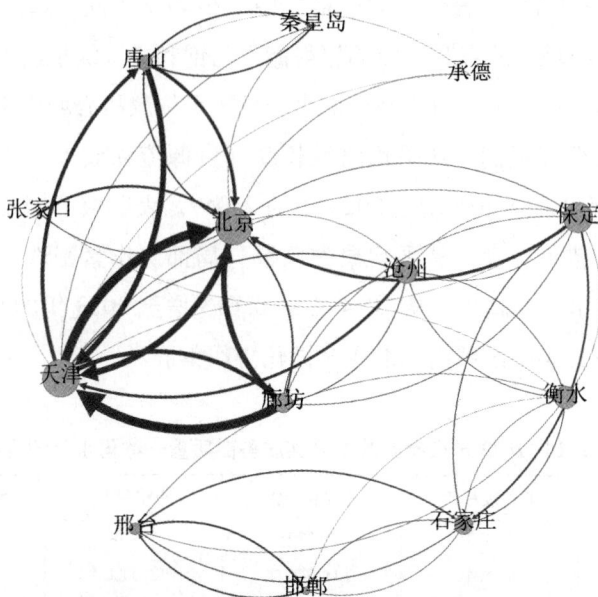

图1　2023年京津冀基本公共服务联动网络

资料来源：采用Gephi软件整理并绘制。

务联动中起到了核心作用，但次级城市之间的联动关系相对较弱。未来，京津冀基本公共服务高质量一体化应重点考虑增强次级城市之间的联动。由以上特征可知，京津冀基本公共服务资源集中于京津，三地在基本公共服务层面尚未形成较强的城市间联动效应，非核心城市融入区域基本公共服务高质量一体化网络的水平较低。这种现象的产生既源于行政层级导致的资源分配路径依赖，也与跨域协作机制的制度性障碍密切相关。

为深入探究基本公共服务高质量一体化发展的网络结构特征及时序演变趋势，本报告计算了2014~2023年京津冀基本公共服务联动网络的相关指标，结果如表2所示。从平均加权度（合作强度）来看，京津冀基本公共服务高质量一体化水平显著提升，平均加权度从2014年的1.323增至2023年的2.121（增幅为60.32%），表明城市间公共资源流动频率与深度显著提升。2018~2020年为加速整合期，平均加权度从1.628跃升至2.131，表明京津冀基本公共服务共建共享机制逐步长效化，如京津社保互通、教育资源共享常态化。从网络密度（连接广度）来看，网络密度从2014年的0.327降至2023年的0.321，表明新增连接集中于核心城市间，边缘城市直连不足。此外，核心城市北京和天津的辐射能力已饱和，次级枢纽石家庄、唐山未能有效分担连接压力，边缘城市衡水、承德等依赖核心城市中转，自主合作未突破政策框架限制。从平均路径长度（资源流动效率）来看，平均路径长度从2014年的1.938增至2023年的2.049，表明核心城市资源过载与边缘城市路径依赖并存。从平均聚类系数（局部协作紧密性）来看，平均聚类系数总体呈上升趋势，从2014年的0.613增至2023年的0.671，年均增速为1.01%，表明区域内部形成多极化协作集群。

表2 2014~2023年京津冀基本公共服务高质量一体化水平测度结果

年份	平均加权度	网络密度	平均路径长度	平均聚类系数
2014	1.323	0.327	1.938	0.613
2015	1.404	0.346	2.122	0.640
2016	1.596	0.327	1.979	0.661
2017	1.525	0.308	2.111	0.655

年份	平均加权度	网络密度	平均路径长度	平均聚类系数
2018	1.628	0.314	2.090	0.674
2019	1.762	0.314	2.090	0.674
2020	2.131	0.308	2.049	0.563
2021	1.808	0.314	2.000	0.679
2022	2.069	0.321	2.007	0.664
2023	2.121	0.321	2.049	0.671

资料来源：采用 Gephi 软件计算得出。

四 主要结论与对策建议

在京津冀协同发展战略持续推进的实践进程中，三地在推动基本公共服务高质量一体化发展中取得了显著成效。但由于各城市经济发展水平、基本公共服务供给能力以及对基本公共服务资源分配与体系构建的现实需求均存在较为显著的差异，京津冀基本公共服务高质量一体化仍是协同发展过程中较为复杂、任务量较大的工作。未来，提升京津冀基本公共服务高质量一体化水平需重点关注制度创新和供给，不断提高三地基本公共服务的供给效率和质量，为区域协同发展注入新的活力。

（一）主要结论

2014~2023 年，京津冀基本公共服务高质量一体化呈现"强度提升、局部优化、整体失衡"的特征。核心城市间的合作深化推动平均加权度显著提升，但网络密度下降与路径效率停滞暴露了"强核心、弱边缘"结构的局限性。具体而言，一是区域协作强度呈现显著跃升态势。北京、天津通过高频次政策对接与资源交互，推动跨区域基本公共服务资源共享转向常态化协同，政策协调框架逐步打破行政壁垒，形成可持续的制度性安排。二是局部协同网络强化，地理邻近性与政策导向性共同作用，促使京津冀各城市构建出多个协作单元，通过公共资源流转，在医疗、教育等领域形成具有内生动力的协同模式，局部网络密度得到实质性提升。三是结构性问题仍制约整体效能发挥。单核（北京）主导的京津冀基本公共服务网络格局导致资源流动呈现"中心-边缘"路径依赖，北京作为网络枢纽承载超负荷的协作压力，而次级节点自主联结能力薄弱，边缘城市（承德、张家口等）依赖核心节点中转资源，自主合作能力不足，导致网络连接广度受限。未来，京津冀需通过制度创新与网络结构优化，推动基本公共服务供给从"行政主导"向"多元协同"转型，实现三地基本公共服务资源的高效共享与一体化发展。

（二）对策建议

基本公共服务作为现代城市高质量发展的核心支撑，其一体化水平是京津冀协同发展战略向纵深推进的重要因素。构建京津冀基本公共服务高质量一体化新格局，需在空间结构优化与制度创新方面共同发力。在空间结构优化方面，可按照"圈层—廊道—极核"展开梯度布局；在制度创新方面，需遵循"联通—互认—融合"三阶段演进规律。梯度化的空间能级跃迁能够为服务协同提供物理载体，而逐步深化的制度创新则可以持续激活空间效能，最终构建起疏密有致、功能耦合的京津冀基本公共服务网络体系，为区域协同发展注入持久动能。

1. 在空间结构优化方面，建立"圈层—廊道—极核"的空间组织框架，形成三级联动的发展格局

一是"圈层"（河北全域）。将河北作为"圈层"核心承载区，加强全域基本公共服务网络建设。在京津冀协同发展框架下，河北既要依托京津资源外溢补齐短板，更需激活内生动力，将生态、产业等特色优势转化为基本公共服务竞争力，进一步推动京津冀协同发展从"被动承接"转向"主动共建"，破解边缘地区基本公共服务低水平均衡困局，为全国区域基本公共服务均衡发展提供河北样板。具体而言，可以依托《石家庄都市圈发展规划》，将石家庄打造为京津冀公共服务网络的战略支点和次级枢纽，利用京津基本公共服务资源，打造省级医院、教育联合体，重点推进县域医疗共同

体建设、义务教育集团化办学，不断提升冀中南区域整体公共服务实力。在此基础上，充分挖掘张家口、承德等边缘城市的生态禀赋，与北京、天津、石家庄共建"生态康养试验区"，推动三甲医院在承德皇家狩猎场遗址区设立康养分院，将森林氧吧与中医理疗相结合，打造候鸟式养老联合体，实现生态价值向基本公共服务转化。为提升服务效能，应利用数字赋能。三地可共建"基本公共服务数据平台"，整合医疗、教育、社保、养老等信息，推广"AI+远程服务"，在河北县域推广 AI 辅助诊断系统进村卫生室，让村民足不出户便可享受省级医疗预检；构建虚拟教研室支持县域教师全天候协同备课，使山区课堂也能接入海淀名师课。

二是"廊道"（基本公共服务走廊）。三地协同共建京唐秦、京雄保等多条基本公共服务走廊，以交通干线为骨架、功能组团为节点，打造资源流动的高速通道。以京唐秦基本公共服务走廊为例，依托京哈高铁、京秦高速交通网络，系统布局职业教育实训基地、跨境医疗合作园区以及智慧物流基本公共服务平台等功能模块。其核心在于通过基础设施互联与机制创新，重塑公共资源的流动逻辑。基本公共服务走廊内各城市可以通过共享基础设施（如远程医疗平台、跨域数据平台）和政策协同（如医保互通、学分互认），打破行政边界限制，形成公共资源流动的高速通道。同时，沿着交通廊道形成由中心向外围的梯度延伸轨迹，既实现医疗、教育、文化资源的层级配置，又通过通勤效率提升促进职住平衡，构建要素流动畅通、服务功能完备的现代化都市圈服务走廊，即以职住平衡为指引，着力优化通勤圈基本公共服务设施的资源配置，充分挖掘功能圈的承载潜力，部署医疗健康、教育服务、文化休闲等多元化的基本公共服务资源体系，为京津冀协同发展注入新动能。国际实践为此提供了实证参照，如日本、新加坡等发达经济体均优先在轨道交通枢纽节点布局基础民生设施，新加坡裕廊东区域中心将医疗、教育综合体与地铁环线深度融合，依托快速通勤网络构建"生产、生活、生态"复合功能集成带，形成多中心空间结构优化与资源承载压力缓释的双向互馈机制，此种空间配置模式通过促进"就业、居住、服务"的协同重组，有效引导人口与产业梯度迁移。

三是"极核"（北京城市副中心+雄安新区）。在基本公共服务领域，打造高品质生活宜居区的关键在于提升基本公共服务能级，而制度创新则是推动能级提升的核心动力。作为京津冀协同发展的极核，北京城市副中心和雄安新区需共同发力，打造京津冀制度创新策源地，输出标准化基本公共服务管理模式。具体而言，应针对协同发展的现实需求，通过多元主体协同治理架构激发创新动能，着力构建"政府引导、市场驱动、社会参与"的动力机制。一方面，推进公私合作模式创新，探索特许经营、服务外包等市场化路径；另一方面，完善跨域财政协调制度，建立基于要素流动强度和受益范围的成本分担模型。鉴于基本公共服务投资回报周期长的特性，需通过立法保障中长期规划的延续性。同时，深化财税体制改革，建立动态转移支付机制与绩效激励机制，打破资金投入的行政区划壁垒，为服务资源的优化配置提供可持续保障。

2. 在制度创新方面，遵循"联通—互认—融合"的渐进式逻辑

一是"联通"，即致力于实现基本公共服务资源在信息与数据层面的深度互联互通。在京津冀协同发展稳步推进的过程中，"联通"作为关键环节，构成了推动基本公共服务实现高质量一体化发展的起始阶段与基础前提。截至2024年，该阶段工作推进颇为顺利。例如，京津冀政务服务一体化成效显著，不仅体现为基础设施互联互通水平的持续提升，还在政务服务领域实现了创新性突破，"京津冀+雄安（3+1）"政务服务协同发展平台真正实现了三地政务服务"一网通办"。

二是"互认"，即推动京津冀三地在基本公共服务领域的制度要素深度整合与逐步趋同，达成不同区域间基本待遇标准的互认与衔接，以此为基础推动区域内基本公共服务制度实现深层次、全方位的融合。具体而言，在京津冀地区，居民的身份信息可借助政务信息网络以及数字政务平台，在区域内各地方政府间实现共享。无论居民的户籍所在地在何处，当其前往区域内其他地方工作和生活时，都能拥有统一的"京津冀居民"身份，进而享受一体化、便捷的基本公共服务。例如，医疗方面，2024年京津冀区域内参保人员在定点医疗机构就医时已经实现门诊挂号直接刷卡即时结算，这一举

措受到了居民的广泛好评。未来，应着力推动其他领域基本公共服务内容的区域一体化，如养老服务、长期护理保险等。具体而言，京津冀可探索成立合作领导小组，作为统筹协调区域基本公共服务的核心平台，共同制定养老服务、社会保障等设施的统一建设与运营标准，持续推进区域内基本公共服务机构互认与待遇衔接，不断拓展"社保一卡通""文旅一卡通"等应用场景，增强群众对"京津冀居民"身份的认同感，促进人才自由流动。

三是"融合"，即推进京津冀基本公共服务在标准设定、政策协调等方面实现制度一体化，这也是目前京津冀基本公共服务高质量一体化尚待突破的难题。实现基本公共服务高质量一体化，需以制度协同与标准统一为基石，确保居民跨域获取无差别的基本公共服务权益，这对跨行政区治理体系的协作深度提出了更高要求。例如，养老、医疗等社会保险的跨区域衔接，不仅涉及政府间的权益交换，更需破解财政协调机制与转移支付体系等问题。此类制度一体化的复杂性，本质上要求突破传统属地化管理的惯性，通过权责重构与契约约束构建跨域治理共同体。基本公共服务均等化目标的达成，既依赖于技术性标准对接，更需构建具有法律效力的长效协作框架，以制度化方式固化协作成果。

参考文献

王山、刘文斐、刘玉鑫：《长三角区域经济一体化水平测度及驱动机制——基于高质量发展视角》，《统计研究》2022 年第 12 期。

张可云、张江：《高质量发展视角下京津冀一体化测度与推进策略》，《河北学刊》2024 年第 2 期。

周京奎、白极星：《京津冀公共服务一体化机制设计框架》，《河北学刊》2017 年第 1 期。

朱楠、任保平：《中国公共服务质量评价及空间格局差异研究》，《统计与信息论坛》2019 年第 7 期。

朱志伟：《迈向包容性协同：长三角公共服务一体化的范式选择与发展趋向》，《苏州大学学报》（哲学社会科学版）2021 年第 5 期。

B.8

京津冀协同创新高质量一体化研究[*]

江成　王璐瑶[**]

摘　要： 推进京津冀协同创新高质量一体化是驱动区域发展动能系统性跃升的战略支点，其关键在于破除创新要素流动壁垒、重构跨域协同创新生态，本质要求在于资源跨区域优化配置、创新主体跨领域深度协作、创新成果跨层级高效转化，促进创新链与产业链深度融合。本报告基于2014~2023年京津冀13个城市创新要素的跨域流动数据，构建京津冀"人才、技术、资本"多层网络模型，运用修正的引力模型系统测度和分析京津冀协同创新要素的空间流动特征与拓扑结构演变规律。结果表明，在研发人才方面，京津冀研发人才储备充足，但仍为单极强化人才集聚格局，多中心协同人才集聚格局尚未形成；在研发技术方面，京津冀创新产出成果丰硕，发展动力强劲，但仍需加强核心技术攻关；在研发经费方面，京津冀研发经费投入规模与强度双提升，但区域发展均衡性不足。从京津冀协同创新跨域流动网络来看，京津冀协同创新网络仍呈现"区域分化、均衡不足"的拓扑结构特征，反映出人才、技术和资本创新要素存在跨域协同不够的问题。在此基础上，本报告提出以下对策建议：优化区域创新网络结构，构建"多中心、分布式"创新共同体；深化制度创新，破除跨域协同壁垒；强化创新要素协同，打通"研发—转化—制造"全链条；构建韧性创新生态，提升创新网络可持续性。

---

[*] 本报告为国家社科基金一般项目"新质生产力对区域协调发展的影响机理研究"（24BJL045）的阶段性成果。

[**] 江成，首都经济贸易大学特大城市经济社会发展研究院（首都高端智库）副院长，教授、博士生导师，研究方向为科技成果转化、京津冀协同发展；王璐瑶，首都经济贸易大学管理工程学院硕士研究生，研究方向为复杂网络分析。

关键词： 协同创新高质量一体化　复杂网络　京津冀

一　研究背景与研究意义

（一）综观国际——协同创新高质量一体化发展是增强国际竞争力的重要战略路径

在全球价值链与产业链重构的背景下，科技创新已成为国家竞争力的核心支撑。发达国家通过构建跨区域协同创新体系，强化创新链与产业链的深度融合。美国依托"硅谷、波士顿、奥斯汀"三角创新走廊，形成"基础研究—技术转化—产业应用"的全链条协同模式。欧盟通过"地平线欧洲计划"（Horizon Europe）推进跨国科研合作，推动人工智能、量子计算等前沿领域发展。日本以"东京-大阪创新轴"为载体，通过"产学官金"四方联动机制，推动氢能、机器人产业的全球标准制定。对标国际经验，我国正加速构建国家战略科技网络，在创新驱动发展战略以及区域协调发展战略等顶层设计指导下，各地区积极推进区域协同创新发展。区域协同创新通过打破地域壁垒，统筹配置区域内的创新资源，从而激发创新发展活力，助力传统产业转型升级与区域创新生态圈构建，强化产业链集群化发展，为区域经济高质量发展提供重要支撑和保障。

（二）审视国内——协同创新高质量一体化发展是破解区域失衡、推动高质量发展的关键抓手

在城市群发展进程持续提速的背景下，强化区域协同创新对增强核心城市的辐射带动能力、推动城市群一体化建设具有重要意义。而城市群的集聚发展效应同样为协同创新发展营造了良好环境，畅通要素跨域、跨境流通通道，加速关键核心技术突破提升。当前，京津冀、长三角、粤港澳大湾区、成渝地区双城经济圈等主要城市群正着力打造协同创新共同体，构建区域协

同创新体系，区域协同创新跑出"加速度"。长三角 G60 科创走廊通过九城联动的"研发飞地+产业联盟"模式，实现技术合同成交额破万亿元。粤港澳大湾区依托"广深港澳科技创新走廊"，形成"香港高校承担基础研究—深圳企业完成技术转化—东莞基地实现制造应用"的梯度协同模式。成渝地区双城经济圈以"一城多园"模式共建西部科学城，推动电子信息产业协同发展。京津冀作为国家战略承载区，率先在交通、生态、产业三个重点领域实现突破，成为引领全国高质量发展的强劲动力源。

（三）聚焦京津冀——协同创新高质量一体化发展是打造中国式现代化"区域范式"的核心引擎

京津冀协同发展战略实施以来，京津冀协同发展有力、有序向前推进，取得了显著成效，三地在创新协同发展方面已经形成了"北京研发、津冀转化"的模式，京津冀协同创新驶入"快车道"。但也需要看到，京津冀协同创新发展，已从"硬联通"迈向"软协同"的深水区，需以更高能级的协同创新破解"虹吸效应"。相较于天津和河北，北京集中了大量顶尖高校、科研机构和高端人才，拥有创新人才和技术资源优势，在疏解北京非首都功能的背景下，如何与天津的先进制造业和河北的制造业承接形成产业梯度互补的局面，成为"十五五"时期亟待研究的课题。因此，在教育、科技、人才一体化背景下，需要进一步深化京津冀三地人才、技术和资本等创新要素的跨域流通，形成创新要素的跨区域良性循环网络，为全国高质量发展提供"制度创新试验田"，推动京津冀协同发展不断迈上新台阶，努力使京津冀成为中国式现代化建设的先行区、示范区。

二 研究思路与研究方法

（一）研究思路

京津冀协同发展是国家重大战略，在新发展阶段承担着引领区域高质量发展的重要使命。当前，要推动京津冀协同发展不断迈上新台阶，根本在于创新驱动，而创新驱动的核心在于整合和优化区域内的创新要素。创新要素流动与协同通过打破区域壁垒、优化资源配置，既能直接推动区域一体化向"实质协同"迈进，也是实现高质量发展的关键支撑。在众多的创新要素中，人才、技术和资本是最常见，也是最为关键的三大要素。人才是创新的主体，京津冀地区依托丰富的高校和科研资源，通过吸引和培养更多高端人才、破除人才流动壁垒，进而形成区域人才高地；技术是创新的核心驱动力，加强科研机构、高校和企业之间的合作，促进技术要素的顺畅流动，加速技术成果转化，可以提升区域整体创新能力；资本则是创新的保障，可以为创新项目的持续开展提供充足的资金支持。通过人才、技术和资本的协同发力，京津冀地区将逐步实现创新驱动协同发展，为区域一体化注入强大动力。

基于上述分析，本报告围绕"京津冀协同创新高质量一体化发展"这一研究主线，主要探究以下内容。一是利用统计性描述方法，对京津冀协同创新发展的基础条件进行梳理。在此过程中，重点聚焦京津冀地区在人才、技术、资本要素三个方面的优势与潜力，并对标长三角区域，寻找创新发展短板。二是从复杂网络视角出发，构建京津冀"人才、技术、资本"三层复杂网络模型，结合描述性统计与复杂网络分析法深入分析京津冀各子创新网络以及聚合网络的结构特征。通过对接近中心性、特征向量中心性等网络指标的分析，识别在各子网络中处于核心地位的城市，并进一步探究区域之间人才、技术、资本创新要素的差异以及空间流动趋势。三是总结研究结论，并结合京津冀协同创新发展的实际情况，提出具有针对性的对策建议，为京津冀构建全链条协同创新体系、打造全国高质量发展样板提供理论支撑与实践路径。

（二）研究方法

1.多层协同创新网络的构建

创新要素流动的量化测度可以根据各地区之间要素的实际输出量、实际输入量来确定，但如果涉及知识、技术等无形要素的流动，则往往存在难以精确测量、数据可获性差等问题。既有研究表明，引力模型在捕捉空间联系、揭示区域间要素流动的内在规律和趋势方面展现出了较好的实用性与解释力，逐渐成为研究要素流动的主流理论模型。基于此，本报告借鉴钟业喜等（2016）的研究思路，利用修正的引力模型来模拟测算京津冀地区之间的人才、技术、资本要素流动情况，进而构建京津冀多层协同创新网络分析模型。

（1）人才流动网络引力模型

人才流动网络引力模型如下：

$$r_{ij} = k_{ij} \frac{\sqrt[3]{P_i E_i Wage_i} \sqrt[3]{P_j E_j Wage_j}}{d_{ij}^2} \tag{1}$$

$$k_{ij} = \frac{P_i E_i Wage_i}{P_i E_i Wage_i + P_j E_j Wage_j} \tag{2}$$

其中，r_{ij} 表示城市 i 和城市 j 之间人才流动的引力系数，数值越大表明两城市之间人才流动的吸引力越强；P 表示该城市规模以上工业企业 R&D 人员折合全时当量；E 表示该城市规模以上工业企业 R&D 经费内部支出；$Wage$ 表示该城市工资收入水平，使用城镇居民人均可支配收入来衡量，收入越高对人才的吸引力越强；$PEWage$ 表示利用三个参数指标共同表示的城市人才规模。d_{ij} 表示选用球面距离测度的城市 i 和城市 j 之间的地理空间距离；k_{ij} 为修正系数，使用该城市人才规模占两个城市人才规模总和的比例表示。

（2）技术流动网络引力模型

技术流动网络引力模型如下：

$$t_{ij} = k_{ij} \frac{\sqrt[3]{T_i S_i Ind_i} \sqrt[3]{T_j S_j Ind_j}}{d_{ij}^2} \tag{3}$$

$$k_{ij} = \frac{T_i S_i Ind_i}{T_i S_i Ind_i + T_j S_j Ind_j} \tag{4}$$

其中，t_{ij} 表示城市 i 和城市 j 之间技术流动的引力系数；T 表示该城市新增授权发明专利数；S 表示该城市新增计算机软著数；Ind 表示该城市产业结构发展水平，使用产业结构系数①来衡量，产业结构系数越大表明区域产业结构发展水平越高；$TSInd$ 表示利用三个参数指标共同表示的城市技术规模。d_{ij} 表示选用球面距离测度的城市 i 和城市 j 之间的地理空间距离；k_{ij} 表示修正系数，使用该城市技术规模占两个城市技术规模总和的比例表示。

（3）资本流动网络引力模型

资本流动网络引力模型如下：

$$c_{ij} = k_{ij} \frac{\sqrt[3]{M_i Q_i Rate_i} \sqrt[3]{M_j Q_j Rate_j}}{d_{ij}^2} \tag{5}$$

$$k_{ij} = \frac{M_i Q_i Rate_i}{M_i Q_i Rate_i + M_j Q_j Rate_j} \tag{6}$$

其中，c_{ij} 表示城市 i 和城市 j 之间资本流动的引力系数；M 表示该城市新增吸收外地资本金额；Q 表示该城市新增对外投资金额；$Rate$ 表示该城市经济增长率，使用当地实际 GDP 增长率来衡量；$MQRate$ 表示利用三个参数指标共同表示的城市资本规模。d_{ij} 表示选用球面距离测度的城市 i 和城市 j 之间的地理空间距离；k_{ij} 表示修正系数，使用该城市资本规模占两个城市资本规模总和的比例表示。

此外，本报告所构建的修正的引力模型均借鉴既往相关研究的经验，将区域间地理空间距离的衰减指数设定为 2，以反映地理空间距离对创新要素流动的阻碍作用。基于引力模型的计算结果依次构建人才、技术、资本三个子网络的邻接矩阵 R，以行均值作为阈值对邻接矩阵 R 进行过滤。将引力系数大于行均值的元素定义为强关联关系并保留原始数据，将引力系数小于或等于行均值的元素定义为弱关联关系并取值为 0，同时矩阵 R 对角线上的元素均为 0，由此构建有向加权网络。

---

① 借鉴赖文凤和骆晨（2017）的研究，产业结构系数 =（第二产业增加值+第三产业增加值）/GDP。

（4）聚合网络的构建

借鉴刘乐和盛科荣（2023）的做法，本报告通过整合人才、技术、资本三个子网络，忽略层间连接结构，形成能够表示京津冀创新协同能力的聚合网络。子网络之间的参数差异会导致网络权重范围不同，权重范围大的子网络聚合时会高估其对聚合网络的贡献度，因此需要进行全局权重归一化，将三个子网络的权重统一映射至［0，1］可比区间，以消除量纲差异对聚合结果的干扰。常见的聚合方法为加权平均，将三层的引力作用按权重进行合并。聚合后，城市之间的互动关系由原三层子网络中的引力模型来构建。Min-Max 归一化方法与聚合方法如以下公式所示：

$$x_{norm} = \frac{x - x_{min}}{x_{max} - x_{min}} \tag{7}$$

其中，x_{norm} 为全局归一化后的子网络引力值，x 为原始的子网络引力值，x_{max} 为全局统计的最大引力值，x_{min} 为全局统计的最小引力值。

$$f_{ij}^{聚合} = \omega_1 r_{ij}' + \omega_2 t_{ij}' + \omega_3 c_{ij}' \tag{8}$$

其中，$f_{ij}^{聚合}$ 为聚合后的引力值，表示城市 i 和城市 j 之间的创新协同程度；ω_1、ω_2、ω_3 分别为人才层、技术层、资本层的权重系数，反映了不同层的相对重要性；r_{ij}'、t_{ij}'、c_{ij}' 分别为三个子网络全局归一化后的引力值。

2.复杂网络分析法

本报告运用复杂网络分析法，将城市群内某个特定的城市抽象为节点，将城市之间人才、技术、资本的流动引力系数抽象为连边，有效构建城市层面的协同创新复杂网络。另外，通过计算以下网络指标对复杂网络进行分析。

（1）网络密度

网络密度的定义为网络中实际存在的连边数量与理论存在的最大连边数量的比值。该指标用于刻画网络中节点间连接关系的密集程度。网络密度值越大，意味着网络越密集，反映出城市之间的创新合作与要素共享越紧密。网络密度 D 的计算公式如下：

$$D = \frac{E}{N(N-1)} \tag{9}$$

其中，N 为网络中的城市节点数量，E 为网络中实际存在的边数。

（2）平均最短路径长度

平均最短路径长度数值越小，意味着城市之间创新要素流动的效率越高，创新要素能够迅速扩散，有助于形成协同创新的格局，推动区域创新要素的协同发展。平均最短路径长度 L 的计算公式如下：

$$L = \frac{1}{N(N-1)} \sum_{i \neq j} d_{ij} \tag{10}$$

其中，N 为网络中的城市节点数量，d_{ij} 表示城市 i 与城市 j 之间的最短路径长度。

（3）平均聚类系数

网络的平均聚类系数是所有节点局部聚类系数的平均值。该指标用以衡量节点之间相互连接的紧密程度。局部聚类系数 C_i、平均聚类系数 C 的计算公式如下：

$$C_i = \frac{E_i}{k_i(k_i-1)} \tag{11}$$

$$C = \frac{1}{N} \sum_{i=1}^{N} C_i \tag{12}$$

其中，N 为网络中的城市节点数量，k_i 表示与节点 i 直接相连接的节点数，E_i 为节点 i 相邻节点之间实际存在的边数。

（4）接近中心性

接近中心性越高的节点在网络中越靠近核心位置，能以更短的路径实现与其他节点的连接，更快地与其他节点进行交流，有助于创新要素的协同。节点 i 的接近中心性 $C_c(i)$ 的计算公式如下：

$$C_c(i) = \frac{N-1}{\sum_{j \neq i} d(i,j)} \tag{13}$$

其中，N 为网络中的城市节点数量，$d(i, j)$ 为节点 i 到节点 j 的最短路径长度。

（5）特征向量中心性

特征向量中心性考虑节点连接数量与其邻居节点影响力，可以有效识别创新网络中的核心枢纽节点，计算公式为：

$$\lambda x_i = \sum_{j=1}^{N} R_{ij} x_j \tag{14}$$

其中，R_{ij} 表示城市 i 和城市 j 之间的引力值，λ 表示引力矩阵 R 的最大特征值，x 是对应的特征向量。

（三）数据来源与说明

本报告以京津冀城市群 13 个城市为研究对象，研究时间跨度为 2014~2023 年。在修正的引力模型构建方面，从三个维度选取主要参数指标。人才维度选取各城市规模以上工业企业 R&D 人员折合全时当量、规模以上工业企业 R&D 经费内部支出，技术维度选取各城市科学研究与技术服务业新增授权发明专利数、新增计算机软著数，资本维度选取各城市科学研究与技术服务业新增吸收外地资本金额、新增对外投资金额，并在此基础上进行基础现状分析。为了保证数据的真实性和权威性，修正的引力模型中涉及的参数数据来自龙信企业大数据平台、《北京统计年鉴》、《天津统计年鉴》、《河北统计年鉴》以及各城市《国民经济和社会发展统计公报》。对于个别城市部分数据缺失问题，采用计算年均增长率的方法进行数据补全。

三 京津冀协同创新发展基础分析

京津冀依托显著的人才、技术和资本要素集聚优势，为区域协同创新高质量一体化发展提供了重要的要素基础，三地通过对创新要素的持续投入与优化配置，推动区域创新协同稳步发展。本报告遵循"基础分析—区域对比—问题诊断"的逻辑路径，基于相关数据展开分析，从研发人才储备、科技创新成果、研发经费投入三个方面对京津冀协同创新高质量发展基础进行分析，并通过与长三角进行对比分析，找出发展短板，为后文对策建议的提出提供依据。

（一）京津冀研发人才储备充足，但仍为单极强化人才集聚格局，多中心协同人才集聚格局尚未形成

人才是创新的第一资源，人才储备对协同创新发展具有重要作用。2023年，长三角人才总量持续攀升，R&D 人员全时当量由 2011 年的 73.84 万人年增加至 198.35 万人年，年均增速达 8.58%，高于同期全国 7.89% 的平均水平，占全国 R&D 人员全时当量的近 1/3。[①] 同期京津冀 R&D 人员全时当量为 69.03 万人年[②]，是 2014 年的 1.50 倍，整体呈现稳步扩张态势，但 R&D 人员全时当量仅为长三角的 34.80%，区域研发人才储备差距明显。从空间格局分析，长三角区域内，以上海、苏州、杭州、南京、合肥为典型代表的核心城市凭借自身优势，不断吸纳科技创新人才，形成人才集聚高地，呈现层级分明的"雁阵型"空间分布格局，为长三角协同创新发展提供了坚实的智力支撑。而京津冀以北京为核心增长极持续领跑，人才规模从2014 年的 24.54 万人增至 2023 年的 40.22 万人，占京津冀人才总量的比重从 53.38% 升至 58.26%，提高近 5 个百分点，可见北京拥有强大的人才集聚能力。

本报告对京津冀城市群规模以上工业企业 R&D 人员折合全时当量做进一步分析。2023 年，北京规模以上工业企业 R&D 人员折合全时当量为59993 人年，是天津（56539 人年）的 1.06 倍、河北（119394 人年）的50.25%，表明北京对人才的吸引力较强。2023 年天津的人才规模相较于

---

① 《长三角一体化更进一步！ 三省一市首推十大实事项目》，东南财金微信公众号，2024 年 6 月 6 日，https://mp.weixin.qq.com/s?__biz = MzUyOTQxNjAxNg = = &mid = 2247558745 &idx = 1&sn = 22236330ff6a4224dcfccc6106d0c29b。

② 根据《北京统计年鉴》《天津统计年鉴》《河北统计年鉴》数据整理计算所得。

2014 年出现了下降，但总量上仍与北京保持相近水平，表明天津在人才吸引力方面仍具备一定的竞争力。沧州、邯郸、廊坊的人才规模增幅较大，分别从 2014 年的 3276 人年、3470 人年、3041 人年增加到 2023 年的 15101 人年、10851 人年、9410 人年，分别实现了 3.61 倍、2.13 倍、2.09 倍的增长（见图 1）。

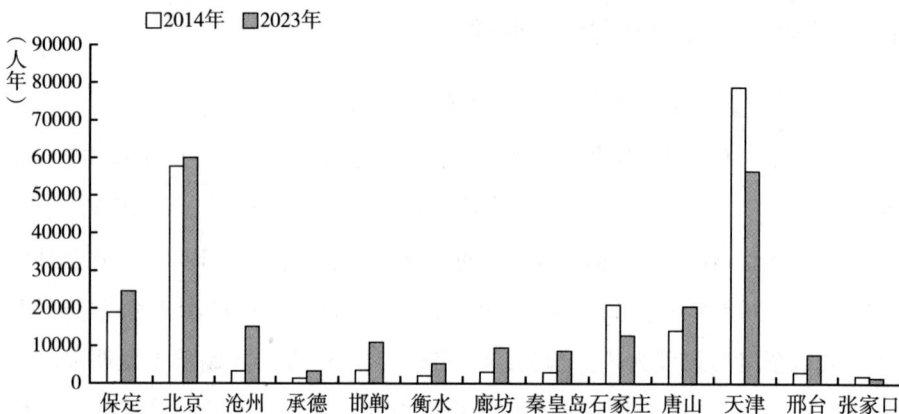

图 1　2014 年、2023 年京津冀城市群规模以上工业企业 R&D 人员折合全时当量

资料来源：根据相关年份《北京统计年鉴》《天津统计年鉴》《河北统计年鉴》数据整理并绘制。

（二）京津冀科技创新成果丰硕，发展动力强劲，但仍需加强核心技术攻关

尽管京津冀以发明专利为代表的创新成果丰硕，创新能力稳步提升，但与长三角相比仍存在一定差距，京津冀新增授权发明专利数仅为长三角的 55.07%，仍需加强核心技术攻关。具体而言，2023 年，长三角的创新活力持续进发，新增授权发明专利数超过 24 万件，区域创新密度达到每万人新增授权发明专利数超过 10 件[①]，形成创新技术要素高

[①] 《长三角一体化示范引领作用显著　区域发展指数进一步提升》，国家统计局网站，2024 年 12 月 23 日，https://www.stats.gov.cn/xxgk/sjfb/zxfb2020/202412/t20241223_ 1957823.html。

度集聚的发展格局。其中，江苏省新增授权发明专利数为 10.79 万件[①]，浙江省为 6.50 万件[②]，安徽省为 3.05 万件[③]，上海市为 4.43 万件[④]，体现了长三角在推动科技创新方面的强大动力。2023 年，京津冀新增授权发明专利数增加到 13.64 万件，总体呈现上升趋势，反映出创新质量的提升和技术创新能力的增强。其中，北京新增授权发明专利数从 2014 年的 2.32 万件[⑤]增加到 10.79 万件[⑥]，增长幅度显著且远高于其他城市，占区域总量的 79.11%；天津新增授权发明专利数为 1.43 万件[⑦]，呈现稳定的增长趋势；河北新增授权发明专利数为 1.42 万件[⑧]，总量上仍低于京津。

（三）京津冀研发经费投入规模与强度双提升，但区域发展均衡性不足

京津冀研发经费投入实现规模与强度的持续上升，但区域内部发展不均衡，与长三角有一定的差距。从京津冀自身发展来看，2023 年，京津冀

[①] 《〈2023 年江苏省知识产权发展与保护状况白皮书〉发布》，国家知识产权局网站，2024 年 4 月 22 日，https：//www.cnipa.gov.cn/art/2024/4/22/art_ 57_ 191761. html。

[②] 《2023 年浙江省国民经济和社会发展统计公报》，国家统计局浙江调查总队网站，2024 年 3 月 4 日，http：//zjzd.stats.gov.cn/zwgk/xxgkml/tjxx/tjgb/202403/t20240304_ 110816. html。

[③] 《市场星报：2023 年安徽省知识产权工作成果丰硕 发明专利拥有量同比增长 19.0%》，安徽省市场监督管理局（安徽省知识产权局）网站，2024 年 2 月 21 日，https：//amr.ah.gov.cn/xwdt/mtjjx/twbd/149177971. html。

[④] 《关注！〈上海市知识产权发展报告（2023 年）〉发布》，上海市知识产权局网站，2024 年 5 月 22 日，https：//sipa.sh.gov.cn/gzdt/20240522/d0e479828f32496c8a4ccdb1f5e89717. html。

[⑤] 《北京专利创造实力全国第一》，中央人民政府网站，2015 年 4 月 28 日，https：//www.gov.cn/xinwen/2015-04/28/content_ 2853906. htm。

[⑥] 《2023 年度北京市专利数据》，北京市知识产权局网站，2024 年 1 月 25 日，https：//zscqj.beijing.gov.cn/zscqj/zwgk/tjxx/zl/tjnb62/436346143/index. html。

[⑦] 《2023 年天津市专利授权情况表》，天津市知识产权局网站，2024 年 1 月 25 日，https：//zscq.tj.gov.cn/zwgk/zfxxgk1/fdzdgknr1/bhzkbps/202401/t20240125_ 6519971. html。

[⑧] 《河北省政府新闻办"河北省深入推进知识产权强省建设"新闻发布会文字实录》，河北省人民政府网站，2024 年 4 月 18 日，https：//www.hebei.gov.cn/columns/6b529089-3c22-40ef-8d24-fda72cb33bf5/202404/25/9faa9c50-ccff-41b8-9d66-a4006be040c2. html。

R&D 经费投入为 4458.4 亿元[①]，较 2014 年的 2046.6 亿元[②]增长 1.18 倍，投入总量占全国的 13.37%；R&D 经费投入强度为 4.27%，高于全国 1.62 个百分点，显著高于长三角（3.33%）。其中，北京以 6.73%的 R&D 经费投入强度稳居全国首位，天津、河北的 R&D 经费投入强度分别为 3.58%和 2.08%。与长三角相比，京津冀在投入规模上存在明显差距。2023 年，长三角 R&D 经费投入快速增长，迈上万亿元台阶，达 10167 亿元，是京津冀的 2.28 倍，投入总量占全国的 30.48%，具有规模优势。[③] 从区域协调性分析，长三角三省一市的 R&D 经费投入强度均超过全国平均水平，而京津冀内部呈现"两核强、一核弱"的分化特征，河北 2023 年的 R&D 经费投入强度低于全国 0.57 个百分点，是京津冀创新资金投入的短板，区域创新能级差距进一步凸显。

四 京津冀协同创新多层网络分析

（一）人才流动复杂网络演化特征分析及关键节点识别

本报告使用 Gephi 软件对 2014 年、2023 年京津冀城市群人才流动复杂网络进行空间拓扑结构可视化（见图 2），以直观地呈现城市间人才要素的空间联系。其中，城市节点大小与连线粗细反映了城市之间人才要素流动的强度，节点越大、连线越粗说明两城市间的人才要素流动量越大。

---

① 《纵深推进协同发展 2023 年京津冀区域协同发展指数继续提高》，中央人民政府网站，2025 年 1 月 3 日，https：//www. gov. cn/lianbo/bumen/202501/content_ 6996064. htm。

② 《2014 年全国科技经费投入统计公报》，财政部网站，2015 年 11 月 23 日，https：//m. mof. gov. cn/czsj/201511/t20151127_ 1586024. htm。

③ 《长三角一体化示范引领作用显著 区域发展指数进一步提升》，国家统计局网站，2024 年 12 月 23 日，https：//www. stats. gov. cn/xxgk/sjfb/zxfb2020/202412/t20241223_ 1957823. html。

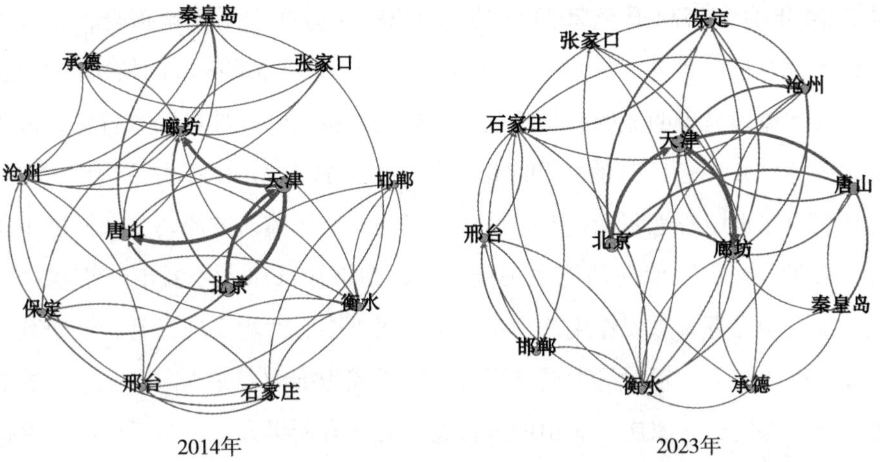

图2　2014年、2023年京津冀城市群人才流动复杂网络结构

资料来源：采用Gephi软件整理并绘制。

1. 京津冀城市群创新人才联系密切，区域人才集聚现象显现

由图2可知，京津冀城市群人才流动复杂网络呈现鲜明的"核心－边缘"特征，形成以北京、天津为中心，唐山、廊坊为次中心的网络结构。从复杂网络的动态演变来看，2014～2023年，网络中城市节点之间的连边数保持相对稳定的状态，从47条增至48条，反映出城市之间人才流动始终处于活跃状态。从网络密度来看，城市群的网络密度从0.301上升至0.308，网络中连接变得更加紧密，人才协同呈现缓慢提升的态势。平均最短路径长度从2.846降至2.436，平均最短路径长度的缩短表明网络效率得到提升，人才流动速度加快。平均聚类系数从0.493增至0.537，表明城市群内人才要素在局部范围内的集聚程度更高，有利于形成人才集聚的态势，为区域创新提供人才支持。

2. 人才流动网络呈现双核驱动、多极协同的特征，边缘节点城市的协同效能有待充分释放

从出入接近中心性来看，北京的人才吸引力呈现提升态势，而人才辐射力有所降低，说明北京正通过"减量提质"与"区域协同"优化人才结构，加速向"创新策源地"转型发展。天津则实现跨越式发展，入接近中心性

从 2014 年的 25.532 升至 2023 年的 50.000，人才吸引力大幅提升，且人才
辐射力保持稳定状态，与北京共同构建双核枢纽，驱动区域创新协同升级。
河北人才流动呈现明显的分化特征。廊坊的入接近中心性居区域首位，说明
廊坊依托"京津走廊"的独特区位优势，对创新人才保持吸引能力。同时，
廊坊的出接近中心性实现提升，说明其发展是京津冀人才流动复杂网络中兼
具"吸纳、输出"双向功能的关键枢纽，在承接京津人才溢出与推动区域
人才交互中发挥着重要作用。衡水的出入接近中心性均实现提升，说明其人
才吸引能力与人才辐射能力同步提升，同样成为推动人才双向交互流动的节
点城市。保定、石家庄、唐山的入接近中心性有所提升，出接近中心性保持
不变或有所下降，表明这三个城市具备较强的人才吸引力，可以更好地留住
人才，人才外流得到有效控制。其中，保定和石家庄凭借雄安新区建设的重
大机遇，入接近中心性分别提升 1.85 倍、2.24 倍，人才吸引力实现跃升，
成为核心人才承接区。而沧州、承德、邯郸、秦皇岛、邢台、张家口等城市
的入接近中心性下降、出接近中心性提升，面临人才吸引力变弱、人才外流
加剧的发展困境，需要通过多元化举措增强对人才的吸引力，优化创新人才
流动格局（见图 3）。

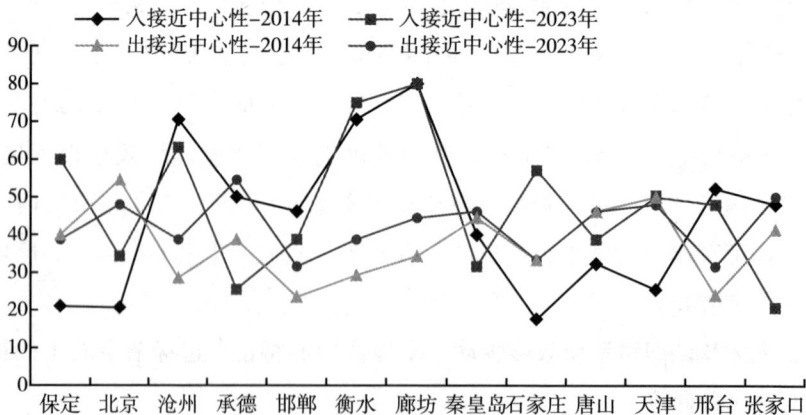

图 3　2014 年、2023 年京津冀城市群人才流动复杂网络出入接近中心性

资料来源：采用 UCINET 软件整理并绘制。

（二）技术流动复杂网络演化特征分析及关键节点识别

本报告使用 Gephi 软件对 2014 年、2023 年京津冀城市群技术流动复杂网络进行空间拓扑结构可视化（见图 4），以直观地呈现城市间技术要素的空间联系。其中，城市节点大小与连线粗细反映了城市之间技术要素流动的强度，节点越大、连线越粗说明两城市间的技术要素流动量越大。

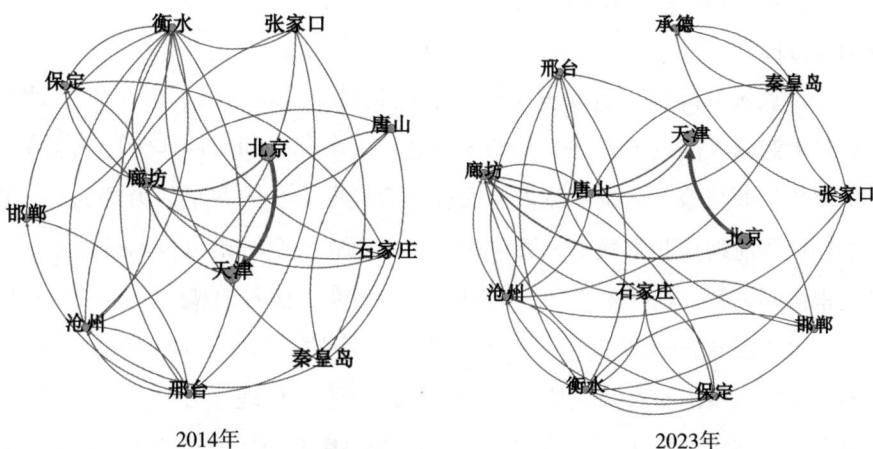

图 4　2014 年、2023 年京津冀城市群技术流动复杂网络结构

注：龙信企业大数据平台中，2014 年承德新增计算机软著数为 0，因而与承德关联的引力值均为 0，故 2014 年图中承德未显示。

资料来源：采用 Gephi 软件整理并绘制。

1. 京津冀城市群技术协同程度渐趋降低，对区域创新能力的提升形成阻碍

由图 4 可知，京津冀城市群技术流动复杂网络呈现以北京、天津为核心的网络结构。北京在技术要素流动中发挥着关键的引领和辐射作用，天津作为重要协同节点与之形成紧密协作关系，二者共同构成区域内技术要素流动的核心枢纽。然而，除核心节点外，更多城市之间的合作连线逐渐淡化。从复杂网络的动态演变来看，2014~2023 年，网络中城市节点之间的连边数不断增加，从 35 条增至 39 条，但是城市群的网络密度呈现波动下降趋势，从

2014 年的 0. 265 增至 2020 年的 0. 282 后降至 2023 年的 0. 250，表明区域整体合作紧密程度降低，网络结构向松散化演进。平均最短路径长度从 2. 468 增至 2. 504，平均最短路径长度的增加意味着技术在网络中的传导路径延长，技术扩散成本上升导致技术流动速度有所变缓，核心城市辐射半径受到一定限制。平均聚类系数从 0. 456 降至 0. 423，城市群内技术要素在局部范围内的集聚效应减弱，呈现布局分散化特征。

2. 京津双核心驱动技术协同，河北对京津的技术依赖程度较高，技术协同仍有待提升

京津冀城市群技术流动复杂网络呈现非均衡的发展格局。在研究期内，北京与天津的入接近中心性明显低于河北，表明北京和天津作为区域创新技术资源的集聚高地，在技术流入层面存在天然壁垒。而北京与天津的出接近中心性稳居前列，北京最高，天津次之，说明这两个城市以技术外溢主导区域技术协同创新，在技术流动复杂网络中始终处于核心地位。2014~2023 年，河北大多数城市的入接近中心性实现不同程度的上升。其中，承德、廊坊、沧州、保定、唐山、石家庄等城市的入接近中心性呈现显著提升，分别提升 2. 71 倍、1. 15 倍、0. 76 倍、0. 73 倍、0. 60 倍、0. 51 倍，均实现 0. 5 倍以上提升。同时，邢台、邯郸、衡水、秦皇岛等城市的入接近中心性也实现了一定程度的提升，表明这些城市的技术吸引能力持续增强，在京津冀城市群技术流动复杂网络中的地位上升，朝着成为承接京津技术溢出的重要节点方向积极演化。值得关注的是，张家口的入接近中心性从 2014 年的 30. 000 降至 2023 年的 22. 642，是唯一一个入接近中心性有所下降的城市，其技术吸引能力弱，网络地位下降，需要进一步加强与其他城市的技术交流与合作，提升自身的竞争力。从出接近中心性来看，河北大多数城市的出接近中心性提升幅度较小，表明这些城市的对外技术辐射能力虽然有一定进步，但整体水平仍相对较低，反映出对京津等核心城市的技术依赖度依然较高（见图 5）。

（三）资本流动复杂网络演化特征分析及关键节点识别

本报告使用 Gephi 软件对 2014 年、2023 年京津冀城市群资本流动复杂

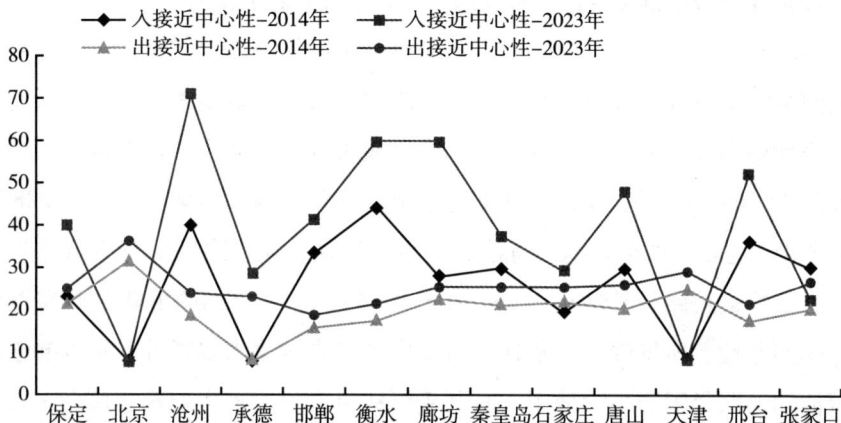

图5　2014年、2023年京津冀城市群技术流动复杂网络出入接近中心性

资料来源：采用 UCINET 软件整理并绘制。

网络进行空间拓扑结构可视化（见图6），以直观地呈现城市间资本要素的空间联系。其中，城市节点大小与连线粗细反映了城市之间资本要素流动的强度，节点越大、连线越粗说明两城市间的资本要素流动量越大。

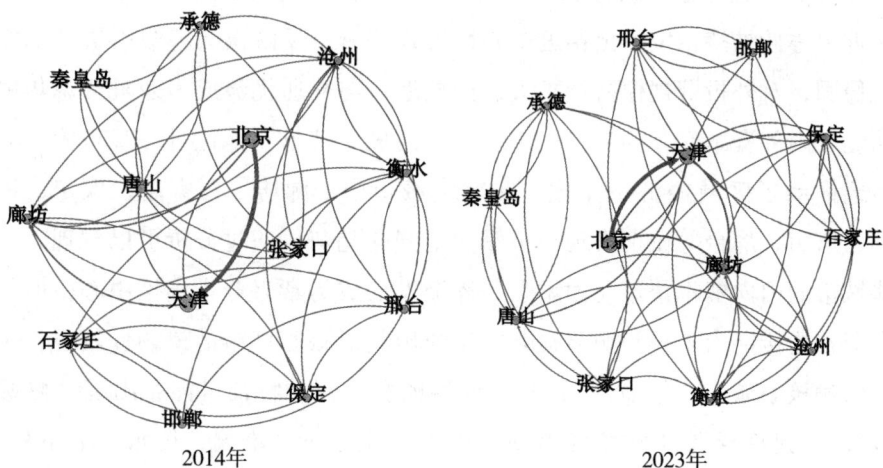

2014年

2023年

图6　2014年、2023年京津冀城市群资本流动复杂网络结构

资料来源：采用 Gephi 软件整理并绘制。

1. 京津冀城市群资本协同持续深化，资本关联更加紧密

由图 6 可知，京津冀城市群资本流动复杂网络呈现以北京、天津为双核心的网络结构特征。2014~2023 年，京津冀城市群资本要素流动的活跃度提升，呈现协同深化的积极演进态势，具体表现为，网络中城市节点之间的连边数从 45 条稳步增至 50 条，网络的稳定性逐步增强。网络密度从 0.288 增至 0.321，这表明城市之间的直接联系显著增强，城市之间的资本合作更加紧密。平均最短路径长度从 2.254 降至 2.045，这一指标的下降意味着网络的整体连通性有所增强，资本在城市群内的传导效率大幅提升，资本要素跨区域流动的路径阻力持续减小，有利于形成更高效的资本配置通道。平均聚类系数从 0.504 增至 0.537，表明局部紧密连接性增强，城市之间通过紧密的小团体结构实现资本要素的集聚式流动。

2. 京津冀城市群资本双向流动能力和区域结构均衡性有待进一步提升

北京作为核心城市，出接近中心性从 2014 年的 40.000 升至 2023 年的 46.154，外向资本辐射能力持续增强，可以通过财政转移支付等渠道主导区域资本调配，然而其内向资本集聚功能保持稳定状态，在网络中扮演的更多是"资金泵站"角色。天津则展现出双向均衡发展的良好态势，其入接近中心性维持稳定，出接近中心性实现提升，反映出天津吸引资本的能力稳固，对外投资规模持续扩大，依托港口与交通优势成为兼具资源集散功能、内外资本交互的双核城市之一，区域经济枢纽地位进一步巩固，有力地推动了区域经济一体化。在次级城市中，廊坊、石家庄、保定、邯郸、唐山、邢台等城市表现出单侧功能强化趋势。通过分析可以发现，这些城市的内向资本集聚能力增强，逐渐发展成为新兴资本集聚中心，但外向资本连接能力未得到明显提升，反映出其对核心城市的依赖性较强，主要依赖核心城市"输血"。这种单向性的资本流动特征可能会出现"虹吸效应"，进而导致区域发展出现失衡。相比之下，沧州、衡水、秦皇岛、承德、张家口等边缘城市的双指标呈现小幅波动特征，具体表现为外部投资吸引力不足与资本外流，进一步扩大了区域协同发展的梯度差异（见图 7）。

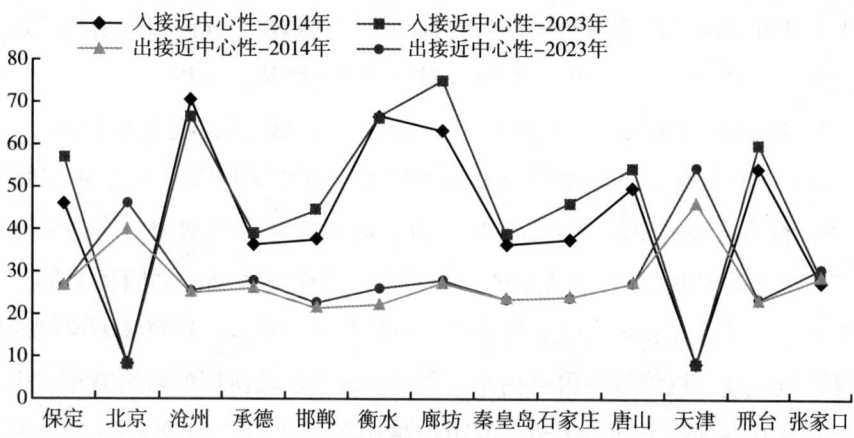

图7　2014年、2023年京津冀城市群资本流动复杂网络出入接近中心性

资料来源：采用 UCINET 软件整理并绘制。

（四）协同创新聚合网络演化特征分析及关键节点识别

本报告使用加权平均法将多层子网络聚合成单层协同创新网络，并使用 Gephi 软件对 2014 年、2023 年京津冀城市群协同创新聚合网络进行空间拓扑结构可视化（见图 8），以直观地呈现京津冀协同创新的情况。其中，城

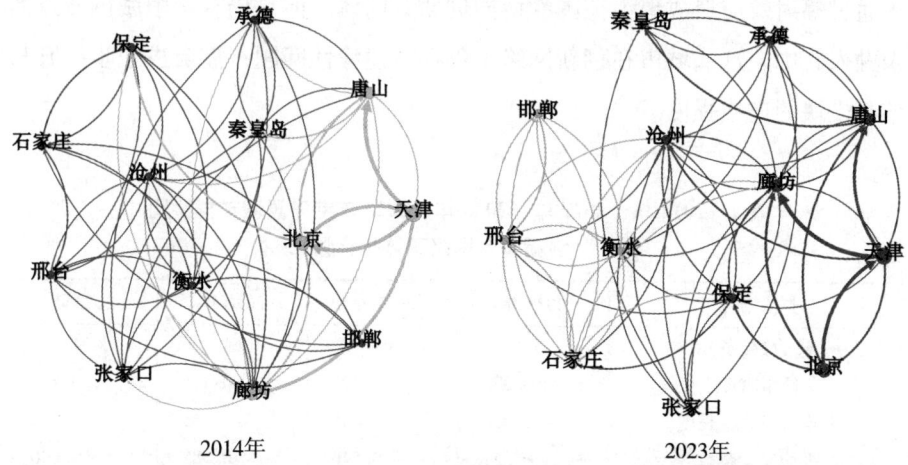

2014年　　　　　　　　　　2023年

图8　2014年、2023年京津冀城市群协同创新聚合网络结构

资料来源：采用 Gephi 软件整理并绘制。

市节点大小反映了城市在协同创新聚合网络中的地位,连线粗细反映了城市之间协同创新的强度。同时,本报告对网络进行模块化分析。

1. 京津冀协同创新一体化程度不断提升,但区域分化特征依然显著

2014~2023年,网络中城市节点之间的连边数不断增加,从59条增至64条,城市之间的创新关联复杂度上升,内部战略合作增加。网络密度从0.378升至0.410,网络中的连接更加紧密,京津冀各城市之间的协同度逐渐提升。平均最短路径长度有所波动,总体呈下降趋势,这意味着网络的连通性得到优化,网络效率得到提高,创新要素跨区域协同的阻力减小。平均聚类系数从0.559升至0.606,说明网络中各城市存在紧密的创新合作群落,形成了明显的集聚团体(见表1)。对网络结构演变进行分析可知,京津冀协同创新网络趋向于形成紧密联系的群组,网络内部的团簇结构变得更加明显。通过模块化分析发现,京津冀协同创新聚合网络呈现明显的区域分化特征,形成了两个模块,分别为以北京、天津、唐山为代表的模块,以石家庄、邯郸为代表的模块。其中,以北京、天津为核心的模块中城市节点数量从2014年的4个城市扩容到2023年的9个城市,占比从30.77%提升至69.23%,河北保定、廊坊等城市的相继融入说明以京津为核心的创新极核正通过辐射效应形成更大范围的协同创新共同体。但是仍有4个城市节点尚未融入其中,这些城市在创新网络中仍存在边缘性问题,需要进一步提升与核心模块的连接强度。

表1 2014年、2017年、2020年、2023年京津冀城市群协同
创新聚合网络整体指标情况

整体指标	2014年	2017年	2020年	2023年
连边数(条)	59	61	64	64
网络密度	0.378	0.391	0.410	0.410
平均最短路径长度	1.936	1.865	1.865	1.923
平均聚类系数	0.559	0.546	0.585	0.606

资料来源:采用Gephi软件整理计算得出。

2.京津冀协同创新呈现核心城市引领、部分城市崛起的结构性特征，但网络结构的均衡性需进一步提高

从节点加权出度来看，2014~2023 年，北京的加权出度从 0.213 增至 0.645，天津的加权出度从 0.356 增至 0.759，年均增长率分别达到 13.10% 和 8.78%，北京和天津在协同创新网络中的辐射能力显著增强，已形成跨区域创新要素输出的核心节点城市。除张家口外，河北其他城市的加权出度均有所增长，具有外向型发展特征。从节点加权入度来看，北京作为核心节点城市，加权入度从 2014 年的 0.130 降至 2023 年的 0.107，表明北京对创新要素及资源的吸引力有所下降，这可能与北京持续推进非首都功能疏解有关，该举措促使创新要素外溢。廊坊、沧州、石家庄等城市的加权入度增长突出，对创新要素的吸引力增强，其中廊坊作为京津创新走廊的关键节点，2023 年加权入度增至 0.583，超越天津跃居首位。从特征向量中心性来看，天津与北京的特征向量中心性较高，位列节点城市前三位，仍保持网络核心地位，但 2023 年较 2014 年出现了轻微下降。2023 年，廊坊、沧州、保定等城市的特征向量中心性均在 0.100 以上，表现出一定幅度的增长，说明其在网络中的地位有所提升，与北京、天津的地位差距有所缩小。唐山的特征向量中心性虽然也高于 0.100，但较 2014 年有所下降，这可能与其产业结构调整、外部经济环境影响有关。与之形成鲜明对比的是，张家口、承德、邢台、邯郸等城市的特征向量中心性明显偏低，均低于 0.005，表明这些城市在协同创新网络中的地位较弱，处于边缘位置，并且创新资源辐射力与吸引力都相对不足，网络结构的均衡性有待进一步提升（见表 2）。

表 2　2014 年、2023 年京津冀城市群协同创新聚合网络节点属性

城市	2014 年			2023 年		
	加权出度	加权入度	特征向量中心性	加权出度	加权入度	特征向量中心性
保定	0.024	0.054	0.086	0.120	0.134	0.116
北京	0.213	0.130	0.491	0.645	0.107	0.481
唐山	0.029	0.169	0.449	0.169	0.340	0.340

城市	2014 年			2023 年		
	加权出度	加权入度	特征向量中心性	加权出度	加权入度	特征向量中心性
天津	0.356	0.111	0.655	0.759	0.328	0.620
廊坊	0.002	0.141	0.344	0.032	0.583	0.487
张家口	0.001	0.001	0.001	0.000	0.001	0.000
承德	0.000	0.001	0.001	0.002	0.004	0.001
沧州	0.004	0.007	0.004	0.069	0.142	0.124
石家庄	0.040	0.011	0.006	0.068	0.069	0.010
秦皇岛	0.002	0.020	0.037	0.015	0.095	0.054
衡水	0.002	0.015	0.002	0.010	0.081	0.013
邢台	0.005	0.017	0.000	0.032	0.073	0.001
邯郸	0.006	0.008	0.000	0.060	0.023	0.000

资料来源：采用 UCINET 软件整理计算得出。

五 主要结论与对策建议

京津冀协同发展战略实施以来，率先在交通、生态、产业等领域取得突破，成为引领全国高质量发展的强劲动力源。在深化京津冀协同发展战略的进程中，协同创新是重要着力点。目前京津冀三地在协同创新方面还存在一定的体制机制障碍，导致出现创新要素跨域流动不畅、产业链协同不完善、科技成果在区域内转化比重不足等问题。为更好地建成北京国际科技创新中心，推进京津冀协同创新高质量发展十分必要。为此，必须发挥京津冀三地创新要素众多的优势，加快构建三地研发、科技成果转化、产业发展一体化的创新体系，加快建设以首都为核心的世界级城市群，加快打造全国创新驱动经济增长的新引擎。

（一）主要结论

从创新要素的基础配置来看，2014~2023 年，京津冀三地总体呈现要素增长的态势，但存在区域分化、均衡性不足的问题。具体而言，在人才要素层面，京津冀研发人才储备充足，但仍为单极强化人才集聚格局，多中心协同人才集聚格局尚未形成；在技术要素层面，京津冀科技创新成果丰硕，发展动力强劲，但仍需加强核心技术攻关；在资本要素层面，京津冀研发经费投入规模与强度双提升，但区域发展均衡性不足。

从创新要素的跨域流动来看，2014~2023 年，京津冀三地呈现"区域分化、均衡不足"的拓扑结构特征。具体而言，一是在人才要素跨域流动方面，京津冀城市群创新人才联系密切，区域人才集聚现象显现。人才流动网络呈现双核驱动、多极协同的特征，沧州、承德、邯郸、秦皇岛、邢台、张家口等边缘节点城市的协同效能有待充分释放。二是在技术要素跨域流动方面，京津冀三地呈现典型的"核心-边缘"网络结构。京津冀城市群技术协同程度渐趋降低，对区域创新能力的提升形成一定阻碍。京津双核心驱动技术协同，河北对京津技术的单向依赖度较高，技术协同仍有待提升。三是在资本要素跨域流动方面，京津冀城市群资本协同持续深化，资本关联更加紧密，但京津冀区域的资本双向流动能力和结构均衡性有待进一步提升。其中，京津冀城市群资本协同稳定性增强，但资本流动速度放缓。京津稳步发展，河北各城市在资本要素流动中的影响力不断提升，但河北多数城市的资本吸附能力与辐射效能仍滞后于京津。

（二）对策建议

1. 优化区域创新网络结构，构建"多中心、分布式"创新共同体

一是强化北京的核心辐射带动作用。培育建设京津雄三点支撑的创新集聚区，推动北京原始创新向津冀应用场景开放。设立"京津冀技术共享平台"，试点推动北京部分实验室专利优先向河北企业授权。发挥京津冀国家技术创新中心作用，促进科技成果加速在京津冀区域孵化，优先在平原新城及其周边区域落地转化。二是培育区域创新网络的次级枢纽节点。支持保定、石家庄、唐山建设专业化区域创新中心，通过"专项基金+飞地园区"模式引导京津资本、技术定向注入。三是加强创新网络核心城市与边缘城市的联系。

在张家口、承德布局数字经济与生态技术转化基地,将其纳入京津冀"算力走廊"与"绿氢供应链"规划,破解京津冀创新资源"边缘孤岛"困境,提升创新网络的连接韧性。四是推动毗邻地区深度融合发展。借鉴长三角"顶山-汊河省际毗邻地区新型功能区"及"长三角生态绿色一体化发展示范区"的建设发展经验,加快推动毗邻地区合力打造先进能源、生物医药等产业,促进重点产业链细分子链布局落地,加速产业创新动能释放。

2. 深化制度创新,破除跨域协同壁垒

一是试点税收共享机制。对跨区域产业链企业实行"产值分计、税收分成",根据研发投入、生产制造、市场销售等产业链各环节实际产值,按比例分配地方税收留成。二是共建知识产权生态。完善区域科技成果转化服务体系,制定促进京津冀区域科技成果转化若干措施。动态完善京津冀科技创新服务平台地图。设立京津冀知识产权联合法院,建立三地专利池交叉许可制度,对联合研发成果实施"首购首用"补贴政策。三是优化考核评价体系。建立京津冀产业链群发展评估模型,加快构建产业协同发展指标体系。将"技术合同输出落地率""跨域联合专利占比"纳入地方政绩考核,设立京津冀协同创新专项指标。

3. 强化创新要素协同,打通"研发—转化—制造"全链条

一是完善三地协同创新机制。统筹推进国家重大科研基础设施、大型科研仪器跨区域开放共享,破除要素流动地域壁垒。将北京科技创新优势和天津先进制造研发优势结合起来,支持三地产业园区深度对接合作,强化创新优势互补,进而推动三地产业链与创新链融合发展。二是加强创新人才协同。围绕区域产业发展需要,加快京津冀职业教育改革示范园区建设,开展京冀职业院校跨省中高职衔接联合培养,共建高素质技术技能人才培养体系。推行"京津科学家+河北工程师"团队计划,对落户河北的京津高层次人才给予薪酬差额补贴,建立三地职称互认与社保互通机制。三是加强创新技术协同。在新能源、生物医药等领域设立京津冀产业创新联盟,鼓励联盟内企业年度研发预算部分用于跨域合作项目。发挥京津冀智能算力供给走廊效能,提升算力互联互通和运行服务平台运营能力,面向新质生产力共同培育高端高新产业集群。四是加强创新资本协同。健全京津冀投融资服务机制,谋划设立协同发展项目库、基金库,办好京津冀基金与企业融资对接会。发行"京津冀协同创新债券",引导社会资本设立区域产业链基金,对投资河北战略性新兴产业的基金实施风险补偿。

4. 构建韧性创新生态,提升创新网络可持续性

一是数字赋能要素流动,推动数据资源体系开放共享。建设京津冀要素流通大数据平台,实时监测人才、技术、资本等要素的流动轨迹,通过 AI 算法精准地为区域产业匹配创新要素,进一步提升区域创新能力和产业竞争力。二是梯度培育区域创新主体,完善产业链与供应链配套。面向京津冀域外地区开展产业链对接招引活动,常态化联合举办融资对接会,吸引一批关联度高、带动性强的企业和项目落地,完善配套上下游产业链和供应链。实施"链主企业+专精特新"协同计划,支持京东方、北汽等链主企业在河北布局配套研发中心,对配套企业给予研发费用加计扣除。三是强化风险对冲机制。借鉴长三角 G60 科创走廊设立跨区域科技成果转化基金的成功经验,设立京津冀协同创新风险准备金,通过跨区域联动机制,支持京津冀区域产业集群开展技术攻关和推动科技成果转化,重点应对技术转化失败、产业链外迁等系统性风险。

参考文献

赖文凤、骆晨:《广东省产业结构发展水平的空间格局研究》,《地域研究与开发》2017 年第 2 期。

刘乐、盛科荣:《中国多层城市网络中心性对创业活力的影响研究》,《城市问题》2023 年第 9 期。

钟业喜、冯兴华、文玉钊:《长江经济带经济网络结构演变及其驱动机制研究》,《地理科学》2016 年第 1 期。

B.9
京津冀城镇体系高质量一体化研究[*]

叶堂林　马金秋[**]

摘　要： 　城镇一体化建设是京津冀实现区域协调发展和高质量发展的关键举措，也是打造成为世界级城市群的重要路径。推动城镇体系高质量一体化，有助于优化城镇布局、提升城市功能，构建以首都为核心、功能互补、协同发展的城市网络。本报告以京津冀城市群 13 个城市为研究对象，运用城镇体系金字塔模型、首位度指数、齐普夫定律、位序-规模法则、异速生长模型和熵权法等多种分析方法，从城镇化水平、城市等级体系、人口分布和空间布局等方面，系统评估京津冀城镇体系高质量一体化发展的成效与存在的问题。研究发现，京津冀城镇化进程持续推进，区域协同发展格局加快形成；空间结构不断优化，人口分布日益均衡。但城镇等级体系失衡，结构性断层问题仍然突出；人口与经济高度集聚，部分城市面临规模不经济困境；城镇体系呈现单中心极化特征，次级城市发育不足。在此基础上，本报告提出以下对策建议：强化战略引领与规划统筹，构建城镇体系高质量一体化的制度保障体系；以疏解北京非首都功能为"牛鼻子"，持续优化城市群空间布局；加快建设现代化首都都市圈，推动城镇网络一体化；完善城镇等级体系，促进多层级协调发展；推动功能协同与创新驱动，构建高质量发展的城市群体系。

[*] 本报告为国家社科基金重大项目"数字经济对区域协调发展的影响与对策研究"（23&ZD078）、教育部人文社会科学研究专项任务项目"推动京津冀高质量发展研究"（23JD710022）的阶段性成果。

[**] 叶堂林，经济学博士，首都经济贸易大学特大城市经济社会发展研究院（首都高端智库）执行院长、特大城市经济社会发展研究省部共建协同创新中心（国家级研究平台）执行副主任、三级教授、博士生导师，研究方向为首都高质量发展、京津冀协同发展、都市圈治理；马金秋，首都经济贸易大学讲师，研究方向为区域经济。

关键词： 城镇体系高质量一体化　区域协调发展　城市群协同效应　京津冀

一　研究背景与研究意义

（一）城镇体系高质量一体化是京津冀打造成为世界级城市群的必然选择

京津冀作为我国北方经济核心区与国家现代化建设的重要引擎，在构建新发展格局中承担着战略性使命。当前，全球区域竞争加剧，新一轮科技革命和产业变革加速演进，城市群作为承载要素集聚与创新扩散的重要载体，日益成为区域竞争的核心。在此背景下，推进城镇体系高质量一体化，已成为京津冀加快建设成为世界级城市群的必然选择。随着北京非首都功能疏解和雄安新区建设的持续推进，京津冀区域发展格局正在经历深刻重塑，亟须通过优化城镇体系布局，提升城市间的功能分工与协同水平。构建层级清晰、功能互补、协同高效的现代化城镇体系，不仅有助于打通要素流动堵点、促进资源优化配置，还能推动形成多中心、网络化的城镇空间结构，显著增强区域整体竞争力。这将为打造具有全球竞争力的世界级城市群提供坚实支撑，提升我国在全球城市体系中的地位与影响力。

（二）城镇体系高质量一体化是京津冀建设成为中国式现代化先行区、示范区的有效途径

京津冀地区作为国家核心战略城市群，肩负着探索中国式现代化发展路径的重要使命。当前，区域内部仍存在超大城市功能过度集聚与中小城市承载能力不足等结构性矛盾，制约了城市群协同发展与整体效能的提升。推进城镇体系高质量一体化，是破解区域发展瓶颈、提升区域治理现代化水平的必由之路。一方面，构建以中心城市为引领、大中小城市和小城镇协调发展

的多层级城镇体系，有助于推动功能互补与错位发展，疏解北京非首都功能，缓解核心区资源环境压力，探索"大城市病"治理与空间重构的可行路径。另一方面，推动空间一体化进程，加强基础设施互联互通与资源统筹配置，可以提升人口、产业和公共服务的匹配效率，构建协同高效的城市网络体系，增强区域承载能力与发展韧性。城镇体系一体化不仅有助于重塑区域空间格局，也为破解大城市治理难题、激发中小城市发展活力、推动区域协调发展提供了现实路径，更为全国其他城市群的建设提供了可复制、可推广的制度经验与治理范式，为中国式现代化的探索与实践提供了有力支撑。

（三）城镇体系高质量一体化是推动区域协调发展的关键路径

区域协调发展是新时代推动高质量发展的核心任务，也是构建新发展格局的重要支撑。当前，我国区域发展仍面临不平衡、不充分等突出问题，推动城镇体系高质量一体化，已成为破解区域发展难题、推动区域协调发展的关键路径。一方面，高质量一体化的城镇体系有助于打破行政壁垒，优化人口和产业布局，强化区域功能分工与协调机制，推动经济发展与资源环境承载能力的协调统一。另一方面，城镇体系一体化为实现基本公共服务均等化与公共资源均衡配置提供了坚实基础，有助于提升公共服务的可及性与资源配置的公平性，逐步缩小区域发展差距，推动发展机会更加均等、发展成果更好共享，进一步促进区域协调发展迈向更高水平。

二 分析框架

（一）研究思路

城镇体系一体化发展是推动京津冀协同发展的核心动力，对优化区域资源配置、促进要素自由流动和实现高质量发展具有重要战略意义。作为由人口、经济、土地等多元要素构成的复杂系统，城镇体系的高质量一体化发展不仅取决于各要素的发展水平，也依赖于各要素之间的协调互动。在推进京津冀城镇体系高质量一体化发展进程中，应重点关注以下四个方面。一是城镇化水平的测度与评估。既要把握区域整体城镇化的进程，也需深入分析省域、市域层面的发展差距与不均衡特征。二是城镇等级体系的完整性与功能协同。城镇体系既是区域经济活动的载体，也是区域协调发展的空间基础，应评估其层级结构是否合理、城市职能分工是否高效协同。三是城市空间布局的合理性。空间布局反映了资源要素的配置效率，直接影响区域经济承载力和人口集聚能力，应从城市分布形态与建设用地结构两个维度开展系统分析。四是人口与经济发展的协调性。人口与经济协调发展是城镇高质量一体化的基础保障，应综合评估二者在空间分布、规模结构和增长速度等方面的匹配程度。

基于此，本报告主要从以下三个方面展开研究。第一，系统梳理京津冀城镇体系高质量一体化发展的现状，重点分析城市化进程、城市等级体系、人口分布格局、城市空间布局、建设用地利用效率以及城乡融合发展等关键领域，分析区域城镇体系的演变特征。第二，运用首位度指数、位序-规模法则、异速生长模型和熵权法等多种方法，评估区域人口与经济协调发展的程度，深入分析京津冀城镇体系一体化发展中存在的结构性矛盾与制约因素。第三，总结研究结论，针对当前城镇体系高质量一体化发展中存在的主要问题，提出具有针对性和可行性的优化路径与政策建议，为京津冀城镇体系高质量一体化提供决策参考。

（二）研究方法

1.城镇体系金字塔模型

城镇体系金字塔模型是根据不同级别城镇的数量或人口规模，按从低到高的顺序逐层构建金字塔型结构，直观反映各级别城镇的内部构成及其结构变化。2014年10月，国务院发布了《关于调整城市规模划分标准的通知》，以城区常住人口为统计口径，将城市划分为五类七档：Ⅱ型小城市（20万人以下）、Ⅰ型小城市（20万~50万人）、中等城市（50万~100万人）、Ⅱ型大城市（100万~300万人）、Ⅰ型大城市（300万~500万人）、特大城市

（500万~1000万人）和超大城市（1000万人以上）。本报告依据该标准，绘制了京津冀地区城镇数量与人口的金字塔图，系统分析京津冀城镇体系的规模结构与层级分布变化，直观反映其发展趋势与内在特征。

2. 首位度指数

首位度指数是衡量一个国家或区域内首位城市相对于其他城市在规模或影响力方面差异的常用指标。该指数通过比较首位城市与其他城市在人口和经济规模上的差距，反映了区域城市体系的集中度及其等级结构的差异。常用的首位度指数包括两城市指数、四城市指数和十一城市指数，分别表示首位城市与排名第2、第2至第4、第2至第11位城市之间的规模比例关系。计算公式如下：

$$S_1 = P_1/P_2 \tag{1}$$

$$S_4 = P_1/(P_2 + P_3 + P_4) \tag{2}$$

$$S_{11} = 2P_1/(P_2 + P_3 + \cdots + P_{11}) \tag{3}$$

其中，P_i 表示第 i 位城市的人口规模或经济规模。根据城市位序-规模法则，两城市指数的临界值为2，四城市指数和十一城市指数的临界值为1。当首位度指数大于或等于临界值时，表明存在"首位分布"；反之，则表明城市分布较为均衡。本报告从人口首位度和经济首位度两个维度，评估京津冀区域城市发展的均衡性。

3. 齐普夫定律

Auerbach（1913）指出，城市规模服从帕累托分布。基于这一理论，Zipf（1949）在此基础上提出齐普夫定律（Zipf's Law），认为城市规模服从帕累托分布，城市规模与其位序（等级）的乘积为常数，且齐普夫指数趋近于1。记城市规模为 S，在帕累托分布下，城市规模的概率密度函数和累计分布函数分别为：

$$f(S) = a\underline{S}^a/S^{a+1}, \forall S \geq \underline{S} \tag{4}$$

$$F(S) = \int_{\underline{S}}^{S} f(S)\,\mathrm{d}S = -1(\underline{S}/S)^a, \forall S \geq \underline{S} \tag{5}$$

其中，S 表示节点城市的人口规模，a 为齐普夫指数；$F(S)$ 表示城市规模 S 的分布概率。用 R 表示按城市规模划分的等级（位序）排名，$\underline{N}$ 表示规模在节点城市以上的城市数量。根据累计分布函数 $F(S)$ 的含义，可推导出城市等级 R 与城市规模 S 之间的关系：

$$R = \underline{N} \times [1 - F(S)] = \underline{N} \times (\underline{S}/S)^a \tag{6}$$

取对数可得：

$$\ln R = \ln \underline{N} + a\ln \underline{S} - a\ln S + \varepsilon = K - a\ln S + \varepsilon \tag{7}$$

其中，ε 为随机误差项，K 为常数，且 $K = \ln \underline{N} + a\ln \underline{S}$。若 $a>1$，则表示位次较低的城市规模超出了合理范围，而位次较高的城市规模小于合理范围；若 $0<a<1$，则表示位次较低的城市规模小于合理范围，而位次较高的城市规模超出了合理范围。

4. 异速生长模型

异速生长是指城市内部或不同城市之间的某些要素在增长过程中呈现不同的相对增长率，但二者之间的比值为常数。具体而言，当城市的两种要素符合位序–规模法则时，它们之间可能存在异速生长关系，即：

$$\frac{1}{p}\frac{dp}{dt} = b\frac{1}{y}\frac{dy}{dt} \tag{8}$$

该微分方程的解为幂指数形式，即：

$$p = ay^b \tag{9}$$

其中，p、y 分别表示城市的人口规模和经济总量，a 为常数，b 为异速生长指数。当 $b>1$ 时，表示正异速生长关系，即经济增速快于人口增速；当 $b=1$ 时，表示同速生长关系，即城市人口规模与经济总量之间的比例关系稳定；当 $b<1$ 时，表示负异速生长关系，即经济增速慢于人口增速。

5. 熵权法

熵权法是一种衡量区域内城镇体系规模分布离散程度的常用方法，可以用于评估城市人口在区域范围内的分布状况。计算公式如下：

$$e = -\sum_{i=1}^{n} p_i \times \ln p_i \qquad (10)$$

其中，e 为熵值，p_i 为城市 i 人口占总人口的比重，$p_i = P_i / \sum P_i$，P_i 为城市 i 的人口规模，n 为城市数量。熵值的大小反映了城市人口规模的均衡性。熵值越大，表明城市人口分布越均衡；熵值越小，表明城市人口集中程度越高。当城市人口完全均匀分布时，熵值最大，为 $\ln n$。若熵值为 0，则表明人口高度集中于单一城市，分布极不均衡。为消除不同区域城市数量差异对熵值的影响，本报告采用标准化的熵值分析京津冀地区城镇人口分布的均衡性，计算公式如下：

$$e = -\frac{1}{\ln n} \sum_{i=1}^{n} p_i \times \ln p_i \qquad (11)$$

其中，$0<e<1$。e 越趋近于 1，表明人口分布越均匀；e 越趋近于 0，表明人口分布越集中。

（三）研究对象与数据来源

本报告以京津冀城市群为研究对象，包括北京、天津两个直辖市以及河北的 11 个地级市。研究时间跨度为 2014~2023 年，系统考察京津冀城镇体系高质量一体化的演变特征。数据主要来源于《中国城市建设统计年鉴》及各地级市统计年鉴。

三 京津冀城镇体系高质量一体化发展现状

（一）城镇化进程加快，城市群协同效应逐步显现

2014~2023 年，京津冀地区城镇化进程呈现"总体水平较高、区域差异显著、协同趋势增强"的特征。与全国相比，京津冀地区城镇化发展呈现以下显著特点。第一，整体水平领先但增速趋缓。2023 年，京津冀城镇化率高达 70.6%，高于全国平均水平 4.4 个百分点，处于全国城镇化进程的

前列。然而，2014～2023 年，京津冀城镇化率提升 9.52 个百分点，略低于同期全国提升幅度，表明区域城镇化发展已从规模扩张阶段转向质量提升阶段。第二，区域内部呈现梯度发展格局。北京和天津的城镇化率始终保持在 80% 以上，已进入以功能疏解、品质提升和内涵式发展为核心的成熟城镇化阶段。河北的城镇化率从 2014 年的 49.36% 上升至 2023 年的 62.80%，提升了 13.44 个百分点，实现了从快速扩张向中高质量发展的转型，区域协调发展的基础不断夯实（见图 1）。第三，城市群协同效应日益增强。随着行政区划优化、产业有序转移和基础设施互联互通的推进，城市群内资源配置效率不断提升。京津对河北的辐射带动作用持续增强，推动河北城镇化率不断提升，区域内城镇化率的标准差逐渐缩小，城镇体系呈现高质量发展的良好态势。

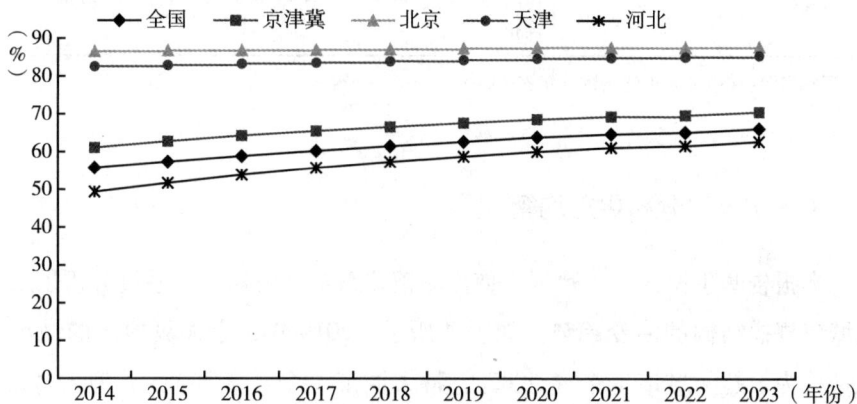

图 1　2014～2023 年全国及京津冀地区城镇化水平

资料来源：各城市统计年鉴。

（二）城市群城市等级体系趋于合理

2014～2023 年，京津冀城市群城市等级体系持续优化，整体呈现结构更加清晰、功能逐步完善的发展态势。区域已初步构建起由 "2 个直辖市+11 个地级市+21 个县级市" 组成的三级城市体系（见表 1），并由 91 个县和 6 个自治县构成的基础网络体系予以支撑，城市系统的层级结构更趋合理。在行政区划调整方面，京津冀通过撤县设市（新增滦州、平泉等县级市）、撤县设区（保定满城等县改区）、市辖区合并（如石家庄桥东区、桥西区调整合并）以及设立雄安新区等措施，不断优化区域城镇体系。这些调整不仅有助于缩小城市等级差距、提升城市间的功能互补性，也显著提高了区域空间组织效率，为实现京津冀协同发展提供了坚实的空间支撑。

表 1　2023 年京津冀城市群城市等级体系

城市行政等级	城市数量（个）	城市名称
直辖市	2	北京、天津
地级市	11	石家庄、唐山、秦皇岛、邯郸、邢台、保定、张家口、承德、沧州、廊坊、衡水
县级市	21	辛集、晋州、新乐、遵化、迁安、滦州、武安、南宫、沙河、安国、高碑店、涿州、定州、平泉、泊头、黄骅、河间、任丘、霸州、三河、深州

资料来源：《中国城市建设统计年鉴 2024》。

（三）人口分布更加均衡

本报告基于城区人口数据，使用城镇体系金字塔模型，系统分析了京津冀城市规模结构的演变趋势。如表 2 所示，2014 年，京津冀地区的城市等级结构为：超大城市 1 个（北京），特大城市 1 个（天津），Ⅱ型大城市 4 个（石家庄、唐山、邯郸和保定），中等城市 5 个（秦皇岛、邢台、张家口、沧州和承德），Ⅰ型小城市 8 个（廊坊、衡水、任丘、定州、涿州、武安、迁安和遵化），Ⅱ型小城市 14 个（三河、深州、泊头、辛集、河间、冀州[①]、霸州、黄骅、南宫、晋州、高碑店、沙河、安国和新乐）。2022 年，城市等级体系发生显著变化：超大城市增至 2 个（北京、天津），新增 1 个Ⅰ型大城市（石家庄），Ⅱ型大城市仍为 4 个（邯郸、唐山、保定和秦皇岛），中等城市增至 6 个（张家口、邢台、衡水、沧州、廊坊和承德），

---

① 冀州于 2016 年被撤县并区，因此不在 2023 年的 21 个县级市中。

Ⅰ型小城市增至 9 个（定州、迁安、任丘、涿州、遵化、武安、黄骅、滦州和三河），Ⅱ型小城市减少至 12 个（辛集、深州、平泉、泊头、河间、高碑店、南宫、晋州、安国、霸州、沙河和新乐）。总体来看，2014～2022年，京津冀城镇等级体系逐步优化，呈现更加明显的梯度分布特征。超大城市、Ⅰ型大城市和中等城市数量增加，小城市结构有所调整，区域人口分布更加均衡，城市规模结构更趋协调，有效地提升了城镇体系的整体功能和区域协调发展能力。

表 2　2014 年、2022 年京津冀地区城市类型及数量

单位：个

类型	2014 年	2022 年
超大城市	1	2
特大城市	1	0
Ⅰ型大城市	0	1
Ⅱ型大城市	4	4
中等城市	5	6
Ⅰ型小城市	8	9
Ⅱ型小城市	14	12

资料来源：相关年份《中国城市建设统计年鉴》。

（四）区域空间布局持续优化，城市功能结构更加合理

2015 年《京津冀协同发展规划纲要》实施以来，京津冀地区按照主体功能定位，持续推进城镇体系空间重构，逐步形成以"一核、双城、三轴、四区、多节点"为骨架的空间格局，呈现以下三个方面的特征。第一，核心功能持续优化。北京作为全国政治中心、文化中心、国际交往中心和科技创新中心，不断强化"一核"地位，有序推进非首都功能疏解，构建起"一核一主一副、两轴多点一区"的首都空间新格局。天津则在北方国际航运核心区和先进制造研发基地建设方面不断发力，与北京形成"双城"联

动，共同引领区域协同发展。与此同时，雄安新区和北京城市副中心加快承接北京非首都功能，推动首都功能布局进一步优化。第二，发展轴带协同增强。京津、京保石、京唐秦三大城镇发展轴带成为产业转移、人口集聚和基础设施互联互通的主通道，沿线城市的集聚效应和协同能力显著提升，区域空间组织效率持续增强。第三，节点城市能级稳步提升。以石家庄为代表的 4 个区域中心城市和以张家口为代表的 7 个专业节点城市，综合承载能力与辐射带动能力不断增强，构建起多层级、多功能的城镇支撑体系。总体而言，京津冀已基本形成由"超大城市引领（北京、天津）—区域中心城市支撑（石家庄等）—专业节点城市配套（张家口等）—特色小城镇补充（承德等）"组成的多层级城镇体系，形成了"核心引领、轴带支撑、多级联动、功能互补"的区域空间新格局，为区域一体化和高质量发展提供了坚实的空间载体。

（五）建设用地布局优化，城镇发展加快向质量效益型转变

2014～2023 年，京津冀地区统筹推进城镇建设用地优化布局，用地结构与用地效率持续改善。在《京津冀协同发展规划纲要》指导下，三地协同落实多项关键举措。第一，功能疏解带动用地结构调整。北京通过疏解批发市场、通用制造业等非核心功能，释放中心城区低效用地，用于生态绿化、公共服务设施及高附加值产业发展，实现土地功能的集约化与高效化。第二，空间规划实现统筹协同。三地按照《京津冀协同发展土地利用总体规划（2015—2020年）》要求，严控生态红线，推动建设用地"减量提质"，并通过加强交通互联，带动沿线土地的整合利用与功能提升。第三，盘活存量用地，提升集约利用水平。北京、天津严控新增建设用地，通过城市更新与功能重组提升土地利用效率；河北则通过产业承接与存量用地盘活，避免"摊大饼式"扩张和重复低效建设。总体来看，京津冀地区建设用地从规模扩张向质量提升转型，形成了以功能优化为导向、以区域协同为支撑的用地新格局，为城镇体系高质量一体化发展提供土地支撑与空间保障。

（六）城乡融合迈向更高水平

在"十四五"新型城镇化与乡村振兴战略双轮驱动下，京津冀加快构建以县域为枢纽、要素双向流动的城乡融合发展新格局。一是功能疏解重塑城乡空间格局。通过非首都功能疏解，区域空间结构从"单点集聚"向"多中心网络化"转型。河北作为重要承载地，全面落实"三区一基地"功能定位，2023年承接京津产业转移项目超5000个，城乡收入比降至2.1∶1，农业转移人口市民化率提升至65%，城乡规划建设更加协调。二是县域经济增强融合发展动能。河北重点打造定州、辛集等12个省级县域经济试点，构建"县城—特色镇—美丽乡村"三级联动体系。2023年，全省县域特色产业集群营收总额突破4万亿元，形成了"县县有集群、业业有特色"的融合发展格局，为城乡一体化注入持续动力。三是基础设施互联互通推动公共服务一体化。京津冀城市群"2小时交通圈"初步形成，三地基础教育交流项目超过500项，全面取消异地就医备案，基本公共服务均等化水平持续提升，城乡居民生活品质差距进一步缩小。

四 京津冀城镇体系高质量一体化中存在的问题

（一）城市群人口与经济呈现显著首位分布特征

如表3所示，2014~2023年，京津冀地区城市人口首位度总体呈波动上升趋势，表明人口向核心城市集聚的态势不断增强。具体而言，两城市指数始终低于临界值2，表明北京与天津"双核"结构较为稳定；四城市指数在2014~2017年低于1，表明人口分布相对均衡，但自2018年起多数年份突破1，表明集聚效应显著增强；十一城市指数由2014年的0.53增至2023年的0.55，始终低于1，表明区域内部人口层级分布不均，中心城市对周边地区的辐射带动作用有限。总体来看，京津冀城市群的人口分布正由均衡向集聚转变，呈现偏离帕累托最优分布的趋势。这种趋势在一定程度上加剧了区域发展的不均衡，不利于构建高效协同的城市体系。

表3　2014～2023年京津冀地区城市人口首位度

指数	2014年	2015年	2016年	2017年	2018年	2019年	2020年	2021年	2022年	2023年
S_2	1.51	1.52	1.51	1.54	1.56	1.55	1.58	1.59	1.60	1.60
S_4	0.97	0.98	0.97	0.96	1.05	1.08	1.09	0.96	1.07	1.07
S_{11}	0.53	0.53	0.53	0.53	0.54	0.54	0.55	0.54	0.55	0.55

资料来源：相关年份各城市统计年鉴。

表4为2014～2023年京津冀地区城市经济首位度的指数分布。整体来看，京津冀地区经济首位度经历了"先升后稳"的变化轨迹：2014～2019年快速上升，2020～2023年回落趋稳，前后变化形成鲜明对比。具体来看，2014～2023年，两城市指数增长18.14%，年均增长率为1.87%。2021年达到峰值2.62，尽管此后有所回落，但仍高于临界值2，表明京津双城之间的经济规模差距依然显著。四城市指数始终高于临界值1，表明京津冀地区存在明显的首位城市优势。然而，自2021年起该指数持续回落，反映出非首都功能疏解和区域协调政策取得一定成效，区域多中心格局逐步形成。同时，十一城市指数从2014年的1.41上升至2023年的1.58，增长12.06%，年均增长率为1.27%，呈现稳步上升趋势，表明北京与其他城市之间的经济规模差距仍在持续扩大，区域内城市经济分布尚未实现协调优化。

表4　2014～2023年京津冀地区城市经济首位度

指数	2014年	2015年	2016年	2017年	2018年	2019年	2020年	2021年	2022年	2023年
S_2	2.15	2.28	2.36	2.40	2.48	2.52	2.57	2.62	2.58	2.54
S_4	1.22	1.28	1.32	1.37	1.41	1.42	1.42	1.41	1.37	1.35
S_{11}	1.41	1.46	1.47	1.52	1.59	1.60	1.58	1.60	1.55	1.58

资料来源：相关年份各城市统计年鉴。

（二）城市群单中心集聚，次级梯队发育相对滞后

本报告基于 2014~2023 年京津冀地区城市常住人口数据，参照魏守华等（2018）、李雅静和陈彦光（2021）的做法，采用双对数线性回归模型分析城市规模特征，实证结果见表 5。回归结果显示，各年份齐普夫指数的绝对值均显著大于 1，表明区域人口分布系统性偏离理想的帕累托分布，呈现持续强化的中心城市集聚态势。同时，各年份回归方程的 R^2 均超过 0.85，表明位序-规模法则在统计上拟合良好，对京津冀城市体系具有较强的解释力。总体而言，京津冀城市群仍以单中心集聚为主，区域次级城市梯队发育相对不足。

表 5　京津冀城市群齐普夫回归的估计结果

指标	2014 年	2015 年	2016 年	2017 年	2018 年	2019 年	2020 年	2021 年	2022 年	2023 年
a	-1.268 ***	-1.261 ***	-1.263 ***	-1.273 ***	-1.315 ***	-1.323 ***	-1.293 ***	-1.255 ***	-1.126 ***	-1.283 ***
	(0.109)	(0.108)	(0.110)	(0.112)	(0.113)	(0.116)	(0.109)	(0.111)	(0.131)	(0.106)
常数项	10.07 ***	10.04 ***	10.06 ***	10.13 ***	10.38 ***	10.43 ***	10.22 ***	9.997 ***	9.086 ***	10.15 ***
	(0.722)	(0.715)	(0.726)	(0.741)	(0.746)	(0.765)	(0.715)	(0.734)	(0.855)	(0.698)
观测值	13	13	13	13	13	13	13	13	13	13
R^2	0.924	0.925	0.923	0.921	0.925	0.922	0.928	0.921	0.871	0.930

注：***、**、* 分别表示在 1%、5%、10% 的水平下显著，括号内为稳健标准误。

如图 2 所示，2014~2023 年，京津冀地区齐普夫指数总体呈现"N"形波动趋势，整体经历了"上升—下降—回升"三个阶段。第一阶段为集聚强化期（2014~2019 年）。齐普夫指数从 1.268 上升至 1.323，增长4.34%。这一阶段，京津冀处于协同发展战略实施初期，市场机制占主导地位，北京非首都功能疏解进度相对缓慢，核心城市的资源虹吸效应持续增强，导致区域城市规模分布的集中度显著上升。第二阶段为均衡改善期（2020~2022 年）。齐普夫指数由 1.293 显著回落至 1.126，降幅达12.92%，表明区域协调发展取得实质性进展。随着雄安新区进入大规模建设阶段，北京城市副中心基本建成，区域空间结构持续优化，中小城市的

产业承接能力和人口吸纳能力显著提升，区域内部的人口与经济分布更加均衡。第三阶段为分化回调期（2023年）。齐普夫指数反弹至1.283。这一波动主要受新冠疫情后区域经济复苏不均衡的影响。北京、天津等核心城市的复苏速度显著快于周边城市，同时创新要素出现阶段性回流，导致区域发展差距在短期内有所扩大。

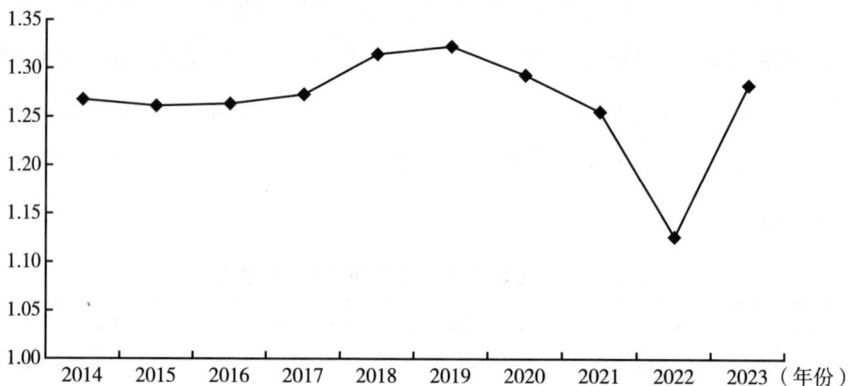

图2　2014~2023年京津冀地区齐普夫指数

（三）城市发展存在规模不经济问题

表6报告了2014~2023年京津冀地区城市人口规模与经济总量之间异速生长模型的估计结果。研究发现，异速生长指数始终处于0.525~0.590区间，且所有年份均在1%的水平下显著小于1，表明区域经济增速显著滞后于人口增速，呈现明显的规模报酬递减特征。这一现象可能源于以下两个方面的原因：一是人口集聚未能产生预期的规模效应，导致区域经济效率下降；二是城市扩张速度快于经济密度提升速度，新增建设用地未实现高效利用，导致土地、基础设施等空间资源配置效率降低。总体来看。尽管京津冀地区城市规模持续扩张，但经济增长与人口增长不同步，城市发展面临规模不经济的结构性问题，需要通过优化空间结构、提升要素配置效率，实现人口与经济的协同发展。

表6　2014～2023年京津冀地区异速生长模型估计结果

变量	2014年	2015年	2016年	2017年	2018年	2019年	2020年	2021年	2022年	2023年
b	0.556 ***	0.559 ***	0.561 ***	0.551 ***	0.525 ***	0.527 ***	0.552 ***	0.549 ***	0.590 ***	0.545 ***
	(0.0905)	(0.0895)	(0.0905)	(0.0899)	(0.0809)	(0.0785)	(0.0774)	(0.0837)	(0.0964)	(0.0789)
常数项	2.184 **	2.146 **	2.077 **	2.124 **	2.298 ***	2.247 ***	2.009 ***	1.992 **	1.572 *	1.965 **
	(0.719)	(0.715)	(0.732)	(0.733)	(0.663)	(0.649)	(0.642)	(0.704)	(0.815)	(0.669)
观测值	13	13	13	13	13	13	13	13	13	13
R^2	0.775	0.780	0.778	0.774	0.793	0.804	0.822	0.796	0.773	0.812

注：***、**、*分别表示在1%、5%、10%的水平下显著，括号内为稳健标准误。

图3展示了2014～2023年京津冀地区异速生长指数的动态变化过程。研究发现，该指数总体呈现"先降后升"的V形变化特征，可分为三个阶段。第一阶段为下行阶段（2014～2018年）。异速生长指数从0.556下降至0.525，降幅为5.58%，表明区域要素配置效率持续下降，规模报酬递减趋势明显。第二阶段为回升阶段（2019～2022年）。2019年，异速生长指数稳步上升，并于2022年达到峰值0.590，较2018年增长12.38%，表明京津冀协同发展战略实施成效逐步显现，区域经济效率有所提升。第三阶段为回调阶段（2023年）。异速生长指数回落至0.545，较峰值下降7.63%，但仍显著高于2018年水平，表明区域发展进入质量提升阶段，经济结构调整仍在推进。总体来看，京津冀地区经济增速与人口增速呈现异速增长态势，区域经济效率仍有较大提升空间。

（四）城市群人口分布格局存在系统脆弱性

图4为2014～2023年京津冀地区人口分布熵值的变化趋势。整体来看，熵值始终处于0.9和1之间，处于高位水平，表明区域人口分布具有较强的空间均衡性。然而，熵值呈现"上升—下降—反弹"的阶段性波动走势，表现出典型的高位波动特征。这一波动表明区域人口分布可能存在两个方面的问题。一是熵值变化与区域协同政策高度相关，均衡格局在较大程度上依

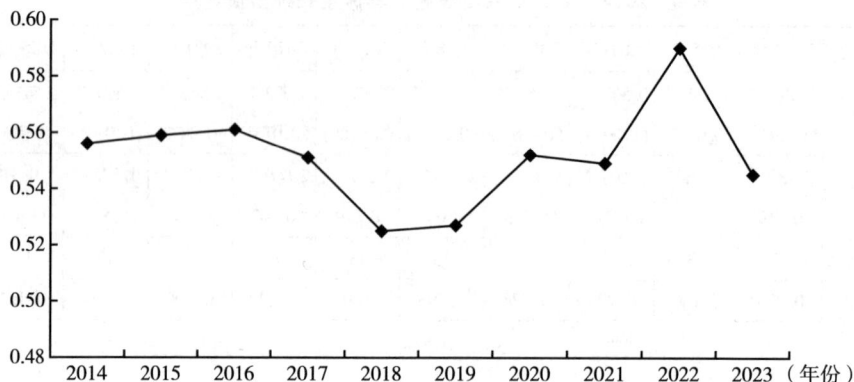

图3　2014~2023年京津冀地区异速生长指数

赖外部政策推动，系统自主调节能力较弱，难以有效应对突发冲击（如疫情、经济波动等）。二是尽管2023年熵值有所回升，但仍未恢复至前期峰值，表明区域协同发展的内生动力不足。综上，尽管京津冀地区已基本形成相对均衡的人口空间格局，但其稳定性与韧性仍有待提升。未来需进一步健全区域协同发展机制，提升系统自我调节与抗冲击能力，推动构建更加可持续的人口空间结构。

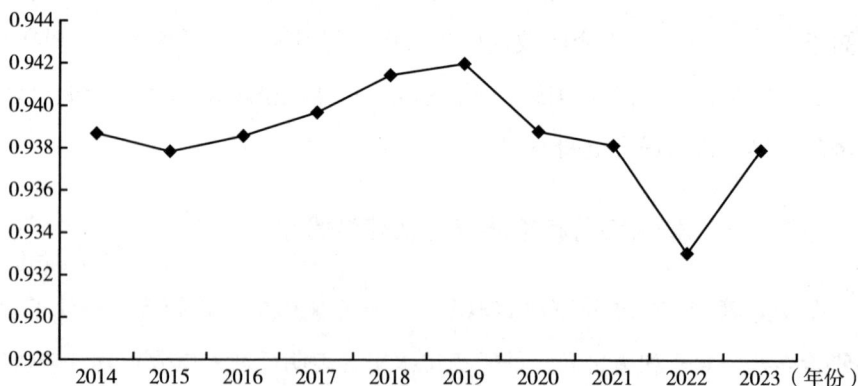

图4　2014~2023年京津冀地区人口分布熵值

（五）规模结构失衡，城市等级体系出现断层

京津冀地区的城镇规模结构呈现典型的"哑铃型"特征，超大城市过度膨胀、中等城市收缩、小城市数量多但整体规模较小。由 2022 年区域内城市类型及数量可知，城市等级体系存在明显断层。造成这一结构性失衡的主要原因如下。第一，行政分割制约要素自由流动。京津在优质资源集聚方面优势显著，挤压了河北中小城市的发展空间。同时，三地在财政体制、社保政策、户籍管理等方面尚未实现协同统一，导致跨区域要素流动成本较高，资源配置效率不足。第二，产业梯度不合理，城市功能支撑不足。河北中小城市传统产业占比高、转型升级难，新兴产业集聚度低，缺乏有效带动能力。同时，县域经济基础薄弱，小城市缺乏产业支撑，人口与经济扩张动力不足。第三，交通网络布局以中心辐射为主，横向联系不足。高铁和高速公路多以京津为核心呈放射状分布，河北中小城市之间横向交通联系薄弱，不利于形成协同联动的发展格局。第四，人口持续流失导致城市降级。河北中等城市劳动力外流明显，常住人口规模不断下滑，部分城市逐步退化为小城市。同时，京津在教育、医疗等公共服务方面优势突出，进一步加剧了河北中小城市人口流失。

五　研究结论与对策建议

（一）研究结论

一是城镇化进程持续推进，协同发展格局加快形成。首先，京津冀地区城镇化率持续高于全国平均水平，近年来增速有所趋缓，表明区域城镇化发展已从规模扩张阶段逐步转向质量提升阶段。其次，区域内部城镇化差距持续缩小，京津地区加快推进功能优化与结构升级，河北城镇化水平稳步提升，区域协调发展格局逐渐显现。最后，城市群协同效应不断增强。通过推进产业协同、基础设施互联互通与公共服务共建共享，城市间协同发展持续深化，

雄安新区建设稳步推进，正加快成长为京津冀城市群高质量发展的新引擎。

二是空间结构持续优化，人口分布更趋均衡。首先，京津冀地区通过撤县设区、新区建设等行政区划调整，逐步构建起层级清晰、功能互补的城镇体系，显著提升了区域空间组织效率。其次，通过实施"一核、双城、三轴、四区、多节点"空间发展战略，区域多中心、网络化格局加快形成，协调发展水平不断提升。最后，城市规模结构更趋合理，超大城市、Ⅰ型大城市和中等城市数量增加，小城市数量减少，促进了人口在区域内的有序流动与合理分布，既有效缓解了核心城市过度集聚压力，也增强了城市群整体的协同发展能力。

三是城镇等级体系失衡，结构性断层明显。一方面，京津冀地区大城市和中等城市数量较少，小城市数量虽多但整体规模较小，呈现"大城市过大、小城市过小、中等城市发育不足"的典型特征，城镇体系梯度断层明显，难以有效支撑区域协调发展。另一方面，中小城市受行政壁垒、产业基础薄弱与公共服务不足等多重因素制约，人口持续外流，城市等级下降，承接京津非核心功能的能力有限，制约了城市群整体协同发展。

四是人口与经济过度集聚，规模不经济问题凸显。一方面，人口与经济首位度指数持续上升，表明北京、天津等核心城市的虹吸效应不断增强，区域内其他城市的承载力与吸引力相对不足，区域协调发展面临较大压力。另一方面，异速生长指数长期低于合理阈值，表明人口集聚未能有效转化为经济效率的提升，资源配置效率下降，城市规模扩张的边际效益递减，制约了京津冀城市群的高质量发展。

五是单中心极化特征显著，次级城市发育不足。京津冀地区齐普夫指数长期高于均衡值1，表明城市群整体仍呈现明显的单中心主导格局。北京作为核心城市，在要素集聚和资源配置方面占据主导地位，区域发展呈现高度极化特征。天津在功能定位、产业分工和辐射带动能力等方面仍有待提升，未能充分发挥与北京协同发展的双核引擎作用。河北省内次级城市普遍面临功能承接能力弱、产业支撑不足等问题，在人口吸纳和产业转移中存在明显短板，城市功能体系不健全，综合承载与带动能力有限。由于次级城市发育滞后，城市群内部尚未建立起梯度合理、分工明确的多中心网络结构，这不仅增大了核心城市的资源环境压力，也制约了区域整体协同效率的提升，阻碍了城市群的高质量一体化发展。

（二）对策建议

第一，强化战略引领与规划统筹，构建城镇体系高质量一体化的制度体系。一是加强顶层制度设计。统筹推进区域协调发展、主体功能区建设、新型城镇化和乡村振兴战略，构建协同高效的城市群发展格局。二是健全协同发展规划体系。加强区域、国土空间与产业规划统筹衔接，引导资源要素有序流动与优化配置，提升空间组织效率。三是创新协同机制。完善跨区域协调推进、联合决策和共享共建机制，推动公共服务、基础设施、生态环境等领域协同治理，夯实制度保障基础。

第二，以疏解北京非首都功能为"牛鼻子"，持续优化城市群空间布局。一方面，健全功能疏解政策体系，有序推动非核心功能向外转移。制定差异化产业疏解清单，重点疏解一般性制造业、区域性物流基地、批发市场以及部分教育、医疗机构，优化北京核心功能布局，缓解人口与资源过度集聚压力。另一方面，高标准建设"新两翼"，打造非首都功能核心承载区。提升北京城市副中心科技创新、行政办公与商务服务等功能，带动通州与北三县一体化高质量发展；优化雄安新区高端高新产业和公共服务布局，增强对非首都功能的综合承载能力，辐射带动周边城市发展，强化其作为京津冀城市群战略支点的功能定位。

第三，加快建设现代化首都都市圈，推动城镇网络一体化发展。一方面，构建京津冀城市群主干架构，推进环京地区通勤圈、京津雄功能圈、节点城市产业圈协同发展，加强区域功能互补，促进城镇体系一体化。另一方面，完善区域交通和基础设施网络，提升要素跨区域流动效率。强化轨道交通、市政设施等互联互通，推动人口、产业、资源在都市圈内合理布局，培育高度网络化、协同化的城镇集群，实现由"点状集聚"向"网络协同"转型。

第四，完善城镇等级体系，促进多层级协调发展。一是推动超大、特大城市转变发展方式，科学确定城市规模和开发强度，合理控制人口密度，提升发展质量。二是强化北京、天津、雄安新区的核心城市功能，提升对周边区域的辐射带动能力。三是培育区域性中心城市，增强节点城市的产业支撑能力与综合服务能力。四是分类引导中小城市高质量发展，提升要素集聚力、产业承接力和人口吸引力，激发中小城市活力。五是推进县城和小城镇提质升级，加强基础设施和公共服务建设，提升基本功能和人口承载能力，培育一批功能完备、特色鲜明的小城镇。通过完善城镇等级体系，统筹推进各类城镇协调发展，构建结构合理、功能互补、分工明确的一体化城镇体系。

第五，推动功能协同与创新驱动，构建高质量发展的城市群体系。一方面，推动城市群功能协同布局。强化核心城市引领作用，重点发展总部经济和高端服务业，打造国际人才集聚和创新创业高地；提升中心城市综合承载功能，完善产业链配套体系，建设区域性专业服务平台，增强就业吸纳与产业支撑能力；提升节点城市支撑能力，承接人口和产业有序转移，促进人口与经济协调发展。另一方面，打造创新驱动发展新格局。构建多层级创新空间体系，推动数字经济、智能制造、现代服务业等现代产业集聚，提高城市空间利用效率，增强城市群内生增长动能与可持续发展能力，推动城市群由规模扩张向质量提升转型。

参考文献

李雅静、陈彦光：《京津冀城镇体系的位序-规模与异速生长标度分析》，《城市发展研究》2021年第8期。

魏守华、孙宁、姜悦：《Zipf定律与Gibrat定律在中国城市规模分布中的适用性》，《世界经济》2018年第9期。

Auerbach, F., "Das Gesetz Der Bevölkerungsk on Centration", *Petermanns Geographische Mitteilungen*, 1913, 59.

Zipf, G. K., *Human Behavior and the Principle of Least Effort*, Cambridge：Addison-Wesley, 1949.

区 域 报 告

B.10

北京市在推动京津冀高质量一体化中的
地位与作用研究[*]

孙瑜康　霍韶婕　宋晃　王佳慧[**]

摘　要：　作为京津冀协同发展的核心引擎，北京市聚焦"四个中心"战略定位，在推动区域高质量一体化中发挥着关键引领作用。首先，本报告阐述了北京市在推动京津冀高质量一体化中取得的进展，包括北京市经济发展水平与科技创新能力不断增强、人口空间布局持续优化、非首都功能有序疏解、京津冀协同创新共同体建设成效显著、北京城市副中心与雄安新区"两翼"建设稳步推进等重要方面。其次，深入分析北京市在推动京津冀高质量一体化中面临的多重挑战，包括京津冀内部差距扩大，区域发展不平衡问题突出；北京市综合实力与国际顶尖城市相比存在差距；北京创新对津冀的辐射带动不足，创新优

* 本报告为北京市社会科学基金项目"京津冀科技创新协同发展研究"（23JJB017）的阶段性成果。
** 孙瑜康，博士，首都经济贸易大学城市经济与公共管理学院副教授、硕士生导师，研究方向为区域经济、科技创新；霍韶婕，首都经济贸易大学城市经济与公共管理学院硕士研究生，研究方向为区域经济；宋晃，首都经济贸易大学城市经济与公共管理学院硕士研究生，研究方向为区域经济；王佳慧，首都经济贸易大学城市经济与公共管理学院本科生，研究方向为区域经济。

势没有有效转化为城市群的经济发展动力；北京市在组织引领京津冀共建世界级产业集群方面仍有较大提升空间。最后，针对以上问题，提出充分发挥北京市在推动京津冀高质量一体化中作用的建议，包括做好自身经济发展动能培育，推进"四个中心"建设；发挥创新中心辐射带动作用，共建京津冀协同创新共同体；发挥产业辐射带动作用，共建世界级产业集群；推动人才要素共享，构建区域人力资本共同体；推动资本流动辐射，打造区域金融协同创新体系；与津冀共建创新协同政策机制，构建区域治理现代化范式。

关键词： 高质量一体化 区域协同创新 京津冀 北京市

一 北京市在推动京津冀高质量一体化中的进展

（一）经济总量与发展水平不断提升，"四个中心"建设持续推进

近年来，北京市经济总量持续攀升，不断实现新突破。地区生产总值呈现稳健增长态势，2021 年首次突破 4 万亿元大关，至 2024 年达到 49843 亿元，标志着首都经济发展迈上新台阶（见图 1）。从人均地区生产总值来看，2014~2023 年，北京市人均地区生产总值从 106732 元跃升至 200278 元，增长 87.65%，展现出强劲的发展韧性。具体而言，2014~2018 年，北京市人均地区生产总值增速呈上升态势，2018 年增速更是达到 10.86%，2019 年增速虽有所放缓，但仍保持 7.16% 的速度快速增长。2020~2023 年，受多重因素影响，经济增速呈现波动。2020 年受新冠疫情影响，人均地区生产总值增速放缓至 1.47%，但 2021 年实现强劲复苏，增速高达 14.24%。尽管 2022 年出现短暂回调，但 2023 年增速重回增长轨道，充分彰显了北京市经济的强大韧性和长期向好的基本面（见图 2）。

2014~2024 年，北京市第一产业增加值处于稳定状态，第二产业增加值小幅上升（见图 3）。北京市不断做大做强先进制造业，2024 年医药健康产

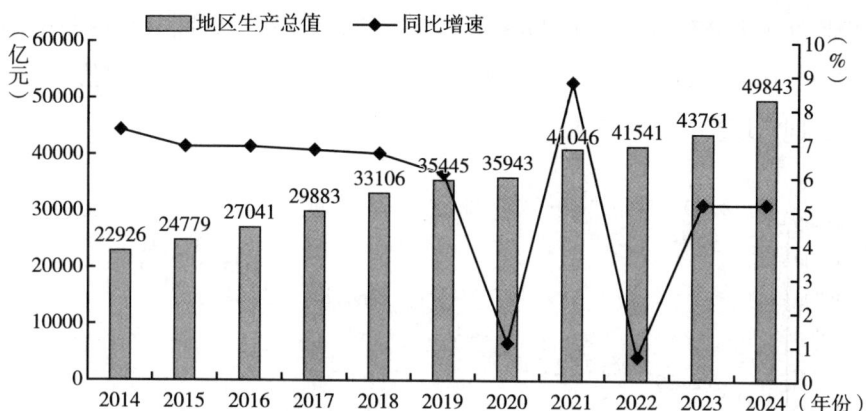

图1 2014~2024年北京市地区生产总值及其同比增速

注：地区生产总值增速按不变价格计算。
资料来源：相关年份《北京统计年鉴》《北京市国民经济和社会发展统计公报》。

图2 2014~2023年北京市人均地区生产总值及其同比增速

资料来源：相关年份《北京统计年鉴》。

业规模首次跨越万亿元大关；北汽、小米、理想等重量级整车制造项目相继投产，在北京市生产的新能源汽车数量达到约30万辆，实现了近3倍的增长。此外，人工智能核心产业规模也取得显著突破，迈过了3000亿元的门槛。① 第三产业增加值稳步上升，占GDP比重除2021年略有下降外，其余

————————

① 《2025年政府工作报告》，北京市人民政府网站，2025年1月14日，https：//www.beijing.gov.cn/zhengce/zhengcefagui/202501/t20250121_ 3994530. html。

年份均处于上升阶段,其中 2024 年北京市信息传输、软件和信息技术服务业实现增加值 11068.8 亿元,同比增长 11.0%;金融业实现增加值 8154.2 亿元,同比增长 7.6%。①

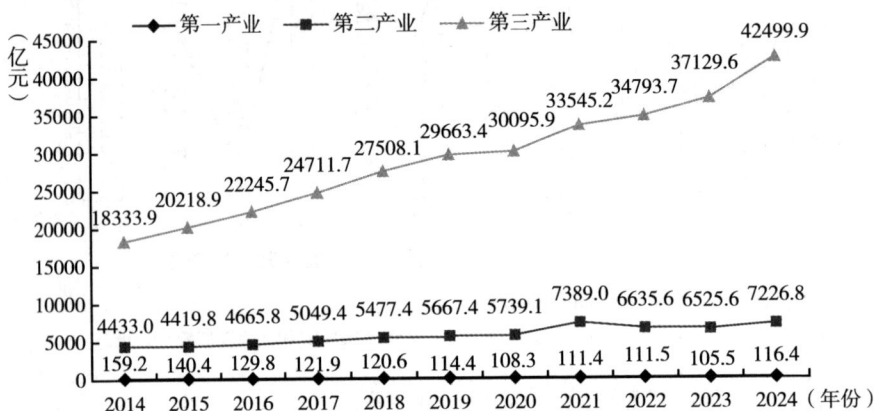

图 3　2014~2024 年北京市三次产业增加值

资料来源:相关年份《北京统计年鉴》,北京市人民政府网站。

在建设全国政治中心方面,北京市始终处在维护国家政治安全的最前沿,将政治中心建设摆在首位。近年来,北京市高标准完成多项活动与会议的服务保障任务,如 2015 年中国人民抗日战争暨世界反法西斯战争胜利 70 周年纪念活动、2017 年"一带一路"国际合作高峰论坛、2019 年新中国成立 70 周年庆祝活动、2021 年中国共产党成立 100 周年庆祝活动、2022 年第 24 届冬季奥林匹克运动会等。实现政治效果、社会效果与安全效果的有机统一,坚定不移地维护首都政治安全,切实保障社会大局稳定,全面提升政治服务水平。② 同时,北京市加强中央政务功

---

① 《2024 年北京经济稳中向好　高质量发展扎实推进》,北京市人民政府网站,2025 年 1 月 21 日,https://www.beijing.gov.cn/gongkai/shuju/sjjd/202501/t20250121_ 3995331.html。

② 《砥砺奋进著华章　铿锵前行踏新程——新中国成立 75 周年北京经济社会发展成就》,北京市统计局、国家统计局北京调查总队网站,2024 年 9 月 23 日,https://tjj.beijing. gov.cn/zt/xzgcl75zn/75znxwtg/202409/t20240920_ 3902636.html。

能服务保障，加强重点地区综合整治和环境风貌提升，营造良好的政务环境。

在建设全国文化中心方面，北京市始终秉持最高标准，弘扬首创精神，在文化领域发挥示范引领作用，为全国文化建设提供优质服务和引领。文化产业快速增长。2024 年，北京市规模以上文化及相关产业法人单位实现收入合计 23022.6 亿元，同比增长 6.6%。其中，规模以上文化企业实现营业收入 22512.4 亿元，同比增长 6.7%。北京市文化新业态发展势头强劲，2024 年相关企业实现营业收入 15906.9 亿元，较上年同期增长 11.1%，占全市文化企业营业总收入的比重达 70.7%。① 北京中轴线历时 12 年申遗成功，中国长城博物馆建设项目有序推进，文化文物单位绩效激励改革试点启动，北京历史文化遗产保护、传承与利用工作得到全面加强。

在建设国际交往中心方面，北京市积极承担各类国际交流活动，如冬奥会、亚洲文明对话大会等重要活动的服务保障工作，加快构建"一核、两轴、多板块"国际交往空间新格局，重点提升长安街及其延长线、中轴线北延长线的国际交往承载能力；雁栖湖国际会都实施扩容升级工程，第四使馆区建设全面启动。在服务体系建设方面，建成覆盖全域的涉外综合服务体系，全市政务服务中心外语办事窗口覆盖率达 85%②；在国际组织集聚方面，驻京国际组织总部及代表机构数量持续位居全国第一，国际影响力显著提升。

在建设科技创新中心方面，北京市持续发挥创新驱动作用。一是研发投入逐年增加。2014～2024 年，北京市 R&D 经费支出从 1269 亿元增加到 3339 亿元，增长了 1.63 倍。北京市 R&D 经费投入强度由 2014 年的 5.53%

① 《2024 年北京市规模以上文化及相关产业运行情况》，北京市统计局、国家统计局北京调查总队网站，2025 年 2 月 6 日，https：//tjj. beijing. gov. cn/zxfbu/202502/t20250206_4004221. html。

② 《砥砺奋进著华章 铿锵前行踏新程——新中国成立 75 周年北京经济社会发展成就》，北京市统计局、国家统计局北京调查总队网站，2024 年 9 月 23 日，https：//tjj. beijing. gov. cn/zt/xzgcl75zn/75znxwtg/202409/t20240920_ 3902636. html。

上升至 2024 年的 6.70%，提高了 1.17 个百分点，超出了"十四五"时期国际科技创新中心建设 6% 的预期目标值（见图 4）。二是基础研究经费支出比重提高。2014~2024 年，北京市基础研究经费支出由 159 亿元增加到 551 亿元，增长了 2.47 倍。基础研究经费支出占 R&D 经费支出的比重由 2014 年的 12.57% 上升至 2024 年的 16.50%，提高了 3.93 个百分点，达到发达国家水平（见图 5）。数字经济蓬勃发展，北京市公共数据开放平台向社会开

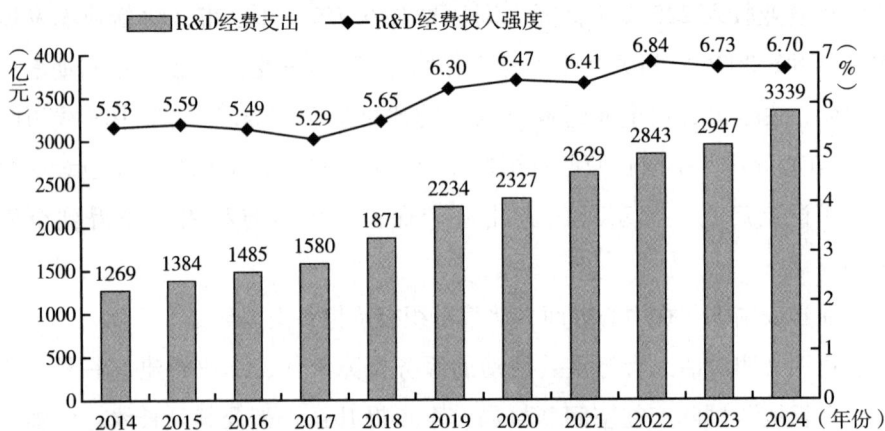

图 4　2014~2024 年北京市 R&D 经费支出与投入强度

资料来源：相关年份《中国科技统计年鉴》《北京市国民经济和社会发展统计公报》。

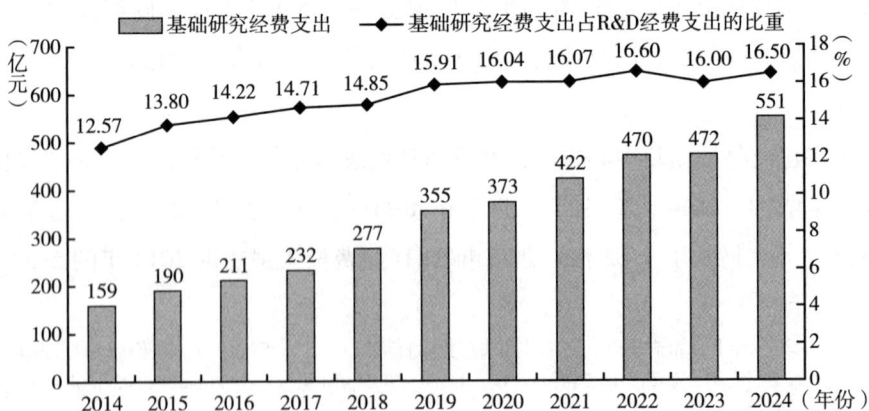

图 5　2014~2024 年北京市基础研究经费支出及其占 R&D 经费支出的比重

资料来源：相关年份《中国科技统计年鉴》《北京市国民经济和社会发展统计公报》。

放 1.8 万个高质量公共数据集，北京国际大数据交易所个人信息授权运营平台新增数据交易超 10 万笔，企业数据资产入表金额超 2 亿元。① 知识产出成效显著，2024 年北京市获评国家科学技术奖 58 项，占全国的 28.7%②，高被引科学家达 431 人次。③ 2024 年，在京全国重点实验室数量增至 77 家，约占全国总量的 28%，创新载体布局持续优化；北京怀柔综合性国家科学中心建设取得重大进展，29 个科技设施平台投入科研运行，其中 12 个平台面向全球开放共享；中关村人工智能研究院正式成立，新型研发机构数量突破 10 家，创新体系不断完善。④ 科研实力持续彰显，2024 年 3 月《北京国际科技创新中心建设条例》正式实施，创新引领作用进一步凸显。⑤

（二）非首都功能疏解持续深化，人口调控与空间腾退成效显著

人口规模调控成果持续巩固，人口资源利用效率显著提升。2017～2022 年，北京市常住人口数量总体处于缩减状态，2023 年减少到 2185.8 万人，相较于 2016 年高峰期的 2195.4 万人，减少了 0.44%，人口规模变动逐渐趋向稳定（见图 6）。在常住人口数量小规模下降的同时，北京市地区生产总值逐年提升，2024 年北京市居民人均可支配收入为 85415 元，同

---

① 《关于北京市 2024 年国民经济和社会发展计划执行情况与 2025 年国民经济和社会发展计划的报告》，北京市人民政府网站，2025 年 1 月 24 日，https：//www. beijing. gov. cn/zhengce/zhengcefagui/202502/t20250225_ 4018956. html。

② 《北京地区 58 项成果荣获国家科学技术奖》，北京市人民政府网站，2024 年 6 月 25 日，https：//www. beijing. gov. cn/ywdt/gzdt/202406/t20240625_ 3727812. html。

③ 《殷勇：北京高被引科学家达 431 人次、居全球城市首位》，京报网，2025 年 1 月 14 日，https：//xinwen. bjd. com. cn/content/s6785bad1e4b068c68f0e77d2. html。

④ 《北京国际科技创新中心建设亮成绩单 北京科技创新多维度步入全球前列》，北京市人民政府网站，2024 年 10 月 5 日，https：//www. beijing. gov. cn/ywdt/gzdt/202410/t20241005_ 3911380. html。

⑤ 《关于北京市 2024 年国民经济和社会发展计划执行情况与 2025 年国民经济和社会发展计划的报告》，北京市人民政府网站，2025 年 1 月 24 日，https：//www. beijing. gov. cn/zhengce/zhengcefagui/202502/t20250225_ 4018956. html。

比名义增长 4.5%。① 总体而言，北京市人口规模呈现下降趋势，但人口产出效率和经济效益显著提升。

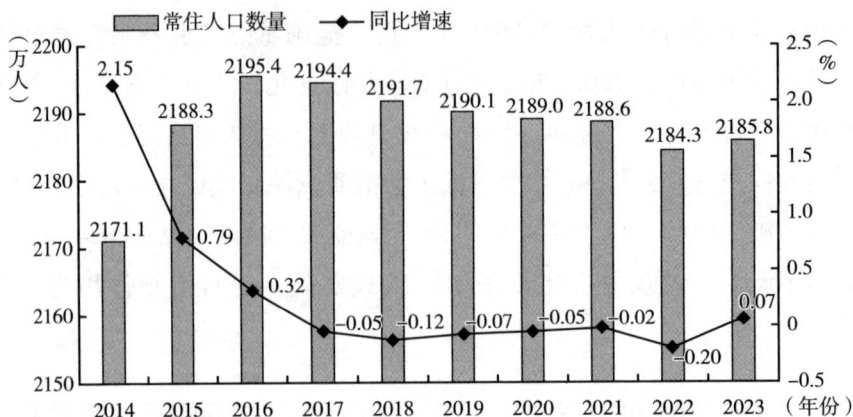

图 6　2014~2023 年北京市常住人口数量及其同比增速

资料来源：相关年份《北京统计年鉴》。

人口空间布局持续优化，呈现明显的梯度化特征。中心城区常住人口占比逐年下降，城市发展新区的人口集聚效应不断增强。人口梯度分布特征明显，中心城区人口密度仍高于城市发展新区。自 2015 年以来，北京市人口空间分布特征呈现显著变化。首都功能核心区和中心城区的常住人口占比持续下降，分别从 2015 年的 10.10% 和 49.19% 降至 2023 年的 8.24% 和 41.84%，分别下降 1.86 个和 7.35 个百分点。与此同时，北京城市副中心所在的通州区常住人口增长显著，从 2015 年的 139.4 万人增至 2023 年的 184.5 万人，增幅达 32.35%（见表 1）。

---

① 《2024 年全市居民人均可支配收入同比增长 4.5%》，北京市统计局、国家统计局北京调查总队网站，2025 年 1 月 21 日，https：//tjj. beijing. gov. cn/tjsj_ 31433/sjjd_ 31444/202501/t20250121_ 3994466. html。

表1 2015～2023年北京市常住人口情况

单位：万人

功能分区	2015年	2016年	2017年	2018年	2019年	2020年	2021年	2022年	2023年
北京市	2188.3	2195.4	2194.4	2191.7	2190.1	2189.0	2188.6	2184.3	2185.8
首都功能核心区	221.0	213.7	206.1	198.9	190.6	181.5	181.2	180.4	180.2
东城区	90.0	86.4	82.8	79.2	75.3	70.9	70.8	70.4	70.3
西城区	131.0	127.3	123.3	119.7	115.3	110.6	110.4	110.0	109.9
中心城区	1076.4	1051.0	1020.6	991.2	957.0	917.0	916.0	914.1	914.6
朝阳区	399.0	389.3	379.1	369.3	357.5	345.1	344.9	344.2	344.6
丰台区	238.4	232.4	225.8	219.0	211.1	201.9	201.5	201.2	201.1
石景山区	66.9	65.3	63.7	61.4	59.4	56.8	56.6	56.3	56.4
海淀区	372.1	364.0	352.4	341.5	329.0	313.2	313.0	312.4	312.5
通州区	139.4	145.9	154.5	163.3	173.2	184.0	184.3	184.3	184.5
"多点"地区	559.7	589.7	612.9	632.9	659.8	690.0	690.4	689.4	690.5
房山区	104.0	108.9	114.5	118.5	124.8	131.3	131.3	131.1	131.2
顺义区	102.9	108.5	114.5	119.6	125.7	132.4	132.6	132.5	132.7
昌平区	196.5	202.2	207.6	213.6	219.5	226.9	227.0	226.7	227.2
大兴区	156.3	169.7	176.3	181.2	189.8	199.4	199.5	199.1	199.4
生态涵养区	191.9	195.1	200.3	205.4	209.5	216.5	216.7	216.1	216.0
门头沟区	32.2	32.8	34.2	35.7	37.3	39.3	39.6	39.6	39.7
怀柔区	38.6	39.6	40.8	41.9	42.7	44.1	44.1	43.9	44.0
平谷区	41.9	42.5	43.3	44.2	44.5	45.7	45.7	45.6	45.6
密云区	48.6	48.9	49.7	50.6	51.5	52.8	52.7	52.6	52.4
延庆区	30.6	31.3	32.3	33.0	33.5	34.6	34.6	34.4	34.3

资料来源：相关年份《北京统计年鉴》，北京市统计局官网人口统计数据。

"多点"地区的常住人口占比稳步上升，并于2019年首次突破30%，达到30.13%。到2023年，这一比重进一步上升至31.59%。从"多点"地区内部来看，2015～2023年，房山区、顺义区、昌平区和大兴区的常住人口分别增加了27.2万人、29.8万人、30.7万人和43.1万人，增幅分别为

26.15%、28.96%、15.62%和 27.58%。这一变化反映了首都功能核心区和中心城区人口逐渐向外围转移的趋势。这种人口空间转移主要集中在 2020 年之前，自 2020 年起，"多点"地区常住人口占全市的比重提升趋缓，从 2020 年的 31.52%缓慢上升至 2023 年的 31.59%。此外，生态涵养区的常住人口呈现"先增加后稳定"的趋势，占比自 2020 年开始保持相对稳定，2023 年生态涵养区常住人口占比为 9.88%，与 2020 年基本持平。

企业疏解、腾退老旧空间成效显著。以产业结构调整为核心抓手，通过系统推进产业升级与功能疏解，有效优化了区域产业布局。自 2014 年实施非首都功能疏解以来，北京市累计完成 3000 家一般制造业企业疏解，并对近 1000 家区域性专业市场和物流中心进行提质升级。[1] 2024 年，累计拆除面积突破 2000 万平方米，实现腾退土地 1500 余公顷，其中 221.7 公顷用于留白增绿工程，城市更新进一步加快。[2]

2019 年 1 月，北京市级行政中心正式迁入城市副中心，首批 35 个部门和 165 个单位顺利完成搬迁工作。截至 2024 年 11 月，海淀、朝阳、西城三区已有 6714 家企业迁入通州区，其中包括 27 个经区政府重点推荐的项目。此外，通过市场化招商机制，通州区成功引进 130 个优质项目，充分展现了其在产业承接和招商引资方面的显著成效与强劲发展势头。[3]

自"疏整促"专项工作启动以来，大红门、动物园等传统商圈内近 60 家批发市场、4 万余家商户有序迁至津冀地区。其中，丰台区通过系统推进，累计完成 360 家一般制造业企业和 216 家区域性批发市场的疏解任务，石景山区累计疏解 34 家一般制造业企业和 74 家商品交易市场，推动首钢机

---

① 《北京：2014 年以来累计退出一般制造和污染企业近 3000 家》，北京市发展和改革委员会网站，2023 年 2 月 23 日，https://fgw.beijing.gov.cn/gzdt/fgzs/mtbdx/bzwlxw/202302/t20230224_2923572.htm。

② 《关于北京市 2024 年国民经济和社会发展计划执行情况与 2025 年国民经济和社会发展计划的报告》，北京市人民政府网站，2025 年 1 月 24 日，https://www.beijing.gov.cn/zhengce/zhengcefagui/202502/t20250225_4018956.html。

③ 《中心城区优质企业加速向副中心汇聚 海淀朝阳西城三区迁入通州企业数突破 6700 家》，首都文明网，2025 年 1 月 2 日，https://www.bjwmb.gov.cn/wmdt/tzq/10088968.html。

电、京能热电等多家重点企业顺利迁入河北，为区域产业升级腾挪出宝贵空间。①

腾退空间再利用，低效楼宇、厂房改造与城市更新有机衔接，产业结构不断优化，产业升级步伐加快。北京在疏解的同时，注重新兴绿色产业的转化，在"双碳"目标引领下，北京城市副中心推动产业转型升级，通过招商引资吸引了大量绿色企业和项目落地。北京光学仪器厂旧厂区被改造为北京绿色技术创新服务产业园，园区建筑按照绿色建筑星级标准建设，实现了100%可再生能源供冷供热，成为全市首个集聚绿色技术创新和绿色商务服务业态的零碳园区②；昌平区一批专精特新企业依托数字化、信息化技术赋能先进制造业高质量发展。

在推进非首都功能疏解的进程中，北京市以高等教育资源优化布局为重要抓手，着力推动教育资源配置的优化与跨区域协同发展。围绕首都"四个中心"的功能定位，北京市通过规划建设高校新校区，不仅促进了区域间的协同发展，还实现了教育资源的合理配置与高效利用。中国地质大学（北京）雄安校区预计于2027年完成首期疏解任务，届时将承接10251名学生。第二批疏解高校（华北电力大学、中国传媒大学、北京语言大学、北京理工大学和北京航空航天大学）的选址和用地规模已确定，校园总体设计方案及建设规划正在陆续报审。③ 这些新校区的建设不仅优化了教育资源在空间上的布局，促进了教育资源的均衡配置，而且有效缓解了北京中心城区在人口、交通、环境等方面的压力，为首都高质量发展提供了有力支撑。

医疗资源均衡布局，减轻北京中心城区医疗压力。自京津冀协同发展战略实施以来，北京市与河北省廊坊市、雄安新区等重点地区开展医疗合作项

---

① 《疏解优化齐并举　宜业宜居惠民生——数说京津冀协同发展十年成效系列之北京中心城区篇》，北京市统计局、国家统计局北京调查总队网站，2024年2月19日，https://tjj. beijing. gov. cn/zt/jjjjdzl/jjjztbg/202402/t20240222_ 3567010. html。

② 《助力国家绿色发展示范区建设　62岁北光厂将变身绿色科技产业园》，北京市人民政府网站，2024年12月25日，https://www.beijing. gov. cn/ywdt/zwzt/jjtz/lsjnhbfz/202412/t20241225_ 3973181. html。

③ 《北京市"十四五"时期教育改革和发展规划（2021—2025年）》。

目近 40 个，北京市优质医疗资源在向津冀地区均衡布局的同时，也让北京中心城区的医疗压力得到缓解。依据《北京城市总体规划（2016 年—2035年）》与《北京市医疗卫生设施专项规划（2020 年—2035 年）》的部署，北京市正有序实施中心城区大型综合医疗机构的疏解外迁工作。北京市多家医院已与河北省进行深入合作，位于河北省三河市的河北燕达医院与北京朝阳医院、北京天坛医院等多家医院进行深度合作共建。

（三）津冀产业承接能力显著增强，重点领域项目落地加速推进

河北省在京津冀协同发展中扮演了重要角色，特别是在承接北京非首都功能疏解方面取得了显著成效。产业承接方面，2025 年河北省《政府工作报告》指出，京津冀协同发展持续向纵深推进。通过加强协同创新和产业协作，河北省与北京市、天津市共建 6 条重点产业链，并启动建设京津冀"机器人+"产业园，推动区域产业升级。新能源和智能网联汽车、机器人等新兴产业产量实现成倍增长，同时安全应急装备等 4 个共建产业集群成功入选国家先进制造业集群。[①] 中国星网全面迁驻，第二批疏解项目有序推进；京津冀国家技术创新中心雄安中心挂牌运营，进一步提升了区域产业竞争力。[②] 丰宁县主动承接北京汽车零部件生产企业的外迁，并通过搭建资金、人才、技术等全方位的支持平台，成功打造了汽车零部件生产基地。[③] 截至 2024 年初，丰宁县已有 20 家北京企业落户，其中 15 家企业已投产运营，5 家企业在建，成为河北省承接北京非首都功能疏解和怀柔区对口帮扶丰宁县的重要成果。[④] 此外，河北省积极承接央企资源，累计引进央企二、

---

① 《2025 年河北省〈政府工作报告〉解读》，河北省人民政府研究室网站，2025 年 1 月 26日，https://yjs.hebei.gov.cn/news/zcjd/2025-01-26/2679.html。

② 《2025 年河北省政府工作报告中的雄安"元素"》，人民雄安网，2025 年 1 月 14 日，http://www.rmxiongan.com/n2/2025/0114/c383557-41108228.html。

③ 《河北丰宁：承接京津产业转移 打造汽车零部件生产基地》，丰宁满族自治县人民政府网站，2023 年 3 月 23 日，https://www.fengning.gov.cn/art/2023/3/23/art_ 3210_ 921170.html。

④ 《主动担当 融入大局 丰宁绘就高质量发展"绿美"画卷》，《河北经济日报》数字报，2024 年 2 月 26 日，http://epaper.hbjjrb.com/att/202402/26/ed7eb5c9-2fe1-405e-b652-560b8cbcd2f0.pdf。

三级子公司 332 家。在科技创新领域，吸纳京津技术合同成交额大幅增长
34.8%，为区域高质量发展注入了强劲动力。① 保定市打造"7+18+N"重
点产业体系，精准对接北京产业链。保定中关村数字经济产业园、五矿科技
产业园等承接非首都功能疏解项目开工建设，吸纳北京产业转移。截至
2023 年底，保定市与京津合作项目累计 499 项，总投资 3837 亿元，42 家央
企在保定市设立子公司 255 家。② 公共服务资源共享方面，截至 2024 年，
246 所京津学校已与河北"联姻"，推动了教育资源的均衡分布。③ 北京大
学人民医院、宣武医院等多家医院在雄安新区设立分院，北京市的 10 余家
医院与北三县医疗机构开展合作，400 余家医疗卫生机构与京津开展合作项
目超过 500 个④，推动了医疗资源的共享和下沉。

　　天津市在京津冀协同发展中也取得了显著成效。产业承接方面，《天津市
2025 年政府工作报告》指出，中国资源循环集团总部正式落户天津，国投生
物制造创新研究院、国能天津电力公司等重点项目相继落地，进一步增强了
天津的产业集聚效应。中关村发展集团增资宝坻京津中关村科技城，为区域
创新发展注入新动能。截至 2023 年，天津市累计引进在京企业投资项目超
6900 个，资金到位额超 1.2 万亿元。⑤ 截至 2023 年底，天津滨海-中关村科
技园累计注册企业超过 4700 家，成为京津科技创新的重要载体⑥；宝坻京
津中关村科技城累计注册企业超过 1500 家，重点承接北京科技创新资源。⑦

① 《2024 年河北吸纳京津技术合同成交额同比增长 34.8%》，中国新闻网，2025 年 1 月 13 日，
　　https：//www.chinanews.com.cn/cj/2025/01-13/10352313.shtml。
② 《保定：深度融入协同发展　跑出转型"加速度"》，人民网，2024 年 4 月 1 日，http：//
　　finance.people.com.cn/n1/2024/0401/c1004-40207643.html。
③ 《246 所京津学校与河北"联姻"》，央广网，2024 年 9 月 24 日，https：//edu.cnr.cn/list/
　　20240924/t20240924_526915716.shtml。
④ 《河北：400 余家医疗卫生机构与京津签订合作项目超 500 个》，中国雄安官网，2021 年 4 月 10
　　日，http：//www.xiongan.gov.cn/2021-04/10/c_1211105175.htm。
⑤ 《天津累计引进在京企业投资项目超 6900 个》，人民网，2023 年 2 月 27 日，http：//
　　finance.people.com.cn/n1/2023/0227/c1004-32631928.html。
⑥ 《滨海-中关村科技园：让每一份创新活力都能充分迸发》，天津经济技术开发区管理委员
　　会政务服务平台，2023 年 12 月 5 日，https：//www.teda.gov.cn/contents/13/26556.html。
⑦ 《京津冀联合绘制 6 条产业链图谱　天津纳入产业链上下游企业达 705 家》，央广网，2024
　　年 2 月 27 日，https：//news.cnr.cn/native/gd/20240227/t20240227_526610740.shtml。

（四）协同创新共同体建设步伐加快，科研合作与技术转化效能提升

京津冀协同创新共同体建设成效显著。2013~2023 年，京津冀协同创新指数整体呈增长趋势，从 100.0 增加到 298.2，增长了 198.2%，年均增速为 11.55%，除 2015 年、2020 年和 2022 年三地协同创新指数同比增长率为负外，其余年份均实现正增长，尤其是 2021 年同比增长率达到最高，为53.2%，说明三地在创新能力、科研合作、技术联系、创新绩效与创新环境方面有大量的投入与产出（见图 7）。

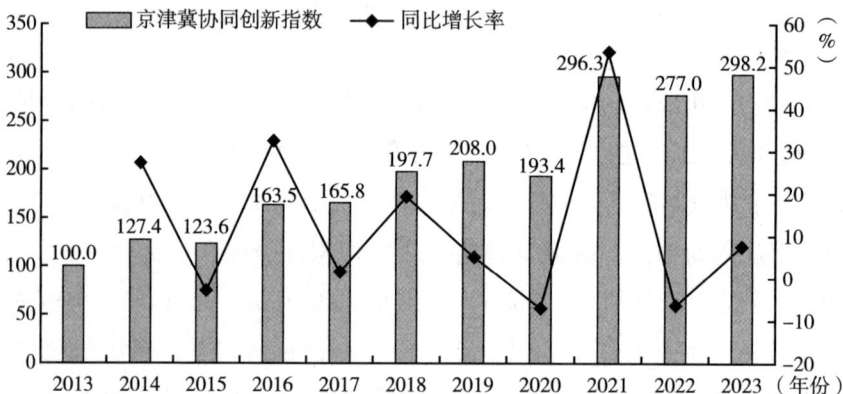

图 7　2013~2023 年京津冀协同创新指数及其同比增长率

资料来源：北京大学首都发展研究院：《京津冀协同创新指数（2025）》，2025 年 1 月。

在论文合作方面，京津冀三地论文合作数量处于稳步上升状态，其中北京与天津的论文合作数量一直高于北京与河北、天津与河北的论文合作数量。2023 年，在北京的论文合作中，北京与天津的论文合作数量占比达到51.9%，北京与河北的论文合作数量占比为 48.1%；在天津的论文合作中，天津与北京的论文合作数量占比为 79.5%，天津与河北的论文合作数量占比为 20.5%；在河北的论文合作中，河北与北京的论文合作数量占比为78.3%，河北与天津的论文合作数量占比为 21.7%（见图 8）。可见，京津冀三地在科研合作方面的联系更加紧密。

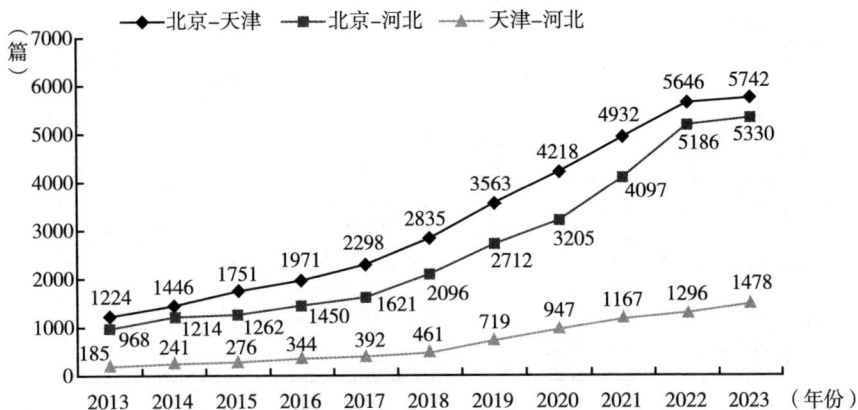

图 8　2013~2023 年京津冀三地之间论文合作数量

资料来源：北京大学首都发展研究院：《京津冀协同创新指数（2025）》，2025 年 1 月。

在专利合作方面，2013~2023 年，京津冀三地专利合作数量年均增长 8.3%。[①] 其中，北京与河北的专利合作数量除 2016 年低于北京与天津的专利合作数量外，其余年份均处于最高，且在 2019 年后呈增长趋势；北京与天津的专利合作数量则呈现波动变化的特征，2013~2016 年总体增长较快，之后进入平稳阶段，2020 年有所下降，之后呈上升趋势；天津与河北的专利合作数量总体呈稳定上升趋势（见图 9）。整体看，近年来，三地专利合作数量均以不同速度增加。从结构上看，2023 年京津冀地区的专利合作呈现明显的区域分布特征。其中，北京与天津的专利合作数量占京津冀地区的 29.4%，北京与河北的专利合作数量占比高达 59.7%，而天津与河北的专利合作数量占比为 10.9%。可见，京津冀地区专利合作以京冀合作为主导，占据了区域专利合作的近六成。

北京市技术市场发展态势良好，创新资源辐射效应显著增强。北京对津冀地区的技术辐射带动作用显著提升。2023 年，北京向津冀输出的技术合同成交额达 748.7 亿元，同比实现翻倍增长，占对外省份输出总额的比重提升至 15.1%，较 2022 年显著回升（见图 10）。同时，河北吸纳京津技术合

---

① 北京大学首都发展研究院：《京津冀协同创新指数（2025）》，2025 年 1 月。

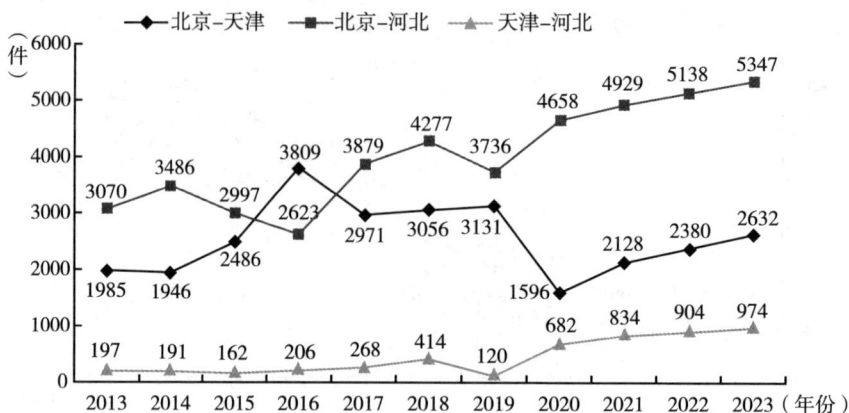

图9 2013~2023年京津冀三地之间专利合作数量

资料来源：北京大学首都发展研究院：《京津冀协同创新指数（2025）》，2025年1月。

同成交额突破810.1亿元，同比增长101%，创历史新高。① 这一系列数据充分表明，京津冀协同创新共同体建设取得实质性进展，区域创新链与产业链深度融合加速推进。从长期趋势看，2014~2019年，北京向津冀输出的技

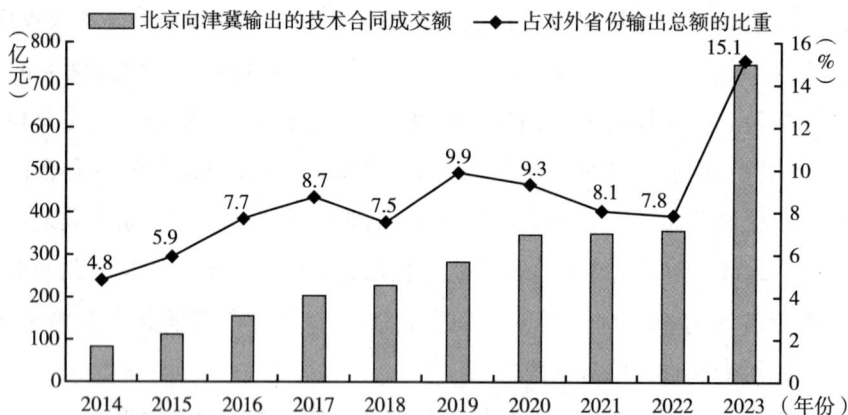

图10 2014~2023年北京向津冀输出的技术合同成交额
及其占对外省份输出总额的比重

资料来源：北京大学首都发展研究院：《京津冀协同创新指数（2025）》，2025年1月。

---

① 《京津创新成果加快在河北落地生"金"》，问政河北网，2024年3月22日，https://wz.hebccw.cn/system/2024/03/22/101294374.shtml。

术合同成交额占比总体呈上升态势，虽在 2020~2022 年受新冠疫情影响有所回落，但 2023 年实现强势反弹，显示出京津冀协同创新发展的强大韧性和巨大潜力。这一变化趋势与京津冀协同发展战略的深入推进密不可分，也预示着区域创新合作将迈向更高水平。

在创新成果转移转化平台建设方面，京津冀国家技术创新中心与津冀两地共建 14 个创新平台，成功攻克 7 个关键领域"卡点"技术难题。[1] 2023年，廊坊市印发实施《关于进一步吸引京津科技成果在廊转移转化的若干措施》，与中国科学院、清华大学等高校及科研院所组建企业科技特派团和产业科技特派团 70 余个，转化科技成果和攻克核心技术 180 余项，与京津合作共建创新平台 107 个，建设省级以上孵化器、众创空间 45 家，累计入驻企业和团队 1000 余家[2]；汉沽管理区已承接京津转移项目 200 余个，引进京津科技成果（项目）20 余项。[3] 天津滨海新区持续完善科技创新体系，着力构建"基础研究—技术攻关—成果转化—产业培育"的全链条创新生态。通过系统布局大科学装置、国家级科研院所、海河实验室和大学科技园等重大创新平台，天津滨海新区不断提升创新能级和成果转化效能。其中，国家超级计算天津中心在算力支撑和科研服务方面发挥重要作用，现代中医药海河实验室在关键技术研发和成果转化方面取得突破性进展。同时，京津冀智能医药产业园完成升级改造并通过竣工验收，目前已储备优质项目 30余个，为区域生物医药产业发展注入新动能。

（五）与津冀产业协作向纵深拓展，园区共建与企业互投成果丰硕

北京作为全国科技创新中心，近年来通过疏解非首都功能，将部分产业

① 《绘就高质量发展新篇章——中央区域办、国家发展改革委负责人就京津冀协同发展成效进展答记者问》，国家发展和改革委员会网站，2025 年 2 月 28 日，https：//www.ndrc.gov.cn/fggz/202502/t20250228_ 1396354.html。
② 《有序承接 协同创新 廊坊全域协同构建与京津优势互补产业链》，廊坊市人民政府网站，2024 年 3 月 19 日，https：//www.lf.gov.cn/Item/137984.aspx。
③ 《河北汉沽：打造京津产业转移重要承载地》，京报网，2023 年 8 月 30 日，https：//peking.bjd.com.cn/content/s64ef1128 e4b03b71707d5d19.html。

向津冀转移，津冀积极承接北京转移的企业。2014 年以来，河北累计承接京津转入基本单位 4.3 万余家。① 来自北京的企业在津投资项目累计超过 6700 个，资金到位额超过 1.14 万亿元。② 天津武清已集聚 261 家与北京产业链、供应链相配套的企业，2023～2024 年，通过市场化机制成功引进 57 个来自北京的投资项目，累计投资额达 262.8 亿元；在产学研合作方面，促成 103 个合作项目落地实施，其中 77 项科技成果已实现转化应用。③ 通过政策引导和资源优化配置，北京企业在津冀找到了新的发展空间，同时也带动了当地经济的增长。

园区共建是北京与津冀产业协同的重要抓手。通过共建产业园区，三地实现了资源共享和优势互补。园区共建模式不仅提升了区域整体竞争力，也为京津冀协同发展提供了示范，不仅吸引了大量高新技术企业入驻，还促进了三地在技术研发、成果转化等方面的深度合作。天津武清区域内新增 9 个市级以上创新平台。北京理工大学唐山研究院正式落成，配备 20 余个先进实验室，成功引入北京理工大学 7 个国家级和 6 个省部级创新平台。④ 京冀曹妃甸协同发展示范区建设成效显著，累计实施投资规模超亿元的京津合作项目 101 个，完成投资额 196 亿元，国投（唐山）煤炭储运等重大项目正式启动建设，北汽福田雷萨（唐山）新能源汽车等重点项目也已顺利投产并实现盈利。⑤ 这些项目的落地和推进，为示范区注入了强劲的发展动力，进一步夯实了区域高质量发展的基础。

企业互投是北京与津冀产业协同的另一重要表现。随着京津冀协同发展

① 《河北承接京津转入基本单位 4.3 万余家》，人民日报客户端，2024 年 2 月 23 日，https：//www.peopleapp.com/column/30042745121-500004967429。
② 《天津市长：来自北京的企业在津投资项目累计超过 6700 个》，京报网，2022 年 8 月 31 日，https：//xinwen.bjd.com.cn/content/s630ed338e4b01fc573cd5994.html。
③ 《新闻发布会》，天津市人民政府网站，2024 年 10 月 30 日，https：//www.tj.gov.cn/sy/xwfbh/xwfbh_ 210907/202410/t20241031_ 6767013.html。
④ 《京津冀产业协同走深走实》，央视网，2025 年 2 月 11 日，https：//news.cctv.com/2025/02/11/ARTI7hBrZE2iNjTVM f0C1p5o250211.shtml。
⑤ 《河北：牵住"牛鼻子"，绘就京津冀协同发展新图景》，央广网，2025 年 1 月 17 日，https：//www.cnr.cn/hebei/gstjhebei/20250117/t20250117_ 527043580.shtml。

战略的推进，三地企业之间的投资合作日益频繁。北京的高新技术企业、金融机构等在津冀设立分支机构或投资建厂，而津冀的企业也积极进入北京市场，参与首都经济圈建设，促进了资本流动，加速了技术、人才等要素的跨区域流动，推动区域经济的深度融合。自 2013 年以来，北京对津冀的技术辐射效应显著增强，技术输出规模实现跨越式增长，北京向津冀输出的技术合同成交额从 2013 年的 71.2 亿元大幅攀升至 2024 年的 843.7 亿元，增长近 11 倍。2014~2022 年，京津冀区域创新协同发展成效显著，三地企业相互投资达 11196 次，互设分支机构 30257 家，形成了紧密的创新合作网络，充分展现了京津冀协同创新共同体建设成果和区域创新要素深度融合态势。①

（六）与"两翼"地区互动持续加强，城市副中心与雄安新区建设提速

北京城市副中心在 2024 年展现出蓬勃的发展活力。2024 年，通州区规模以上工业企业完成工业总产值 996.7 亿元，同比增长 52.9%。其中，高技术制造业 198.2 亿元，同比增长 23.1%。规模以上六大高耗能行业产值为 75.1 亿元，同比下降 7.4%。从主要行业看，汽车制造业完成 416.8 亿元，同比增长 383.6%；医药制造业完成 103.1 亿元，同比增长 5.5%；专用设备制造业完成 63.0 亿元，同比下降 1%；电气机械和器材制造业完成 48.8 亿元，同比下降 2.1%；计算机、通信和其他电子设备制造业完成 46.6 亿元，同比增长 201.6%。彰显了信息技术业已成为推动北京城市副中心高质量发展的关键动力。②

一系列重大设施项目正式亮相，包括北京艺术中心、北京城市图书馆、

---

① 《京津冀产业协同走深走实——京津冀产业升级转型成效调查》，北京市科学技术委员会、中关村科技园区管理委员会网站，2025 年 2 月 11 日，https：//kw.beijing.gov.cn/xwdt/kcyx/xwdtkfhz/202502/t20250211_4007828.html。

② 《2024 年通州区经济运行情况》，北京市通州区人民政府网站，2025 年 1 月 23 日，https：//www.bjtzh.gov.cn/bjtz/xxfb/202501/1741369.shtml。

北京大运河博物馆以及城市绿心森林公园。"超级工程"北京城市副中心站综合交通枢纽的主体工程结构施工基本完成，预示着未来交通的便捷与高效。在教育、医疗和行政办公方面，北京第一实验学校投入使用，北京友谊医院通州院区（二期）开诊，行政办公区二期也已建成，并有第二批 30 余家市属行政事业单位陆续入驻。[①] 运河商务区注册企业数量累计超过 2 万家[②]，科技创新平台已达 130 余个，高新技术企业数量突破 1100 家[③]，北投大厦作为首家市属国企总部大楼已基本建成。

基础设施建设方面，东六环路入地改造等重点工程进入冲刺阶段。大运河京冀段 62 公里全线实现旅游通航，东六环路入地改造隧道盾构段双线贯通，东夏园综合交通枢纽也已开通运营。

雄安新区有序承接资源疏解。截至 2024 年，雄安新区累计实施重点项目383 个，完成投资超过 6712 亿元；4000 多栋楼宇拔地而起，开发面积覆盖 184平方公里。科创企业加速聚集，截至 2023 年已有 323 家高新技术企业、404 家国家级科技创新中小型企业落户新区，10 万居民入住"15 分钟生活圈"，绿地、公园四处环绕。[④] 雄安新区配套出台了"1+10"支持疏解政策，启动区综合服务中心也已建成并投入使用，为疏解项目提供了全方位的服务保障。

雄安新区在高标准建设中取得了显著成效，京津冀国家技术创新中心雄安中心、北京海外学人中心雄安中心启动运行，北京四中雄安校区教育集团揭牌成立，雄安新区中关村科技园累计入驻企业 130 家。[⑤] 雄安新区将 5 大产

---

① 《"一核"牵引、"新两翼"支撑，京津冀协同新图景》，京报网，2024 年 1 月 25 日，
  https://xinwen. bjd. com. cn/content/s65b23ccfe4b0f6c5abd53794. html。
② 《重磅！ 乐业乐创新高地，2 万余家企业落户运河商务区》，北京市通州区人民政府网站，
  2024 年 2 月 29 日，http://open. bjtzh. gov. cn/kftzh/c110074/202502/1742730. shtml。
③ 《厚植科技创新土壤　副中心高新企业数量突破 1100 家》，北京市人民政府网站，2024 年 6
  月 12 日，https://www. beijing. gov. cn/ywdt/zwzt/jjtz/gjswxzxjs/202406/t20240612_ 3709869.
  html。
④ 《7 年，雄安雄姿初显！》，中国雄安官网，2024 年 4 月 1 日，http://www. xiongan. gov. cn/
  2024-04/01/c_ 1212347993. htm。
⑤ 《关于北京市 2024 年国民经济和社会发展计划执行情况与 2025 年国民经济和社会发展计划的
  报告》，北京市人民政府网站，2025 年 1 月 24 日，https://www. beijing. gov. cn/zhengce/
  zhengcefagui/202502/t20250225_ 4018956. html。

业方向与6大疏解重点相结合，吸引了中国移动、中国联通、中国电信等一批市场化疏解项目加速推进，广泛吸引国内外力量及资本参与建设和发展。首批疏解的4家央企总部和4所高校加快建设，17家北京市属国企在雄安新区投资项目已达100余个。2024年，雄安新区引进央企二、三级子公司47家，第二批疏解央企——中国大唐集团、中国华电集团、中国诚通集团和中国农业发展集团已经选址。截至2025年2月，央企在雄安新区设立各类分支机构约300家。①

（七）毗邻地区一体化进程不断加快，交通互联与产业协作水平提升

三河市、大厂回族自治县和香河县地处北京与天津之间，是京津冀三地联通的关键地区，着重推进交通一体化建设。2022年12月30日，京唐城际铁路燕郊至唐山段开通运行，从北京城市副中心（通州）到北三县的通勤时间缩短至15~20分钟；通燕高速燕郊出口立交枢纽正式通车，进一步畅通北京城市副中心乃至京东地区交通网络；北京地铁22号线（平谷线）正在建设当中，预计2026年底建成通车；潮白河大桥正在全力建设，未来将促进两地市民便利往来。通州与北三县的跨界合作取得了良好的成效，通州与北三县一体化指数从2018年的33.05上升到2022年的61.84，年均增长率达到16.96%。② 2024年9月，北京通州与河北廊坊北三县一体化高质量发展示范区项目推介会在大厂回族自治县举办，推介会共签约合作项目80个，其中通州区18个、三河市22个、大厂回族自治县20个、香河县20个，意向投资额达331.02亿元。③

在大兴国际机场临空经济区，2024年大兴国际机场旅客吞吐量为

---

① 《加快打造新时代创新高地创业热土——雄安新区"聚要素之年"发展观察》，人民网，2025年2月14日，http://paper.people.com.cn/rmrb/pc/content/202502/14/content_30056631.html。

② 《叶堂林：通州与北三县高质量一体化发展成效显著》，京报网，2024年5月29日，https://xinwen.bjd.com.cn/content/s6656a8b7e4b035c6ca5e1997.html。

③ 《通州与北三县新签80个合作项目》，北京市发展和改革委员会网站，2024年9月27日，https://fgw.beijing.gov.cn/gzdt/fgzs/mtbdx/bzwlxw/202409/t20240927_3908475.htm。

4001.31 万人次，较 2023 年同期增长 28.1%。截至 2024 年 10 月 14 日，草桥、固安、涿州、廊坊 4 个城市航站楼累计服务旅客量已突破 60 万人次。① 固安产业新城累计引进企业超过 600 家，投资额超过 2000 亿元，重点发展航空航天、生物医药等产业。② 河北省永清县积极促进京津冀一体化发展，截至 2024 年初，永清县累计承接投资额在 5000 万元以上的北京非首都功能疏解项目 30 个，总投资达 133.77 亿元，全面对接河北省、廊坊市及临空经济区等上位国土空间规划，统筹推进总体规划、产业规划、土地利用、生态环保等"多规合一"工作。③ 津兴城际铁路开通运营，推动临空经济区实现基础设施共建共享；充分发挥临空经济区辐射带动作用，深化永清县与临空经济区在规划布局、产业协同、基础设施等方面的深度融合，实现一体化建设与协同发展。

"房涿涞"地区积极服务雄安新区和北京城市副中心建设，房山区已淘汰 215 家一般制造业企业，疏解提升 30 家市场。自 2014 年起，战略性新兴产业产值年均增长 10.9%，经济转型稳步推进。房涿涞高精尖产业园与涿州高新技术产业开发区、涿州松林店经济开发区等合作企业达 19 家，长安汽车北京基地在保定地区的配套商增至 27 家，配套额超 100 亿元。交通网络日益完善，京雄高速、京昆高速等 5 条大通道通车，房涿涞高等级公路形成放射线加环线的网格化格局，服务 20 多个县市，涿州 19 路以及北京 838 路、917 路快、快专 115 路 4 条跨省公交线路年客运量达 1170 万人次，跨界通勤便利度显著提升。④

---

① 《同比增长 28.1% 刷新年度客流量纪录 大兴机场年内旅客量首破 4000 万人次》，中央人民政府网站，2024 年 10 月 22 日，https://www.gov.cn/lianbo/difang/202410/content_6982074.htm。

② 《固安正迈向"幸福之城"》，固安县人民政府网站，2019 年 6 月 21 日，https://guan.gov.cn/posts/post/gu-an-zheng-mai-xiang-xing-fu-zhi-cheng。

③ 《永清：在推进京津冀协同发展中展现新作为》，廊坊市人民政府网站，2024 年 2 月 24 日，https://www3.lf.gov.cn/Item/137400.aspx。

④ 《"房涿涞"从山水相连到产业相融》，北京市房山区人民政府网站，2024 年 2 月 29 日，https://www.bjfsh.gov.cn/zhxw/fsdt/202402/t20240229_40073316.shtml。

（八）京津"同城化"有序推进，产业联动与交通政务协同深化

在产业协同方面，京津两地从单一的产业转移承接向产业链深度合作转变，成效显著。智慧互通等北京企业在天津建设中试服务平台和生产研发基地，进一步推动了两地产业链的深度融合。截至 2024 年 10 月，天津滨海-中关村科技园累计注册企业超过 5500 家，为 1000 余家北京科技型企业提供了科技创新和应用场景支持。①

产业链协作配套不断加强。截至 2024 年 4 月，天津为北京奔驰汽车、理想汽车和小米汽车提供零部件配套的企业超过 120 家，未来还将继续拓展上下游服务。② 2023 年，京津两地共同举办了两场"京津产业握手链接洽谈会"，通过政府搭台、企业唱戏的方式，推动企业深度对接。

交通同城化建设有序推进。2023 年 12 月 18 日，京津两地正式进入"四条高铁连通时代"，进一步拉近了双城的时空距离。同时，天津港至北京大红门及平谷等海铁联运班列的开通，为区域物流注入了新活力。2024年，天津港集团港口生产双创历史最高水平：货物吞吐量完成 4.93 亿吨，同比增长 3%；集装箱吞吐量完成 2328 万标准箱，同比增长 5%，年增长100 万标准箱以上。③ 依托京津物流园提供"从港口到餐桌"的"一站式"便利化服务，极大地提升了区域物流效率。截至 2024 年 4 月，天津已实现"4条高铁通北京、1 条高铁通雄安新区"，境内高铁通车里程从 2013 年的 245 公里增至 2024 年的 410 公里。截至 2024 年初，天津已形成"6 条高速公路通北京、2 条高速公路通雄安新区、毗邻地市高速公路互联互通"的格局。④

---

① 《滨海-中关村加速推进"北京研发天津转化"》，天津市人民政府网站，2024 年 8 月 9 日，https：//www. tj. gov. cn/sy/tjxw/202408/t20240809_ 6695121. html。

② 《我市为北京整车配套重点企业超 120 家》，天津市工业和信息化局网站，2024 年 4 月 30 日，https：//gyxxh. tj. gov. cn/ZWXX5652/GXDT9285/202404/t20240430_ 6614665. html。

③ 《天津港集团年货物吞吐量完成 4.93 亿吨》，交通运输部网站，2025 年 1 月 9 日，https：//www. mot. gov. cn/jiaotongyaowen/202501/t20250109_ 4162240. html。

④ 《新华每日电讯：4 条高铁 6 条高速，加速打造京津"双城记"》，中国国家铁路集团有限公司网站，2024 年 5 月 9 日，http：//www. china-railway. com. cn/xwzx/mtjj/xhs/xinhuanet/202405/t20240509_ 136142. html。

政务协同持续深化。2023 年，京津两地创新推出"全程网办+异地代收代办+多地联办+自助办"政务服务模式，实现 300 余个政务服务事项"跨省通办"，有效地满足了两地群众多样化、个性化的办事需求。这一模式不仅提升了政务服务效率，也为全国跨区域政务协同提供了示范样板。

文化融合打造京津文化走廊。以京津两地的历史文化遗产、文化艺术机构、文化创意园区和旅游景点为节点，一条连接故宫、天坛、颐和园、天津古文化街、天津意式风情区、天津海河等标志性景点的"京津文化走廊"逐渐成形。这条走廊不仅展现了两地深厚的文化底蕴，也为区域文化旅游产业融合发展注入了新动能。

二 北京市在推动京津冀高质量一体化中
存在的问题

（一）京津冀内部差距扩大，区域发展不平衡问题依然突出

京津冀内部的经济发展差距不断扩大。北京的经济地位持续上升，而天津和河北的经济地位相对下滑。2014 年，北京、天津、河北三地 GDP 占京津冀地区的比重分别为 39.0%、18.1%、42.9%，2024 年北京 GDP 占京津冀地区的比重上升至 43.2%，高于河北 GDP 占比，京津冀三地 GDP 占比分别为 43.2%、15.6%、41.2%。与京津冀地区 GDP 占比的剧烈变化相比，2014~2024 年珠三角各城市 GDP 占比变化幅度在 2.7 个百分点以下。同样，上海、江苏、浙江、安徽四地 GDP 占比在 2014~2024 年的变化幅度均小于1.4 个百分点，尤其是作为长三角区域经济中心的上海，GDP 占比变化仅为0.2 个百分点，整体呈现"经济体量与地方体量相耦合"的特征，区域内各省份在发展中保持了一定的平衡（见表 2）。从人均 GDP 的角度来看，京津冀三地的人均 GDP 差距亦呈现扩大的趋势。2014 年，北京、天津、河北的人均 GDP 分别为 10.0 万元、10.5 万元、4.1 万元，北京的人均 GDP 是天

津的 0.95 倍、河北的 2.44 倍。^① 然而，到 2024 年，这一差距进一步扩大，北京、天津、河北的人均 GDP 分别达到 22.8 万元、13.2 万元、6.4 万元，北京的人均 GDP 已是天津的 1.73 倍、河北的 3.56 倍。^② 相比之下，广东省内部各城市的人均 GDP 虽然存在差异，但整体保持在合理区间。例如，2024 年，深圳、珠海、广州的人均 GDP 分别为 20.69 万元、17.96 万元、16.48 万元，虽然存在一定的梯度差异，但并未出现如京津冀那样数倍的悬殊。^③

表 2　2014~2024 年京津冀、长三角、广东省 GDP 及其内部省级行政区 GDP 占比

单位：亿元，%

指标	2014 年	2019 年	2024 年
京津冀 GDP	58775.5	84479.2	115394.3
北京 GDP 占比	39.0	42.0	43.2
天津 GDP 占比	18.1	16.6	15.6
河北 GDP 占比	42.9	41.4	41.2
长三角 GDP	152643.5	235951.9	328085.3
上海 GDP 占比	16.6	16.1	16.4
江苏 GDP 占比	42.5	41.8	41.8
浙江 GDP 占比	26.2	26.5	27.5
安徽 GDP 占比	14.8	15.6	14.3
广东省 GDP	68173	107986.9	141633.8
广州 GDP 占比	24.5	21.9	21.9
深圳 GDP 占比	23.5	24.9	26.0
广东省其他地区 GDP 占比	52.0	53.2	52.1

资料来源：根据相关年份各城市统计年鉴数据整理计算。

（二）北京市综合实力与国际顶尖城市相比存在差距

北京与其他国际顶尖城市的差距主要体现在四个方面。

---

① 数据来源于 2015 年各省份统计年鉴。
② 数据来源于 2024 年各省份《国民经济和社会发展统计公报》。
③ 数据来源于广东省统计局。

一是经济与综合实力存在差距。科尔尼咨询公司发布的《2024 年全球GDP50 强城市排名榜单》显示，2024 年，北京的 GDP 为 4.98 万亿元，与纽约、洛杉矶、东京、巴黎、上海等城市的 GDP 差距分别为 4.08 万亿元、1.79 万亿元、1.57 万亿元、0.41 万亿元。

二是综合创新实力存在差距。根据清华大学联合施普林格·自然（Springer Nature）发布的《国际科技创新中心指数 2024》，北京的综合指数为 83.18，与旧金山－圣何塞（100）和纽约（88.65）仍存在不小的差距，其中创新高地和创新生态两个维度仍有较大的完善空间（见表3）。另外，根据科尔尼咨询公司编制的《2024 全球城市指数报告》，北京的研发指标得分为 97.1，只相当于纽约（213.9）、伦敦（187.1）的一半左右。可见，北京的创新能力与世界顶尖城市相比存在较大差距，关键领域原创性、引领性的成果以及顶尖人才还比较缺乏，需进一步加强。

表3　2024 年全球部分城市（都市圈）科技创新中心指数

城市（都市圈）	综合	科学中心	创新高地	创新生态
旧金山－圣何塞	100	93.43	100	100
纽约	88.65	100	75.89	91.49
北京	83.18	94.66	75.74	79.24
伦敦	82.11	84.68	68.31	98.8
波士顿	81.13	94.41	70.92	80.08
粤港澳大湾区	80.25	84.55	75.19	81.81
东京	78.58	74.68	82.55	75.98
巴尔的摩－华盛顿	76.01	86.57	67.03	77.81
巴黎	75.9	79.98	68.72	82.39
上海	73.98	77.25	68.69	79.03

资料来源：清华大学、施普林格·自然：《国际科技创新中心指数 2024》，2024 年 11 月。

三是高技术产业与制造业存在短板。2023 年，北京高技术产业新产品销售收入占营业收入的比重为 30.34%，低于天津（31.94%）、江苏（43.01%）、浙江（54.28%）和广东（41.67%）等省份；北京高技术产业新产品销售收入与新产品开发经费支出之比仅为 5.78，约为江苏、浙江的 1/2。① 2024 年，北京发明专利授权量为 119635 件，占全国的 11.45%②，但制造业总产值占全国的比重仅为 4%~5%③，专利创造难以依赖当地制造业有效及时地在本地落地应用，技术在行业中落地仍然面临鸿沟。事实上，在新一轮科技革命到来之际，制造和创新环节不但没有分离，反而越来越紧密。东京、纽约、巴黎等国际知名科创城市，依然是全球重要的制造业中心。2024 年，北京市工业增加值为 5937.6 亿元，仅占上海的 53.57%、深圳的 47.85%。北京市工业增加值占 GDP 的比重不断下降，2024 年比 2010 年降低 5.5 个百分点，仅为 11.91%，与"十四五"规划中制定的 15% 的目标相差甚远，更是明显低于上海的 20.56% 和深圳的 33.72%。④

四是国际人才数量偏少，保障体系不健全，对人才的吸引力不足。根据中欧人才论坛发布的《全球城市人才黏性指数报告 2024》，北京的城市人才黏性指数与纽约、旧金山、波士顿、巴黎等城市相比存在一定差距。根据北京国际人才交流协会发布的 2024 年《首都国际人才发展报告（蓝皮书）》，自 2017 年实施外国人来华工作许可制度以来，在京长期工作的外籍人才数量较为稳定，有 2.2 万余人。整体来看，在京国际人才总量偏少，近年来有所下降，顶尖人才匮乏。据估算，北京的外籍科技人才占北京人才总量的比重不足 1%；而在美国硅谷地区，科技从业人员中近 60% 是外籍人才。⑤ 在全球"高被引科学家"名单中，北京地区高校和科研机构入选人数与美国硅谷地区相比有较大差距。

（三）北京创新对津冀的辐射带动不足，创新优势没有有效转化为城市群的经济发展动力

虽然北京的科技创新成果和资源十分丰富，但这些成果和资源并没有

---

① 数据来源于《中国科技统计年鉴 2024》。
② 数据来源于北京市知识产权局。
③ 数据来源于北京市统计局。
④ 数据来源于 2024 年各城市《国民经济和社会发展统计公报》。
⑤ 《2024 年首都国际人才发展报告发布　在北京长期工作的外籍人才已超 2.2 万人》，北京市人力资源和社会保障局网站，2024 年 11 月 6 日，https://rsj.beijing.gov.cn/xwsl/mtgz/202411/t20241106_ 3935455.html。

充分转化为京津冀经济发展的有效动力，北京创新对津冀产业发展的带动依然不足。首先，创新产出与产业结构不适配使得创新成果向津冀转化困难，产业间的协作和联动不足，难以形成良性互动机制，阻碍了北京创新向津冀溢出。例如，"U560"空天地一体化多模终端芯片虽由北京与雄安团队携手设计，但核心制造环节仍需依赖长三角的半导体代工厂。[①] 其次，京津冀地区的产业结构差异过大，特别是制造业的错位使京津冀三地之间的产业合作程度不高，导致津冀对转化北京创新成果以及对接北京产业的意愿不强。

（四）北京市在组织引领京津冀共建世界级产业集群方面仍有较大提升空间

首先，京津冀制造业存在显著的结构性问题。以 2022 年京津冀、长三角、广东省六大"核心-外围"制造业营业收入为例，京津冀仅钢铁加工冶炼的营业收入领先于长三角，而其余五大制造业的营业收入则大幅落后，尤其是在装备制造环节，京津冀的营业收入为 10235 亿元，远远落后于长三角（73604 亿元）。而在下游的汽车、电子信息制造等环节，京津冀同长三角和广东省的差距同样较大（见表 4）。2024 年，京津冀规模以上电子信息制造业实现营业收入 8878 亿元，同比增长 17.8%，较 1~11 月提高 0.6 个百分点，营业收入占全国的比重为 5.5%；长三角实现营业收入 45435 亿元，同比增长 8%，营业收入占全国的比重为 28.1%。[②] 尽管京津冀电子信息制造业营业收入有着较快的增速，但在产业规模与质量方面，仍难以与长三角相提并论。长三角和广东省在多数关键制造业部门中占据领先地位，在下游的汽车、电子信息、生物医药制造环节中，长三角在生物医药和汽车制造环节

---

① 《必博半导体 U560 芯片：开启空天地一体化通信新时代》，雪球网，2024 年 11 月 8 日，https：//xueqiu.com/9983210953/311754562？md5_ _ 1038＝n4%2BxRDyD0DcGDtYKGNcm GDnDIh1WOtDgiCoD。

② 《2024 年电子信息制造业运行情况》，工业和信息化部网站，2025 年 2 月 6 日，https：//wap.miit.gov.cn/gxsj/tjfx/dzxx/art/2025/art_ 1700821f77774a368eaa88e6c9fb3807.html。

有较大优势，广东省则更加侧重电子信息制造业，充分发挥其长板效应。京津冀在装备、汽车、电子信息等制造业主体环节存在严重短板，总体体现在北京缺乏"制造"、河北缺乏"技术"上，最终表现为京津冀城市群产业体系不完善，各个主体均存在"偏科"问题，这种结构差异导致区域间产业协作困难，难以形成有效的产业链协同。

表4 2022年京津冀、长三角及广东省"核心-外围"制造业营业收入

单位：亿元

地区	石化	钢铁	装备	汽车	电子信息	生物医药
北京	1188	127	2816	3798	5246	1711
天津	3116	2960	3170	2611	2087	706
河北	6729	15263	4249	27447	667	1153
京津冀	11033	18350	10235	9156	8000	3570
上海	6475	1870	9284	8707	5836	1184
江苏	20609	11992	40273	9452	23620	3325
浙江	21355	2306	24047	7405	9530	2431
安徽	5096	2509	9114	3781	4650	839
长三角	48439	16168	73604	25564	38986	6940
广东省	19210	3933	32301	12143	47448	2194

资料来源：国家统计局。

其次，京津冀先进制造业集群发展相对滞后。2024年工业和信息化部公布了国家先进制造业集群名单，有35个集群上榜，加上2022年公布的45个集群，国家先进制造业集群达到80个。[①] 尽管京津冀入选集群数量有所增加，但是总量上仍远低于长三角的29个（见表5）。根据《中国高技术产业统计年鉴》，2013~2022年，京津冀高技术产业新产品销售收入占GDP

---

① 《总数达80个！ 国家级先进制造业集群大起底（附全名单及地区行业分布）》，中国高新网，2024年12月18日，http://www.chinahightech.com/yaowen/2024-12-18/content_275057.html。

的比重由 5.75%下降到 4.99%，反映出京津冀高技术产业发展滞后于经济增长，且京津冀高技术产业存在缺链、断链现象，导致创新能力提升未能有效带动高技术产业集群化发展，直接影响了创新优势向产业优势的转化。此外，虽然近年来中关村国家自主创新示范区中小企业创新活力逐年提升，既有高成长性的科技型中小公司，也有京东、联想、百度、小米等大公司，但仍缺乏大企业和龙头企业的带动。以美国硅谷为例，硅谷聚集了上万家技术企业，其中近六成企业是以信息技术和互联网技术为主的集研发、生产、销售于一体的科技公司，包括惠普、苹果、英特尔、思科、谷歌、脸书、推特、特斯拉等世界级企业，这些企业在各自的专业领域均引领了技术创新及应用。相比较之下，中关村国家自主创新示范区企业在核心技术层面的贡献度不足，开创性成果主要集中在产品和商业模式方面，对产业的技术引领能力较弱，缺乏引领世界的科技龙头企业。

表5　2024年京津冀、长三角及广东省国家先进制造业集群数量

单位：个

地区		数量	合计
京津冀	北京	6	17
	天津	5	
	河北	6	
长三角	上海	5	29
	江苏	14	
	浙江	8	
	安徽	2	
广东省		8	8

资料来源：《总数达 80 个！ 国家级先进制造业集群大起底（附全名单及地区行业分布）》，中国高新网，2024 年 12 月 18 日，http：//www.chinahightech.com/yaowen/2024–12/18/content_275057.html。

再次，北京本地产业配套能力不足，产业链区域内配套率较低。京津冀产业链区域内配套率较低，尤其是依赖特定原材料、核心技术和先进制造装备的产业，近 30% 的制造业其主导产品在京津冀的关键零部件

配套率不足 30%，北京 62 家重点龙头企业在津冀的配套率仅为 16%，而长三角、珠三角的配套率达 30% 左右。① 例如，小米公司仅有 7% 的产业链环节在京津冀范围内实现配套，手机、电视的核心零部件供应商主要集中在广东、浙江、江苏等沿海省份，研发中心也由北京向南京、武汉等地转移。②

最后，创新成果转化缺乏有效载体。首都圈范围内缺乏能就地转化北京创新成果的产业走廊，产业腹地建设尚不完善。大城市在产业升级过程中通常会只保留研发等部分高价值环节，而将生产等环节外迁，但这种转移都不会太远，一般在郊区或都市圈范围内布局，以便创新和生产环节加强联系。例如，上海的高新技术企业更青睐周边的苏州、南京等重点城市。就近搬迁一般被视为企业的首选，在尽可能保证员工跟随的情况下，还能够与大城市保持紧密联系，维系原有的资源关系。2016~2023 年，共有 948 家国家高新技术企业迁出北京市。其中，83.12% 的企业选择迁往长三角、珠三角等地区，选择留在津冀的企业仅占 4%。③ 北京与天津、保定等城市虽然交通便捷，但京津冀创新网络中的节点城市仍处于散点发展阶段，还未形成"廊道+节点"的空间特征，导致北京产业技术在向周边地区辐射扩散的过程中缺乏有效的空间载体。与此相对比，长三角 G60 科创走廊以上海松江区为策源地，以上海张江科学城为核心承载区，沿 G60 高速公路布局科创企业及先进制造业，连接起长三角九大城市。美国硅谷依托 101 州际公路的便捷交通干线，串联起地区的会议会展、金融商贸、商业服务等功能组团和设施，在发展过程中形成了"产学研"功能高度融合的空间形态，而北京的创新产业活动则缺乏完整、开放的科技服务体系。

---

① 谢晓华：《新质生产力推动京津冀产业协同发展的内在逻辑与实践路径》，《中国工程咨询》2025 年第 3 期。
② 《关于北京市"十四五"时期促进京津冀产业协同发展的调研报告》，北京市人民代表大会常务委员会网站，2021 年 1 月 11 日，https：//www.bjrd.gov.cn/rdzl/rdllysjhk/202003q/202003ztgz/202101/t20210111_ 2211220.html。
③ 数据来源于高新技术企业认定管理工作网，http：//www.innocom.gov.cn/。

三 充分发挥北京市在推动京津冀高质量一体化中作用的建议

（一）做好自身经济发展动能培育，推进"四个中心"建设

北京作为京津冀协同发展的核心引擎，应以"四个中心"建设为引领，系统提升创新策源能力，立足国家战略需求，做好自身经济发展动能培育。

一是强化创新策源功能。优化国家战略科技力量布局，依托中关村科学城、怀柔科学城等战略科技力量载体，在人工智能、量子信息、基因编辑等前沿领域，布局重大科技基础设施集群，打造全球原始创新策源地。加大基础研究支持力度，推动国家实验室、高校、科研院所与市属科研机构组建跨领域创新联合体，集中突破关键共性技术瓶颈，实现核心技术跃迁。

二是推动创新成果产业化。大力推进产学研一体化，构建更加高效的科技成果转化体系。推动北京高校和科研院所与领先企业深度合作，搭建技术转移平台，构建从技术研发、产品孵化到市场推广的全链条服务体系。加强科技成果转化平台建设，利用北京的科技优势，吸引更多企业、高校、科研机构及风险投资主体等参与到创新的全过程。

三是培育新质生产力，推动产业集群建设。以推动高端制造、战略性新兴产业、未来产业为抓手，发展具有前瞻性的产业集群。在具体布局方面，应加强"三城一区"协同发展，深化区域协作与产业互补，形成多层次、多维度的产业发展生态系统，加速在集成电路、高端装备、新能源、新材料等领域的战略布局，促进产业集群的形成，并推动人才、资本、技术等创新要素的高效流动与聚集。

（二）发挥创新中心辐射带动作用，共建京津冀协同创新共同体

京津冀协同创新共同体建设应以创新中心为核心枢纽，通过重构跨区域创新生态体系，强化辐射带动效应，推动形成优势互补、利益共享的高质

发展格局。

一是依托北京作为科技创新中心的核心枢纽地位，推动京津冀三地共建科技成果转化综合服务平台，强化创新链与产业链的深度融合。鼓励北京高端科研机构、技术转移服务机构在津冀设立分支机构，构建涵盖基础研究、中试熟化、产业化应用的全链条创新服务体系，提升科技成果的区域扩散效应。进一步依托京津冀国家技术创新中心的协同机制，优化跨区域创新要素流通网络，推动常态化科技成果对接，促进专利池共享、技术授权和联合攻关，增强技术溢出效应，加快核心创新能力向产业链上下游延伸。

二是支持龙头企业组建跨区域创新联合体，围绕新一代信息技术、生物医药、智能制造、新能源等关键领域开展协同研发，推动产业链关键环节的联合突破。鼓励在京企业根据产业发展需求，将部分生产基地、实验基地、应用测试中心向津冀布局，以实现从创新策源到产业承接的全链条协同。加强重大科技基础设施、重点实验室、产业创新中心等平台的共建共享，推动跨区域协同创新网络体系化发展。

（三）发挥产业辐射带动作用，共建世界级产业集群

北京需立足国家战略科技力量与高端产业集聚优势，以创新链与产业链深度融合为核心抓手，发挥产业辐射带动作用，推动京津冀构建分工有序、优势互补的现代化产业体系，建设世界级产业集群。

一是建立梯度化产业协同体系。重点发挥北京国家战略科技力量与高端产业势能，在集成电路、智能网联汽车等关键领域实施产业链"头雁计划"，推动在京龙头企业向津冀延伸布局研发中试、生产配套基地，形成"北京原创—津冀转化"的产业辐射链条。建立三地联合产业链图谱动态更新机制，在生物医药等领域设立跨区域产业标准联盟，实现技术标准互认与质量检测互通，打造基础研发在京、工艺突破在津、批量生产在冀的梯度分工格局。

二是创新构建产业协同承载体系。沿京津廊道布局先进制造走廊，建设产业协同示范带，形成项目牵引、专业化承载、集群化发展的空间辐射格

局，深化"链主+园区"协同机制，推动京东方、北汽等链主企业联合津冀共建智能显示、新能源汽车特色产业园。设立京津冀产业协同发展母基金，重点支持产业链关键环节跨区域布局，在雄安新区建设国家级中试基地集群与全球技术交易中心，打造国际产业要素配置枢纽。

（四）推动人才要素共享，构建区域人力资本共同体

推动区域人才要素共享与人力资本共同体建设，需以破除体制机制壁垒为核心，实现智力资源的跨域优化配置。

一是强化人才政策顶层协同。建立京津冀人才一体化发展联席会议机制，重点推进三地人才认定标准互认、职业资格互通与社保衔接制度创新。依托京津冀人才大数据中心建设，整合三地人才信息库与产业需求图谱，构建智能匹配系统，动态发布京津冀重点产业人才供需信息，精准引导人才向战略性新兴产业集聚。同步完善人才流动服务保障体系，建立跨区域住房保障周转机制与教育、医疗资源共享网络，创新"户口不迁、关系不转、身份不变"的柔性流动制度。

二是构建梯度化、特色化的人才供给体系。在高等教育领域深化"双一流"高校与地方院校的学科共建，在数字经济、先进制造等领域设立京津冀联合研究院，实施学术导师和产业导师的双轨制培养模式。职业教育方面则重点打造产教融合共同体，依托北京职教资源，在曹妃甸、滨海新区建设智能制造实训基地，推广"政校企"协同育人机制。针对高技能人才短缺瓶颈，建立京津冀职业技能等级证书互认制度，实施联合培养计划，形成从基础技工到首席工匠的完整培育链条。通过政策赋能、平台聚能、教育蓄能的系统化改革，最终构建起人才要素自由流动、人力资本持续增值的区域协同发展新格局。

（五）推动资本流动辐射，打造区域金融协同创新体系

推动跨区域资本流动辐射与金融协同创新体系建设，需以资本为纽带贯通区域投融资通道，构建金融协作网络，促进资金链与创新链、产业链的深

度融合。

一是建立多层次资本市场协作体系。通过构建京津冀产权交易共同市场，统一技术类无形资产确权评估标准，实现科技成果跨区域确权交易与价值转化。同步创新科技金融服务模式，重点推广知识产权证券化、供应链金融及投贷联动工具，引导社会资本定向注入战略性新兴产业。在这个过程中，需完善资本引导与项目对接机制，通过税收优惠梯度设计、财政补贴协同机制及跨区域项目联合审批制度，激发社会资本参与动能。

二是着力推进金融资源的跨域共享与精准配置。设立京津冀协同发展母基金，统筹三地政府引导基金与产业基金资源，构建"基础研究—技术转化—产业应用"的全周期资本支持体系。推动在京金融机构设立专项信贷额度，对产业链强链补链项目给予差异化利率支持与审批通道优化。同时，建立区域风险投资信息共享平台，完善私募股权基金跨区域跟投机制，重点解决创新型企业早期融资难题。

（六）与津冀共建创新协同政策机制，构建区域治理现代化范式

体制机制创新协同是破除行政壁垒、实现深度协同的根本保障，应聚焦制度性壁垒破除与系统性改革突破，构建区域治理现代化范式。

一是建立跨区域产业政策协同体系。编制京津冀产业协同发展负面清单与正面激励目录，明确三地的功能分工图谱，实施产业链"链长"负责制下的差异化产业准入标准，通过财税分享机制引导北京研发中心、天津先进制造研发基地与河北产业转化集群深度嵌套。同时，创新区域利益协调机制，探索共建园区"基数留存＋超收分成"的税收共享模式，建立基于生态产品价值实现的横向补偿制度，同步完善重大产业项目联合审批与能耗指标统筹调配机制，形成成本共担、收益共享的协同发展制度框架。

二是深化技术要素市场化配置改革。建立京津冀科技成果转化共同体，实施"先试用后付费"技术推广计划，在雄安新区设立技术要素综合改革试验区，开展知识产权证券化试点。推动三地共建技术经理人联合认证平

台，建立科技成果分级评估与跨区域确权交易机制，支持第三方机构开展技术成熟度认证与知识产权价值评估服务。

参考文献

刘李红、高辰颖、王文超等：《京津冀高质量协同发展：演化历程、动力机理与未来展望》，《北京行政学院学报》2023 年第 5 期。

孙久文、邢晓旭：《京津冀产业协同发展的成效、挑战和展望》，《天津社会科学》2024 年第 1 期。

武义青、冷宣荣：《京津冀协同发展十周年回顾与展望》，《经济与管理》2024 年第 2 期。

叶堂林：《京津冀产业高质量协同发展中存在的问题及对策》，《北京社会科学》2023 年第 6 期。

袁航、柳天恩：《京津冀协同发展的历史成就、现实困境与路径探索》，《区域经济评论》2025 年第 1 期。

B.11
天津市在推动京津冀高质量一体化中的
地位与作用研究*

王得新 孙媛**

摘 要： 作为京津冀区域核心节点城市，天津市凭借区位优势、产业基础与港口资源，在承接非首都功能疏解、推动产业协同创新、完善交通网络及生态环境共治中发挥了关键作用。对比南京市在长三角一体化中的经验做法，天津市面临产业承接转移存在阻滞、创新资源集聚与发挥作用不足、政策协同仍需加强等问题与挑战。为此，本报告提出优化政策协同机制、推动产业融合发展、深化创新链与产业链对接、发挥海空双港支撑能力等策略，为天津市提升协同效能、助力京津冀高质量一体化提供实践参考。

关键词： 高质量一体化 区域协同创新 京津冀 天津市

京津冀协同发展作为国家层面推动区域协调发展的重大战略举措，肩负着疏解北京非首都功能、优化区域发展布局、推动经济转型升级和高质量发展等核心任务。2014年以来，京津冀三地在产业协同、交通一体化、生态环境联建联防等诸多领域紧密协作，协同发展取得了重大进展。天津作为京津冀区域中的"双城"和中心城市之一，凭借其独特的区位优势、雄厚的

---

* 本报告为天津市哲学社会科学规划项目"京津冀城市群创新空间结构与经济发展质量研究"（TJYJ23-006）的阶段性成果。

** 王得新，经济学博士，中共天津市委党校、天津行政学院经济学教研部教授，研究方向为区域经济、产业经济；孙媛，经济学博士，中共天津市委党校、天津行政学院经济学教研部讲师，研究方向为区域经济、循环经济。

产业根基以及丰富的资源储备，在京津冀一体化发展进程中扮演着重要角色，发挥了重大作用。

长三角地区是我国经济最为发达的区域之一，在一体化发展方面走在前列，积累了丰富的经验。南京作为长三角地区的重要城市，在区域一体化进程中发挥了关键作用。将天津与南京在区域一体化中的作用进行对比分析，不仅有助于进一步明确天津的发展定位，为天津提供有益的借鉴，还能够从宏观视角审视区域中心城市的发展路径，为京津冀高质量一体化的深入推进提供有力支撑，实现区域整体竞争力的跃升。

一 天津市推动京津冀高质量一体化成就斐然

在京津冀协同发展战略布局中，疏解北京非首都功能这一中心任务，引领着区域协同发展的节奏与方向。天津市凭借得天独厚的优势，精准承接北京非首都功能疏解，成为京津冀协同发展棋局中的关键落子，为区域产业结构升级、以协同创新引领产业融合发展、生态环境共治共享注入动力，助力重塑三地发展新生态。

（一）承接非首都功能疏解成效显著

天津市在承接北京非首都功能疏解中扮演着关键角色，依托坚实的制造业根基，为北京外溢产业搭建了理想的落地平台；在服务方面，与北京互补互济，有效疏解北京非首都功能，全方位推动区域协同迈向新高度。

产业承接层面，天津市通过深化与央企及京冀地区在科技创新、产业配套、服务支撑等领域的市场化协同机制，精准引进并落地强链补链型、战略引领型重大项目，推动形成产业链创新链深度融合的示范效应。中国资源循环集团首个设立在天津市的央企总部正式落户，中国软件信创总部、国能航运公司等在津设立，中核二四天津研发中心等项目加快建设。[①] 2024 年以

[①] 陈璠：《协同发展绘就新图景》，《天津日报》2024 年 12 月 23 日，第 1 版。

来，天津市携手京冀共同实施重点产业链图谱落地行动。天津市牵头培育的京津冀新一代信息技术应用创新集群，参与协同培育的京津冀集成电路、安全应急装备、智能网联新能源汽车等集群，入选工业和信息化部第四批先进制造业集群。① 提速三地园区共建，天津武清携手北京顺义、河北廊坊积极参与京津冀智能网联新能源汽车科技生态港建设，打造 1 小时汽车零部件配套圈；天津医药集团等 60 家国内外知名医药企业携 78 个项目入驻京津冀·沧州生物医药产业园；首批京津冀"机器人+"产业园挂牌，天津南开智能制造产业园等 5 个园区开展成果转化等合作。②

人口疏解层面，天津市凭借丰富的教育、医疗资源以及相对宽松的落户政策，吸引大量人口流入。截至 2024 年 11 月底，"海河英才"计划累计引进各类人才 50 万人，本科及以上学历人才占比超过 70%，战略性新兴产业从业人员占比达 26%③，其中不乏来自北京的高端人才、高校毕业生等。武清、宝坻等近京区域新建诸多高品质住宅小区，成为北京人外迁的热门选择，有效缓解了北京人口压力，为人口合理分布贡献力量。

公共服务对接层面，教育、医疗等领域深度合作不断推进。天津市将天津一中、四中、实验小学等优质教育资源与雄安新区学校开展机制化合作；在职业教育维度，创新建立跨省单招与中高职贯通式"3+2"进阶培养体系。医疗合作同样紧密，京津冀医学检验互认目录扩容至 60 项，天津市肿瘤医院秦皇岛医院国家区域医疗中心、天津中医药大学第一附属医院石家庄医院等重点项目加快推进。《天津市推进京津冀社会保障卡一卡通规定》正式实施，三地联合编制京津冀社保"一卡通"应用场景目录，有力地推动了一张社保卡"畅行"京津冀。京津冀政务服务通办实现新跨越，资质资格互认体系扩容至 209 项，"京津冀+雄安"通办专区 231 个高频事项实现异地办理，切实让京津冀协同发展成果惠及企业、百姓，区域凝聚力与向心力不断增强。

---

① 陈璠:《协同发展绘就新图景》,《天津日报》2024 年 12 月 23 日,第 1 版。
② 吴巧君:《协同机制持续深化 "六链五群"有力推进》,《天津日报》2024 年 12 月 27 日,第 4 版。
③ 廖晨霞:《人才蔚 事业兴 城市活》,《天津日报》2024 年 11 月 26 日,第 2 版。

（二）推动区域协同创新与产业融合

天津市充分发挥科教资源丰富与产业基础雄厚等优势，深度融入京津冀协同创新体系，搭建多元创新平台，探索跨区域合作新模式，推动区域产业融合，为区域协同创新和产业生态优化注入强大动力，不断提升京津冀整体实力。

天津市坚持科技创新和产业创新一起抓，与北京市和河北省的科研机构、高校建立紧密合作关系，联合共建研发中心、实验室，实现资源共享、优势互补，携手京冀共育新质生产力。截至 2024 年 12 月底，天津市拥有全国重点实验室总数已达 17 家，其中 6 家是联合北京市、河北省单位共建的。京津冀国家技术创新中心与天津市共建的技术创新平台累计 11 家，天津分中心实现实体化运行。^① 京津冀组建首批 17 个产业链创新联合体，紧盯优势产业需求，"揭榜挂帅"强化技术攻关。^② 为打通京津冀区域内科技成果转化"最后一公里"，天津市精心搭建多元转化平台，创新体制机制。天津滨海-中关村科技园作为京津两地推动京津冀协同发展的示范园区，依托京津两地资源优势，凭借园区内专业技术转移机构、中试平台等为企业提供成果评估、二次开发、小试中试等全链条服务。截至 2024 年 11 月底，该园区已吸引 5731 家企业前来注册^③，累计服务超过 1000 家北京赴津企业^④，"北京研发、天津转化"高效协同。中国技术交易所天津先进技术交易服务中心于 2024 年 8 月在天津滨海-中关村科技园挂牌运营^⑤，助力更好地推广转化北京科研成果，进一步打通北京科技研发与天津先进制造的融合通路。天开高教科创园为京津冀科技创新成果提供广阔的产业对接场景、多领域发展

---

① 陈璠：《协同发展绘就新图景》，《天津日报》2024 年 12 月 23 日，第 1 版。
② 陈璠：《协同发展绘就新图景》，《天津日报》2024 年 12 月 23 日，第 1 版。
③ 万红：《10 家企业签约落户滨海-中关村》，《天津日报》2024 年 12 月 28 日，第 2 版。
④ 万红：《滨海-中关村加速推进"北京研发天津转化"》，《天津日报》2024 年 8 月 9 日，第 1 版。
⑤ 万红：《滨海-中关村加速推进"北京研发天津转化"》，《天津日报》2024 年 8 月 9 日，第 1 版。

场景、"一核两翼多点"区域协同场景以及良好的科创服务生态,累计新增注册企业突破 2400 家,其中京冀企业超 300 家①,占比为 12.5%。天津市还积极探索"揭榜挂帅""项目经理人"等创新机制,针对京津冀产业发展痛点,精准对接科研力量与企业需求,促进产学研深度融合。此外,天津市创新服务体系日益完善,天津市发挥金融创新运营示范区的积极作用,吸引京冀金融资本、政府引导基金、风险投资机构为创新企业提供多元化资金支持,金融"活水"添力协同发展。截至 2024 年末,天津市金融机构支持京津冀协同发展项目贷款余额突破 7500 亿元②,同比增长 5.13%。天津市还注重知识产权保护与运营,设立知识产权交易中心,举办专利拍卖会等活动,盘活知识产权资产,为科技成果转化营造良好市场环境,让科技创新"金种子"在京津冀结出累累硕果。

(三)推动区域交通网络纵横贯通

作为我国北方最大的综合性港口城市,天津市近年来持续在交通基础设施建设领域发力,不断完善海陆空交通网络,成为国内外物资、人员、信息流通的重要交汇点,有力地推动京津冀全方位、多层次的交通网络有序贯通。

天津港是天津市的"硬核"资源,是当之无愧的京津冀协同发展的"海上门户",在区域物流格局中具有重要地位。天津港拥有 147 条集装箱航线、40 余条海铁联运通道,同世界上 180 多个国家和地区的 500 多个港口保持贸易往来。2024 年,天津港集团完成集装箱吞吐量 2328 万标准箱,同比增长 5%。③ 天津在 2024 年全球航运中心城市综合实力排名中位居前列,为京津冀地区乃至全国的外向型经济搭建起坚实桥梁。④ 不仅如此,天津港还通过海铁联运、公海联运等多式联运方式,将港口的辐射范围延伸至

---

① 陈璠:《协同发展绘就新图景》,《天津日报》2024 年 12 月 23 日,第 1 版。
② 陈璠:《协同发展绘就新图景》,《天津日报》2024 年 12 月 23 日,第 1 版。
③ 万红:《货物及集装箱吞吐量双创历史最好水平》,《天津日报》2025 年 1 月 7 日,第 2 版。
④ 万红:《"融合"加速打造新格局》,《天津日报》2024 年 12 月 30 日,第 2 版。

内陆地区，为京津冀及周边地区提供便捷、低成本的物流解决方案。2024年，天津港铁水联运量突破 135 万标准箱，同比增长 12.2%，保持全国前三，跨境陆桥运量居沿海港口前列。[①] 京津协同港口服务中心强化京津两地优势互补，让企业更加直观地感受天津港"海上门户"枢纽功能，极大地提高了效率，北京企业从天津港启运的单日物流最高效率提升 50% 左右，天津港船舶进出港动态兑现率达 95% 以上。[②] 2023 年，天津港雄安新区服务中心入驻雄安综合保税区，2024 年拓展雄安-天津港出口集装箱集港直通车绿色通道运输服务。截至 2024 年上半年，天津港服务超 80% 的雄安新区外贸企业，累计服务雄安新区 4.4 万标准箱下水[③]，成为雄安新区连接世界的重要纽带。空港方面，天津滨海国际机场与北京大兴国际机场、首都国际机场协同联动，实施差异化互补，聚焦承接部分北京机场的溢出客流，缓解首都航空运输压力，同时致力于打造北方航空货运中心，完善京津冀航空运输格局。此外，京津城际开启"同城时代"，激活双城资源共享；京雄城际、津兴城际等线路加密，京津冀主要城市 1~1.5 小时交通圈基本成形，人员往来、产业协同更加便捷高效。公路网络纵横交错，京台高速、津石高速等通车，打通断头路、拓宽瓶颈路，与国道、省道交织，实现京津冀公路网无缝对接，货运物流畅达无阻。轨道交通蓬勃发展，天津地铁多线路与北京地铁对接规划稳步推进，津滨轻轨串联市区与滨海新区，市域（郊）铁路规划加速，未来将形成多层次轨道交通网，促进人口流动、职住平衡，驱动区域一体化向纵深迈进。

（四）促进区域生态环境共治共享

京津冀协同发展战略中，生态环境协同治理紧密联结着三地的发展命

---

① 万红：《货物及集装箱吞吐量双创历史最好水平》，《天津日报》2025 年 1 月 7 日，第 2 版。
② 张慧娇：《北京 CBD 探索"临港"跨区域通关服务模式》，《朝阳报》2025 年 1 月 3 日，第 3 版。
③ 《雄安新区携手天津港 打造便捷口岸物流通道》，中国雄安官网，2024 年 7 月 4 日，https://www.xiongan.gov.cn/2024-07/04/c_ 1212377904.htm。

脉。天津市作为区域生态系统的重要一环，深度融入京津冀生态环境共治共享格局，为区域生态环境持续改善做出不懈努力。

天津市坚持京津冀一体化治理，与京冀密切联动，协同推进大气污染联防联控，建立区域空气质量监测预警、信息共享、联合执法机制，遇重污染天气同步应急响应，协同减排。天津市积极开展秋冬季大气污染综合治理攻坚行动，全市环保绩效 A 级、B 级及引领性企业达到 290 家，2024 年第一季度空气质量同比改善 14.5%。[①] 携手开展水环境联保联治，设立"跨界河湖长"，合作开展"跨界河长"巡河"多走一公里"活动。落实跨界河流生态补偿机制，津冀两地签订实施第三期引滦入津上下游横向生态保护补偿协议[②]，激发协同治水积极性，黎河桥和沙河桥两个入津断面水质达到 II 类。天津市围绕海河流域治理，深入开展入河入海排污口整治，子牙河（红桥区段）、中新生态城岸段获评全国优秀案例。随着京津冀生态环保联建联防联治走向深入，三地着力以技术突破创新拓展生态环境协同，联合举办首届生态产业创新发展大会，战略启动"环保科技产业创新共同体"建设。天津市尤其重视科技赋能绿色发展，一体推进节能、循环经济和清洁生产工作。扣除原料用能和可再生能源后，2023 年天津市万元 GDP 能耗较 2020 年下降 12.3%。[③] 在三地共同编制低碳出行减排核算技术规范的基础上，天津市创新开展绿电碳排放核减，共有 145 家企业完成碳配额清缴，绿电碳排放核减给企业带来碳减排收益 700 余万元。[④] 此外，天津市还积极参与京津冀

① 《"推动京津冀协同发展走深走实"系列新闻发布会第四场：生态环保联建联防联治》，天津市人民政府网站，2024 年 5 月 8 日，https：//www. tj. gov. cn/sy/xwfbh/xwfbh_ 210907/202405/t20240509_ 6620007. html。

② 《京津冀三地亮出十年绿色发展成绩单》，河北省人民政府网站，2024 年 8 月 16 日，https：//www. hebei. gov. cn/columns/580d0301 - 2e0b - 4152 - 9dd1 - 7d7f4e0f4980/202408/16/99c10d24 - 59e4 - 4f1c - 85ba - b25388df10bc. html。

③ 《京津冀三地亮出十年绿色发展成绩单》，河北省人民政府网站，2024 年 8 月 16 日，https：//www. hebei. gov. cn/columns/580d0301 - 2e0b - 4152 - 9dd1 - 7d7f4e0f4980/202408/16/99c10d24 - 59e4 - 4f1c - 85ba - b25388df10bc. html。

④ 《"推动京津冀协同发展走深走实"系列新闻发布会第四场：生态环保联建联防联治》，天津市人民政府网站，2024 年 5 月 8 日，https：//www. tj. gov. cn/sy/xwfbh/xwfbh_ 210907/202405/t20240509_ 6620007. html。

生态环境科研合作，为生态治理提供技术支撑，为三地可持续发展筑牢坚实生态根基。

二　天津市在推动京津冀高质量一体化中存在问题的比较分析

（一）天津市之于京津冀与南京市之于长三角的相似性

在当今中国区域发展的大格局中，京津冀协同发展与长三角一体化作为两大国家级战略，承载着推动经济高质量发展、优化区域布局、实现资源共享与协同创新的重任。天津市与南京市，作为两大战略区域中的关键节点城市，各自发挥着独特且不可替代的作用，二者在城市特性、城市地位和功能上具有极高的相似性。

首先，天津市与南京市都是区域一体化的关键支撑。两者都是所在区域的次中心城市，都是各自区域重要的交通枢纽，都对所在区域高质量发展发挥着重要的支撑作用。天津市是京津冀城市群的核心城市之一，其经济实力和综合发展水平在区域内占据重要地位，仅次于北京市；北方国际航运核心区地位的确立，让天津港成为京津冀地区对外开放的海上门户，在区域内发挥了重要作用。南京市则是长三角城市群的重要中心城市之一，是南京都市圈的核心，在区域中扮演着通过长江黄金水道承东启西，带动皖江、皖东及苏北地区融入长三角核心区的重要角色。无论是天津市之于京津冀还是南京市之于长三角，都需要与周边城市，特别是与所在区域中心城市的协同合作，促进区域内人员、物资、信息等要素的有效流动，加强区域内各地之间的联系，以实现区域整体高质量发展的目标。

其次，天津市与南京市都面临城市经济转型发展的压力。天津市产业结构中传统制造业和重化工业仍占据重要地位，尤其是石化、汽车、装备制造等行业在工业中占有较大比重。南京市与之具有相似的情况，2023年四大传统支柱产业（钢铁、石化、汽车、电子）合计完成产值超9000亿元，占全市总量的 60.3%。① 在区域产业协同发展中，天津市与南京市都需要承接产业转移、强化分工协作，均面临既要通过区域协作推动与区域内城市的产业深度融合，又需自身完成传统产业转型升级与新兴产业培育壮大的双重使命。特别是与南京市和周边城市形成了一定的产业差异化发展格局相比，天津市产业结构偏重，在使得产业调整面临更大的转型压力和成本的同时，还与河北省部分地区产业重合，面临区域内产能过剩和一定程度的产品同质化竞争困境。天津市与南京市在区域高质量一体化实践中的核心挑战具有高度相似性。

同时，天津市与南京市在各自区域一体化发展进程中发挥的作用又有着深刻的不同。

（二）天津市之于京津冀与南京市之于长三角的差异性

1. 产业协作组织模式不同

在京津冀产业协同发展中，天津市产业承接转移成效显著；在长三角产业协同发展中，南京市则侧重产业链分工协作。基于疏解北京非首都功能需求，天津市凭借其优越的地理区位优势、产业配套设施优势，积极承接北京大量制造业、科技研发外溢。天津滨海-中关村科技园是打造"北京研发、天津转化"模式的典型代表。天津市政府在京津冀产业协同中的主导作用突出，通过制定产业规划、出台政策引导产业转移与园区共建，如给予承接北京产业转移的企业税收优惠、土地补贴，设立专项基金支持京津合作示范区基础设施建设，协调解决跨区域产业协同难题，保障协同项目顺利推进；市场机制则在资源优化配置中开始发力，企业基于成本效益、市场需求自主选择转移或合作，如天津本地企业与承接企业在产业链上下游自发对接，实现互利共赢。

南京市在长三角产业协同发展中产业链分工协作模式作用凸显。南京市与周边城市精细分工产业链，在电子信息产业，南京市聚焦芯片设计、软件开发等高端环节，周边城市如苏州市、无锡市则在电子零部件制造、组装等

---

① 何雨：《构建南京新质生产力发展新优势》，《南京日报》2025 年 1 月 1 日，第 7 版。

环节各展所长，通过上下游紧密协作，构建高效完整的产业链。跨区域产业联盟模式独具特色，南京市联合长三角各城市成立生物医药产业联盟，成员涵盖科研机构、医药企业、医疗机构等，通过共享研发资源、联合开展临床试验、协同开拓市场，加速创新药物研发上市进程。目前联盟推动多项生物医药创新成果转化落地，提升了长三角生物医药产业的全球竞争力。南京市政府同样重视产业协同顶层设计，制定产业协同规划引导城市间分工协作，搭建产业联盟等平台促进要素流动。

2. 科技创新策源实力不同

天津市和南京市都拥有丰富的高校和科研机构等资源，但南京市的科创资源在质量和数量上相对更具优势（见表1）。依据施普林格·自然发布的"2024自然指数——科研城市"榜单，2023年全球十大科研城市中我国有5个城市上榜，依次为北京市、上海市、南京市、广州市和武汉市，天津市未上榜。相较于2023年，2024年总体产出增长较快的10个城市都来自中国，包括北京市、南京市和上海市，但是天津市不在其中，这反映出天津市在高水平基础研究领域的实力以及追赶速度均不及南京市。

表1 截至2024年天津市与南京市创新资源情况

指标	天津市	南京市
普通高校(所)	30	51
双一流大学(所)	5	13
R&D人员折合全时当量(万人年)	11.0	12.0
R&D经费投入强度(%)	3.58	3.55
全国重点实验室(个)	29	31

注：对于R&D人员折合全时当量和R&D经费投入强度两个指标，天津市为2023年数据，南京市为2021年数据。

资料来源：根据2023年和2024年《天津统计年鉴》与《南京统计年鉴》以及其他公开信息整理。

从城市群的角度来看，以长三角、京津冀、粤港澳为代表的区域城市群组团上榜施普林格·自然发布的"2023自然指数——科研城市"榜单，其中长三角城市群综合实力较强（见表2）。在京津冀城市群内，北京市的创新能力最强，创新生态最好，但与天津市之间拉开的创新势能差距也较大；而在长三角城市群，上海市作为科技创新中心的地位显著，与南京市之间的差距相对较小，南京市的追赶势头强劲。

表2　"2023自然指数——科研城市"中国城市群贡献份额

城市	城市群	2022年贡献份额
上海	长三角	5280.10
南京		
合肥		
杭州		
苏州		
宁波		
镇江		
无锡		
北京	京津冀	4429.69
天津		
广州	粤港澳	2257.82
深圳		
香港		

资料来源：根据《2023自然指数——科研城市》整理。

3. 科技成果转化效能不同

天津市整体创新势能转化规模和速度相对较弱，南京市以科技创新引领产业发展的能力更强。高新技术企业作为科技创新引领产业发展的"排头兵"和"先行军"，其量与质足以能够反映科技支撑产业发展情况。依据《中国城市科技创业评价报告（2024）》，南京市跻身全国前列，其中高新企业增长率和科研产出两个基础指标的指数较高。[①] 截至2024年，天津市拥有国家高新技术企业、科技型中小企业均突破1.2万家，专精特新"小

[①] 上海科技大学创业与管理学院中国城市科技创业评价课题组：《中国城市科技创业评价报告（2024）》，科学出版社，2024。

巨人"、制造业单项冠军分别增至 283 家、38 家。同期,南京市高新技术企业总量突破 1 万家,科技型中小企业入库数量超过 2.3 万家,规模以上工业企业中高新技术企业占比超过 47%;累计培育国家制造业单项冠军 31 个、国家级专精特新"小巨人"企业 334 家。[①] 相比之下,天津市拥有的科技型中小企业以及专精特新"小巨人"企业数量略低于南京市,反映出天津市民营经济创新实力相对较弱,民营企业作为创新主体的地位以及以创新引领产业发展的作用亟待进一步加强。

从高新区发展实力来看,在工业和信息化部发布的 2024 年国家高新区综合评价中,南京市高新技术产业开发区综合评价指数高于天津滨海高新技术产业开发区,天津滨海高新技术产业开发区仅在"人均技术合同成交额"一项指标上的表现优于南京市高新技术产业开发区。可见,南京市发展高科技、实现产业化的能力具有一定优势,尤其是在培育和发展具有核心竞争力的高新技术企业方面优势突出。这意味着天津市科技成果转化效率偏低,形成规模化高新技术产业集群的能力较弱。

4. 交通枢纽发挥作用不同

天津市作为北方重要的港口城市,海港优势明显,尤其是海铁联运辐射带动广大腹地;南京市的南京港是内河港,依托长江黄金水道在区域物流体系中扮演上下串联的独特角色。天津港货物吞吐量和集装箱吞吐量在全国名列前茅,其集装箱航线广泛覆盖全球,深度嵌入全球海运网络,为京津冀地区提供了强大的海上运输支撑。天津港物流运输货物类型多元,能源资源类占比较高,原油、铁矿石等的大量输入支撑区域工业发展,产业布局依港集聚石化、钢铁等产业;飞机、机械装备、汽车整车及零部件、太阳能光伏产品等远销海外,拉动京津冀外向型经济增长。天津港完备的集疏运体系打造海铁联运优势,以"三北"地区为纵深,新疆、内蒙古等地资源经天津港转运,京津冀产品反向输入,带动区域产业互补、协同发展。空港方面,天

---

① 《经济运行总体平稳稳中有进 各项工作迈出新的坚实步伐》,《南京日报》2025 年 1 月 13 日,第 3 版。

津滨海国际机场聚焦区域航空货运与客运分流，与天津港的海空联动以及与北京空港的联动亟待进一步深度挖掘。

南京港是长江中下游重要的物资中转港，逆流而上连通长江经济带，为长江中上游省份转运物资，促进区域产业分工协作；顺流而下为长三角下游地区输送煤炭、矿石、建材等大宗商品，服务苏皖赣等腹地；作为集装箱核心港区的南京港龙潭港区，通过江海联运，与上海、宁波等沿海大港协同，为长三角地区发展架起通江达海物流桥梁，服务区域内产业联动。空港方面，南京禄口国际机场立足南京都市圈，辐射长三角中西部，加速技术、资金、信息交流；货物空运进出口聚焦电子信息、生物医药等高附加值货物运输，发展临空经济，吸引电子信息、生物医药企业集聚，成为区域产业创新、对外开放新引擎，以空港、内河港联动赋能区域一体化发展。

（三）天津市在推动京津冀高质量一体化中存在的问题

通过与南京市之于长三角一体化发展的地位与作用的比较分析，可以发现天津市在京津冀高质量一体化发展中发挥了关键作用，但也存在一些问题。

第一，产业配套能力相对不强，产业高质量发展协作动能不足。长三角地区市场机制发挥作用充分、分工协作基础较好，产业链的共建和协同发展相对顺畅。同时，南京市在参与长三角一体化发展过程中，通过与周边城市携手进行制度创新，建立了"成本共担、利益共享、风险共御"的协作机制，构建了相对成熟的利益协调体系。反观天津市在承接北京产业疏解时，仍受到上下游配套短缺等因素制约，部分产业协同链条难以有效衔接。加之京津冀利益共享机制不够完善，在税收分成、GDP 核算、生态补偿等领域问题突出，导致产业疏解的进程较慢、难度增大，直接影响了区域一体化的推进质效。

第二，创新策源实力差距拉大，协同创新难度较大。在科技部科学技术信息研究所发布的《国家创新型城市创新能力评价报告 2023》中，南京市的创新治理力指数、原始创新力指数仅次于北京市、上海市，与上海市的差距不大，显示出强劲的创新策源基础。而天津市在上述评价报告中指数偏低，与北京市的差距明显。北京市着力打造国际科技创新中心，汇聚了海量的优质资源，拥有无可比拟的优势，强大的"虹吸效应"使得天津市的创新能力与北京市断层明显，增大了协同创新的难度。与此同时，近年来河北省的创新发展势头强劲，长三角地区的南京市、杭州市等迅速发展，科技创新成果丰硕，在吸引项目、招揽人才等方面，与天津市展开了区域内和跨区域竞争，使得天津市在高端要素集聚的竞争上倍感压力，"北京研发、天津转化"的发展路径困难重重。

第三，创新势能释放不畅，科技创新对产业转型的支撑作用不强。天津市科技创新投入不菲，研发强度保持在全国前列，然而创新产出与投入不成正比。2023年，天津市技术合同成交额达到1957.4亿元[1]，从外地（主要是北京）吸纳的技术合同额仅为82.1亿元[2]，占比为4.19%，输出型特征明显，本地转化效率不高。同年，南京市技术合同成交额为1001.57亿元[3]，且吸纳技术成交额超过输出。通过"概念验证中心+新型研发机构"体系，推动超7200家[4]孵化企业落地，直接转化为本地生产效能。与南京市相比，天津市科研成果本地转化效率偏低，未能有效对接产业需求，企业与高校、科研机构合作机制僵化，科技中介服务体系不完善，导致创新资源难以形成合力以引领产业高质量发展。尤其是北京市科技成果转化"蛙跳"现象仍然显著，天津市未能充分承接北京科技创新溢出效应，创新生态不完善致使京津协同创新对天津市产业发展的引领作用大打折扣，协同创新效能较低。

---

① 陈璠、袁诚：《去年天津技术合同落地京津冀超825亿元》，《天津日报》2024年4月28日，第2版。

② 《京津冀科技创新服务平台地图上线》，新华网，2024年4月29日，https://www.xinhuanet.com/fortune/20240429/9c703af0ef5949d984756c3979d16134/c.html。

③ 《南京：全面推进国家知识产权强市示范城市建设》，"扬子晚报"百家号，2024年4月26日，https://baijiahao.baidu.com/s?id=1797354334494076751&wfr=spider&for=pc。

④ 《南京2023年技术合同成交额首次突破1000亿元》，人民网-江苏频道，2024年9月20日，http://js.people.cn/n2/2024/0920/c360301-40984140.html。

第四，海空两港优势挖掘利用不足，助力协同发展动能亟待加强。长三角地区通过发布《关于协同推进长三角港航一体化发展六大行动方案》等顶层设计，明确了港口群一体化的战略方向，各港口定位清晰，通过港口联盟、产业链延伸和产业集群建设，推动了港航与城市经济的深度融合。相比之下，天津港与河北港口群虽有协作，但在机制化建设、资源整合深度上仍有差距，其协作更多体现在具体项目，而非整体性的战略规划上，统筹发展水平不高。天津市自身海空两港之间以及与北京市空港之间的联动也不够紧密，产业链延伸不长，高端产业形态培育滞后等问题亟待破解。这一局面导致天津市在京津冀世界级城市群中的枢纽地位被弱化，区位优势未能真正转化为区域高质量发展的驱动力。

三 天津市进一步推动京津冀高质量一体化的应对策略

面对上述挑战，天津市需精准施策，加强协同联动，在京津冀协同发展浪潮中重塑发展新优势，开创协同发展新局面，为区域高质量一体化发展注入新动能。

（一）加强政策协同，创新机制筑牢根基

1.完善生态领域利益协调机制

天津市作为区域生态环境协同治理的受益城市，可根据生态保护成效、生态服务价值等因素，对生态功能保护区、水源涵养地等如河北部分地区给予经济补偿。天津市亦可通过财政转移支付、产业扶持、技术援助等多种方式，支持植树造林、水源涵养设施建设等项目。同时，引导天津市企业与河北省生态涵养区开展产业合作，帮助当地发展生态农业、生态旅游等绿色产业，将部分收入反哺生态保护，形成生态经济良性循环。天津市可依托天津排放权交易所，在不断完善与北京市、河北省共建的"京津冀碳市场协同发展机制"的基础上，推动建立京津冀区域生态产品交易市场，允许生态服务供给方（如森林资源丰富地区）与需求方（如城市建成区）进行碳汇、

清洁水源等生态产品交易，实现生态价值的市场转化。

2. 推动协同创新利益分配模式创新

天津市应主动协调京冀，精准把脉创新活动全链条中的利益诉求，设立联合创新利益协调专项资金，每年按固定比例从三地财政科研投入中抽取一定资金，用于补偿在协同创新项目中利益受损或付出较多前期成本的主体。天津市还应主动联合京冀协调制定统一的科技成果转化激励政策，鼓励三地科研人员在区域范围内转化成果，可享受同等优厚的奖励，提高成果转化收益中的个人分配比例，激发创新积极性。以三地科研成果转化收益为基数，精心设计合理的利益共享模式，建立完备的利益补偿机制，按照贡献度分层分配，确保各方的积极性。通过体制机制创新之举，直击协同创新进程中利益分配不均痛点，解决深层次梗阻。

3. 畅通要素跨区域流通渠道

人才流动层面，完善户籍、社保、教育、医疗等配套政策衔接，鼓励人才柔性流动、跨区域兼职。进一步完善区域内职称互认政策，落实由常住地登记户口提供基本公共服务制度，助力实现人才资源最优配置。资金融通上，加强区域金融合作，推动金融机构跨区域开展业务，引导社会资本投向重点协同项目，为新兴产业培育与传统产业升级注入金融活水。技术创新环节，鼓励天津市行业领军企业和高新技术企业主动与京津冀三地的高校、科研院所合力共建全国重点实验室、省部级实验室、校企联合实验室、联合技术中心以及概念和中试验证中心等一系列创新共同体。支持企业深度参与区域产业集群升级的前沿技术应用研究，全面提升电子元器件、关键零部件的自主研发能力，逐步构建具有区域竞争力的产业创新生态。

（二）聚力优势领域，夯实产业融合厚土

1. 着力推动天开高教科创园增效发展，加强有序转移承接

建立健全天开高教科创园应用场景清单、企业能力清单，联合重点企业共同推进应用场景开放共享，提升天开高教科创园科技成果转化效能。借助大数据、人工智能等新一代信息技术，注重加强与北京高校、科研院所的互

动，重点依托天开高教科创园合力共建跨区域技术创新联盟，推动基础研究成果、创新产品等由北京市高效地向天津市转移，避免创新成果"孔雀东南飞"，最大限度地承接北京市创新势能的正外部性。加强与京津冀乃至全国产业园区的合作交流，构建上下游协同发展模式，通过订单合作、技术支持等方式培育本地中小企业融入天开高教科创园创新创业产业生态，带动产业链整体发展壮大。

2. 提质高新区互动，打造产业协同高质量载体

以成立京津冀国家高新区联盟为契机，聚焦"五群六链五廊"建设，天津滨海高新区应充分发挥自身优势，推动创新资源和产业要素在三地高新区之间加速流动与精准对接。通过优化对接流程、搭建合作桥梁，提升北京市科技成果落地天津市的转化率，将高新区打造成为科技创新与产业体系深度融合的协同标杆。充分发挥高新区、科创园区、产业园区的支点撬动作用，带动各类园区互动融合、资源共享、要素交流，在为园区内企业提供技术支持的同时，带动成熟的运营模式、创新理念向周边产业园区辐射，引领和带动京津冀创新链、产业链、供应链协同发展，实现聚合效应。

3. 发挥自身优势，推动产业聚链成群发展

天津市应聚焦网络安全产业集群建设，围绕产业自主可控，大力推进信创产业的产品升级、应用优化以及场景驱动。充分发挥总部及行业领军企业的带动效应，鼓励链主企业和配套企业在京津冀联合布局发展。推动高档数控机床及其功能部件、数控系统的深入发展，构建国内一流的工业母机创新平台。发挥天津市生物医药产业比较优势，携手京冀扩大生物医药产业集群规模，围绕生物制造、细胞与基因治疗等相关未来产业领域加大区域内产业化布局。围绕北京市电子信息产业技术创新优势和解决产业链卡点堵点断点等关键环节布局津冀相关上下游产业，增强万亿级信息产业集群建设中的信息制造实力。以产业链图谱为依据，积极与京冀协商制定产业延伸布局和协调发展配套政策，推动产业链群由政府建链向市场成群转变，强化建链升链补链强链延链政策衔接。遵循"以园构链、以链建园"思路，以共建园区为发力点，推动北京市高技术企业在交界处天津市一侧布局，科技成果在天

津市一侧转化；在天津市一侧共建"产业飞地"，在北京市一侧共建"研发飞地"。

（三）聚焦协同创新引擎，驱动产业跃升发展

1. 促进创新资源共建共享

完善扶持政策，引导天津市研发机构与市场主体主动承接并吸纳北京市科技普及和宣传教育服务、综合科技服务、专业化技术服务、科技推广及相关服务、科技信息服务、科技金融服务等方面的科创资源，将北京市科技创新优势和天津市先进制造研发优势结合起来。积极探索整体或部分租赁、按时按次按量以及按照实验复杂程度阶梯式计费等方式，设置灵活的创新要素共享模式，吸引北京市市场主体和研发机构积极利用天津市国家重点实验室、海河实验室以及大型科学实验仪器等各类创新平台和要素，助力建设全国先进制造研发基地和世界级先进制造业集群。发挥新型举国体制优势，共同将目光锁定新科技新产业的前沿阵地，携手组建一批开创性新联盟，搭建功能完备的新平台，逐步缩小京津冀区域内在创新实力上的差距，为科技创新深度赋能产业融合筑牢根基。

2. 促进创新链产业链相向而行

紧密贴合产业转型升级、产业链高级化与产业基础现代化的现实需求，京津冀携手甄选协同创新的重点领域，精准锚定重点方向，精心筛选重大项目，如在新能源汽车产业领域，精准聚焦电池续航提升、自动驾驶技术研发等关键环节，促使京津冀创新链更好地适应产业链的发展。大力发展京津冀创新成果相对集中和领先的先进制造业与高技术产业，通过政策倾斜、资金扶持等手段，提高产业链对创新链的接纳和转化能力。充分利用信息技术赋能，鼓励不同产业链条上的企业打破壁垒，针对共性关键问题开展多维度协同创新，形成众多不同层面的"微集群"，促进技术、人才和数据等要素在微观层面的优化配置，推动科技创新引领产业创新效能持续提升。

3. 聚焦优势新兴技术产业化落地

立足天津市本地产业基础与科教资源优势，锚定海洋科技、人工智能等

前沿新兴技术领域，加速推动其产业化进程。围绕天津市得天独厚的港口与海洋科研资源，汇聚海洋高端装备制造、海洋新能源开发、海洋生态环保等上下游企业。建议成立海洋科技产业联盟，加强与北京市先进研发资源和河北省港口群的深度联系，促进技术交流、成果转化与项目落地。依托已有的智能算力基础、科技产业园区和科大讯飞等头部企业，吸引国内外相关企业落地，拓展应用场景，助力初创企业快速成长，积极培育人工智能产业生态。依托"通武廊"、宝坻、武清等地区空域、土地、交通等方面的优势，为低空经济、新能源汽车等产业积极打造应用场景，促进延链聚带，共同打造一批标志性合作项目。

（四）发挥海空双港优势，强化交通枢纽地位

1. 推动区域内海港协同发展

加强区域内海港群之间的资源整合和业务合作，进一步明确各港分工，深度推动错位发展，提高京津冀区域港口的整体竞争力。特别是天津港应充分发挥"一带一路"建设节点作用，加强与欧洲、中亚、西亚等地区的航线连接，与河北港口群构建内外循环相衔接的运输网络，为区域制造业产品出口、原材料进口提供便捷通道。推进区域海港物流配送协同，共建物流园区、配送中心，整合仓储、运输、货代等物流资源，实现区域内货物快速中转、分拨。鼓励京津冀各港口、航运企业联合，通过政策补贴、税收优惠等手段，开辟新航线，加密现有航线，增强区域海港群在全球航运市场的竞争力。

2. 推动京津空港联动

京津空港推动区域通关一体化，实施"一次申报、一次查验、一次放行"，货物在任一空港完成申报查验后，可快速转运至另一空港，极大地缩短通关时间。支持北京市"双枢纽"空港综合服务平台建设，推进京津空港智慧口岸建设和数字化转型，搭建信息共享平台，实现航班动态、货物运输、仓储、通关等信息实时交互。鼓励京津空港在临空产业领域协同发展，明确产业定位。北京市凭借丰富的科研资源，侧重发展航空科技创新、高端

商务服务等；天津市则依托制造业基础，聚焦航空装备制造、维修等，加强政策引导，鼓励企业跨区域布局，形成完整产业链。

3.发挥双港功能资源优势

着力加强天津市海空两港联动，明确空港侧重发展航空物流、高端临空产业，海港聚焦海运、大宗商品交易等。通过政策引导，推动两者在物流、贸易、产业等方面的协同。例如，支持在海港开展货物集拼后，通过空港进行国际转运，促进资源优化配置。推动海港航运枢纽和航空货运枢纽建设，鼓励空港、海港及相关部门搭建信息共享平台，实现货物运输、仓储、通关等信息实时交互，便于企业"一站式"获取货物在不同港口的状态，合理安排运输和生产计划。加强航班时刻协调和票务系统对接，以优越的硬件条件和服务吸引更多空海、空铁联运业务，有效辐射带动腹地发展，提升高质量发展交通枢纽支撑力。

参考文献

安树伟、凡路：《京津冀城市群产业链分工格局、机制与发展方向》，《河北经贸大学学报》2024年第2期。

李国平、吕爽：《京津冀协同发展战略实施成效及其重点方向研究》，《城市问题》2024年第2期。

孙久文、胡俊彦：《科技创新赋能京津冀协同发展：理论、成效与政策方向》，《科学学与科学技术管理》2024年第2期。

孙媛、王得新：《积极推动京津冀协同创新》，《宏观经济管理》2024年第8期。

武义青、冷宣荣：《京津冀协同发展十周年回顾与展望》，《经济与管理》2024年第2期。

叶堂林、刘佳：《京津冀与珠三角产业协同发展比较研究》，《河北学刊》2024年第4期。

B.12

河北省在推动京津冀高质量一体化中的
地位与作用研究[*]

武义青　翟佳悦　任城名　李涛[**]

摘　要：　河北省作为京津冀协同发展战略的重要一环，其经济高质量发展对京津冀建设世界级城市群具有重要意义。首先，本报告运用势分析方法建立全要素生产率模型，在评估计算的基础上分析河北省高质量发展总体情况，并将河北省全要素生产率对经济增长的贡献率进行分析；其次，研究京津冀城市群全要素生产率的时空演变，并对京津冀城市群全要素生产率对经济增长的贡献率进行分析，指出河北省在京津冀高质量发展中的地位，在此基础上探究河北省在京津冀高质量发展中面临的困境；最后，从强化创新驱动、推动京津冀产业链协同共建、优化营商环境三个方面提出对策建议，以期通过提升河北省在京津冀高质量发展中的地位与作用，促进京津冀高质量一体化发展。

关键词：　高质量一体化　区域协同创新　产业链共建　京津冀　河北省

党的二十大以来，河北省委、省政府坚持以习近平新时代中国特色社会

---

　*　本报告为河北经贸大学京津冀协同发展科研专项项目"京津冀新质生产力时空演进与协同发展新动能：理论分析与对策建议"（JXT2024ZD01）、河北经贸大学金融与企业创新科研专项项目"'双碳'目标下数字金融推动经济高质量发展的机理研究"（JR2024WT02）的阶段性成果。

　**　武义青，博士，河北省政府参事，河北经贸大学研究员，研究方向为数量经济、区域经济；翟佳悦，河北经贸大学经济学院本科生，研究方向为数字经济；任城名，河北经贸大学经济学院本科生，研究方向为数字经济；李涛，博士，河北经贸大学经济学院副教授，硕士生导师，研究方向为城市经济、产业发展。

主义思想为指导，全面贯彻习近平总书记对河北工作的重要指示批示精神，深入落实习近平总书记在石家庄考察时的重要讲话精神，立足新发展阶段，贯彻新发展理念，坚持以人民为中心，紧抓机遇、奋勇争先，因地制宜发展新质生产力，加快产业变革质量升级，不断推动经济高质量发展，为全面建设现代化经济强省、推动京津冀协同发展做出应有贡献。河北省委、省政府相继出台《加快河北省战略性新兴产业融合集群发展行动方案（2023—2027 年）》《河北省重点特色产业集群提档升级三年行动方案（2025—2027 年）》《河北省数字经济发展三年行动计划（2025—2027 年）》《关于大力推进科技创新工作的若干措施》等一系列政策文件，推动产业创新和科技创新，加快培育新质生产力，提升全要素生产率，着力推动京津冀经济高质量一体化进程。

一　河北省高质量发展评估方法与现状分析

（一）分析方法与模型构建

1. 势分析方法概述

目前，学界关于全要素生产率的评估方法众多，主要有索洛余值法、数据包络分析法（DEA 法）、OP 法和 LP 法。其中，索洛余值法基于新古典增长模型，将全要素生产率计算为总产出增长中无法被资本和劳动要素投入解释的"剩余部分"，但在运用时要求假设完全竞争市场、规模报酬不变和技术中性，脱离现实经济环境；DEA 法通过线性规划构建生产前沿面，测算决策单元的相对效率，但忽略了评价的动态性，难以反映经济活动的动态变化；而 OP 法和 LP 法通常用于企业等微观层面的全要素生产率测算，在使用时其中的半参数分量并不是已知的，对实际测算的精度存在影响。势分析方法源于主动性决策理论，旨在通过评估生产要素的潜在效用，分析生产力变化的驱动因素。该方法通过建立势函数来量化生产要素的边际贡献和替代关系，从而优化资源配置，提升生产效率。势分析方法在理论上强调资源利用效率和优化配置的重要性，尤其是在全要素生产率分析中发挥着关键作用。通过引入"势效系数"，势分析方法能够改进传统计量经济学模型，预测系统效能和生产力提升情况，为区域经济高质量发展提供科学依据。

河北省正面临经济转型的关键时期，需要通过创新驱动和优化资源配置来提升全要素生产率。因此，势分析方法不仅能够对当前发展态势进行准确评估，还能够为实现区域高质量发展提供战略性指导。

2. 基于 C-D 生产函数的生产率测定模型

C-D 生产函数是全要素生产率测算中广泛应用的一种经典模型。它通过引入劳动和资本作为主要生产要素，以产出为因变量，构建反映生产效率和要素配置效率的量化模型。其基本形式为：

$$Y = AK^{\alpha}L^{\beta} \tag{1}$$

其中，Y 为总产出；L 和 K 分别为劳动投入和资本投入；α 和 β 分别为劳动和资本的产出弹性；A 为技术进步系数，用以反映技术水平的影响。

然而，传统的 C-D 生产函数在评估生产要素效能时，未能充分考虑生产要素在不同技术条件下的实际效用。为此，势分析方法被引入以提升模型的准确性。势分析方法通过引入势效系数，以量化生产要素在特定条件下的效能，进一步优化资源配置，提升生产效率。改进后的模型中，全要素生产率（TFP）是包括各单要素生产率的加权几何平均数，可表示为：

$$TFP = \rho L\alpha \times \rho K\beta \tag{2}$$

其中，ρ 表示效率参数。通过分析各城市的 GDP、资本投入和劳动投入数据，使用最小二乘法（OLS）进行回归分析，利用估计参数 α 和 β，使用 C-D 生产函数的生产率测定模型就可以计算出各城市的全要素生产率，从而反映其高质量发展状况。

（二）全要素生产率评估测算结果分析

1. 河北省各城市全要素生产率水平持续提升

2012~2022 年，河北省各城市全要素生产率呈现不同的变化趋势，具有差异化的特点，部分城市在提升全要素生产率方面取得了显著进展，推动经济结构优化和产业升级，成为河北省经济高质量发展的重要支撑。2012 年、2022 年河北省各城市全要素生产率见图 1。

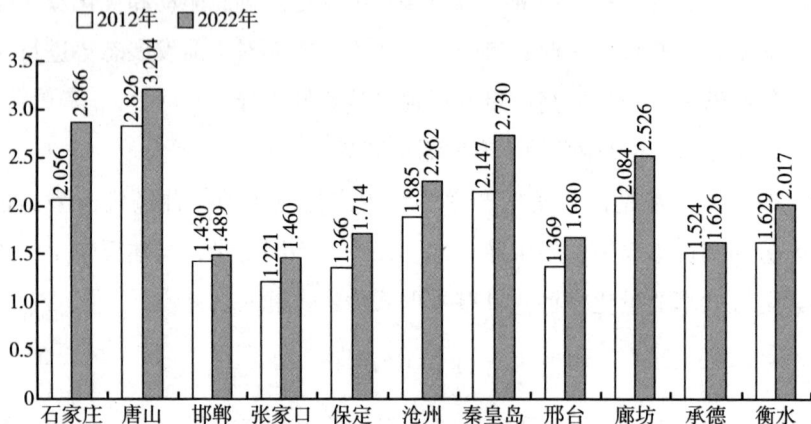

图 1　2012 年、2022 年河北省各城市全要素生产率

资料来源：根据相关年份《中国城市统计年鉴》和各城市《国民经济和社会发展统计公报》计算并绘制。

根据全要素生产率水平和提升幅度，可以将河北省各城市分为三个梯队，分别代表城市在不同阶段的经济转型和产业发展成就。

第一梯队城市为石家庄和唐山。这两个城市是河北省经济高质量发展的领头羊，它们在全要素生产率的提升上表现突出，成为河北省产业转型升级的关键力量。作为省会城市，石家庄的全要素生产率从 2012 年的 2.056 增长至 2022 年的 2.866，增长幅度在河北省所有城市中位列第一，体现了其在推动科技创新和产业升级方面的巨大努力。近年来，石家庄不断加大高技术产业和现代服务业投资，尤其是在信息技术、生物医药等优势产业领域，建立了覆盖 "研发—中试—产业化" 的创新政策体系，以科技创新能力提升不断推动城市全要素生产率的提高，为河北省其他城市在推动高质量发展方面树立了榜样。作为传统的工业重镇，唐山的全要素生产率从 2012 年的 2.826 增长至 2022 年的 3.204，全要素生产率水平居全省第一，增幅位居河北省前列。唐山的成功离不开其在钢铁、装备制造等传统产业领域的技术创新，特别是在钢铁行业绿色转型和智能化升级方面的突破，极大地推动了全要素生产率的提升。

第二梯队城市为秦皇岛、廊坊、沧州和衡水。这些城市在全要素生产率的提升上相对较大，全要素生产率水平低于第一梯队的城市。秦皇岛是发展较为突出的城市之一，其全要素生产率从2012年的2.147增长至2022年的2.730，增加了0.583。秦皇岛凭借其独特的地理优势，积极发展港口物流、高新技术产业及绿色能源，推动产业结构优化升级，其全要素生产率得到了大幅提升。廊坊的全要素生产率从2012年的2.084增长至2022年的2.526，增加了0.442。廊坊加快发展高端制造业和现代服务业，优化产业结构，推动了全要素生产率的持续增长。沧州的全要素生产率从2012年的1.885增长至2022年的2.262，增加了0.377。衡水的全要素生产率从2012年的1.629增长至2022年的2.017，增加了0.388。虽然这些城市的全要素生产率增幅不及秦皇岛，但均呈现相对稳健的增长态势，它们在优化资源配置、推动经济转型方面成效显著，推动河北省整体经济高质量发展。

第三梯队城市为邯郸、张家口、保定、邢台和承德。从绝对值看，2022年，这5个城市的全要素生产率均低于2，与其他城市差距明显。从变化值看，虽然这些城市的全要素生产率增幅相对较小，但它们在推动经济高质量发展和产业转型方面依然发挥了积极作用。特别是保定和邢台两个城市的全要素生产率增幅均超过0.3，这也说明了这两个城市在推动产业转型升级、促进全要素生产率提升方面做出了努力。

2. 河北省各城市全要素生产率年均增长率呈现差异化

全要素生产率年均增长率是衡量经济增长质量的关键指标，反映了资源配置效率、技术进步以及创新能力在经济发展中的作用。2012~2022年，河北的全要素生产率总体呈增长态势，年均增长率为1.897[①]，说明河北省在过去几年整体经济效率有所提高，尤其是在一些技术创新和产业升级成效显

---

① 本报告年均增长率等按原始数据计算。

著的城市，全要素生产率的提升较为明显。然而，不同城市之间的发展速度
和成效存在较大差距。以石家庄为代表的部分城市产业转型持续加速，全要
素生产率明显提高；而以邯郸等为代表的其他城市则面临较大的转型压力，
全要素生产率提升幅度较小，仍需要加大创新驱动和产业结构优化的力度。
2012~2022年河北省各城市全要素生产率年均增长率见图2。

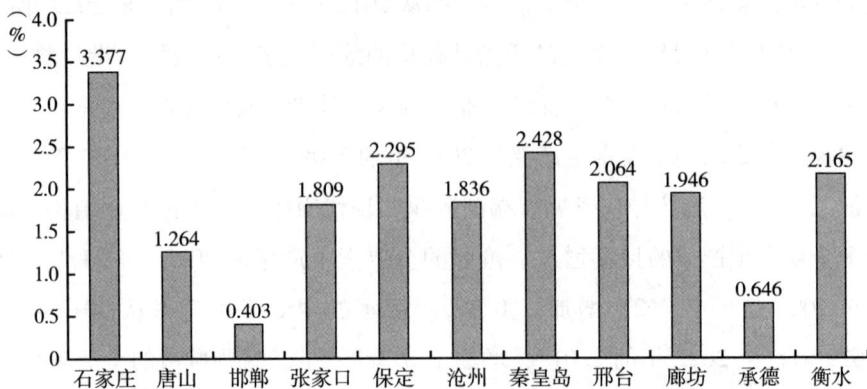

图2 2012~2022年河北省各城市全要素生产率年均增长率

资料来源：根据相关年份《中国城市统计年鉴》和各城市《国民经济和社会发展统计
公报》计算并绘制。

由图2可知，河北省各城市全要素生产率年均增长率呈现显著的差异。基
于各城市的全要素生产率年均增长率，也可以将河北省各城市分为三个梯队。

第一梯队城市为石家庄、秦皇岛、保定和衡水。这些城市在全要素生产
率提升方面表现尤为突出。石家庄的全要素生产率年均增长率为3.377%，
远高于河北省平均水平。石家庄通过加大高技术产业和现代服务业投入，尤
其是在生物医药、电子信息和先进装备制造领域的快速进步，推动了全要素
生产率的大幅提升。石家庄的产业结构优化和创新驱动为其全要素生产率的
提高提供了强有力的支撑。秦皇岛的全要素生产率年均增长率为2.428%，
位居河北省前列。秦皇岛借助海洋经济和绿色能源优势，推动产业结构优
化，特别是绿色能源和现代服务业的发展，显著提高了全要素生产率。绿色
发展战略和产业转型使得秦皇岛在河北省经济高质量发展中发挥了重要作

用。保定和衡水也有不错的表现。保定的全要素生产率年均增长率为
2.295%，通过加大对高端制造业和智能制造的投入，成功推动了产业升级。
衡水的全要素生产率年均增长率为2.165%，依靠产业升级、技术创新和绿
色经济的发展，推动了全要素生产率的提升。

第二梯队城市为邢台、廊坊、沧州和张家口。这些城市整体表现较为
稳健，在全要素生产率提升方面取得了显著进展，但与第一梯队城市相
比，年均增长率相对较小。其中，邢台表现较为突出，其全要素生产率年
均增长率为2.064%。邢台通过提升资源配置效率、推动传统产业智能化
改造和发展绿色经济，显著提高了全要素生产率。邢台通过加大对高新技
术产业和现代农业的支持，推动产业结构优化，展现出较大的增长潜力，
为全要素生产率的提升打下了坚实基础。廊坊的全要素生产率年均增长率
为1.946%，沧州为1.836%，张家口为1.809%。这些城市的全要素生产
率年均增长率相对稳定，推动全要素生产率增长的主要因素包括对高新技
术产业的支持、智能制造的推广以及绿色能源和现代农业的发展，这为未
来产业的持续增长积累了力量。

第三梯队城市为唐山、邯郸和承德。这些城市的全要素生产率提升较为
缓慢，整体表现相对滞后。虽然在推动产业转型和现代化改造方面取得了一
些进展，但由于这些城市的产业结构仍然依赖传统重工业和资源型产业，转
型升级的步伐相对较慢，全要素生产率的提升速度较为缓慢。特别是在技术
创新和产业结构优化方面，这些城市的发展潜力较大，在对科技创新、产业
现代化和绿色发展领域的投入方面展现出较大的转型潜力。

3. 河北省各城市全要素生产率对经济增长的贡献率存在明显差异

全要素生产率年均增长率不仅反映了各城市在技术进步、资源配置效率
提升和产业转型升级方面的成效，也决定了各城市在推动区域经济增长中的
作用。河北省全要素生产率对经济增长的贡献率为34.955%，各城市的贡
献率存在明显差异，这表明各城市的全要素生产率提升在不同程度上推动了
区域经济增长，并且对经济的高质量发展产生了直接影响。2012~2022年河
北省各城市全要素生产率对经济增长的贡献率见图3。

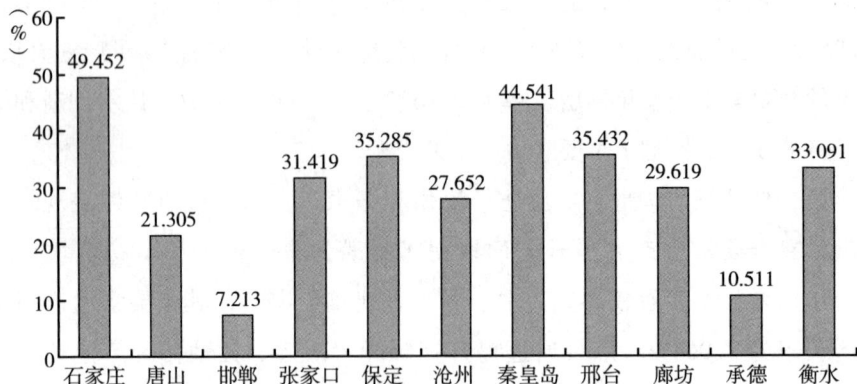

图3　2012~2022年河北省各城市全要素生产率对经济增长的贡献率

资料来源：根据相关年份《中国城市统计年鉴》和各城市《国民经济和社会发展统计公报》计算并绘制。

基于各城市全要素生产率对经济增长的贡献率，同样将河北省各城市分为三个梯队。

第一梯队城市为石家庄、秦皇岛、邢台、保定和衡水。这些城市的全要素生产率对经济增长的贡献率较高，且在推动经济增长方面发挥了重要作用。石家庄的贡献率高达49.452%，远超河北省平均水平。作为省会城市，石家庄通过推动高端制造业、信息技术和现代服务业等领域的快速发展，实现了全要素生产率的大幅提升，其产业结构优化，以及创新驱动和资源配置效率的提高，为河北省经济增长提供了强大支撑。秦皇岛（44.541%）、邢台（35.432%）和保定（35.285%）的贡献率同样较高，均位居河北省前列。秦皇岛的经济发展得益于港口物流、绿色能源等优势产业的推动；邢台通过推动传统产业的现代化和技术创新，稳步提升了全要素生产率；而保定则凭借产业升级和新能源汽车产业的发展，推动了全要素生产率的持续提升。衡水的贡献率为33.091%，表明衡水在产业升级、技术创新和绿色发展方面取得了持续进展，推动了全要素生产率的提升。衡水通过持续的技术创新和产业优化，为河北省经济增长贡献了稳定力量。

第二梯队城市为张家口、廊坊和沧州。这些城市的全要素生产率对经济增长的贡献率较为稳健，通过产业升级和技术创新取得了显著进展。张家口的全要素生产率对经济增长的贡献率为31.419%，主要得益于冬奥会带动的基础设施建设和绿色能源发展。廊坊的贡献率为29.619%，在优化产业结构和加大高新技术产业支持力度方面取得了较好进展。沧州的贡献率为27.652%，主要得益于智能制造和现代农业领域的突破，推动了全要素生产率的提升。整体来看，这些城市通过产业转型和技术创新，稳定地提升了对经济增长的贡献率。

第三梯队城市为唐山、承德和邯郸。这些城市的全要素生产率对经济增长的贡献率相对较低，分别为邯郸7.213%、承德10.511%、唐山21.305%，但它们在推动传统产业转型和提升全要素生产率方面仍具潜力。通过加大在绿色发展、科技创新和产业现代化方面的投入，这些城市有望进一步促进全要素生产率的提升，并为未来经济增长提供新的动力。

二 河北省在推动京津冀高质量一体化中的地位

（一）京津冀地区高质量发展现状

1.京津冀地区全要素生产率整体向好发展

京津冀地区全要素生产率水平总体呈上升趋势，说明京津冀地区的经济结构逐步优化，产业升级明显，科技创新能力持续增强。北京的全要素生产率表现最为突出，呈现稳定增长态势。2012年，北京的全要素生产率为4.383，至2022年增长至6.084，年均增长率为3.333%。这一增长反映出北京在推动高质量发展中的显著优势，尤其是在高新技术产业方面，已经形成了以新一代信息技术、航空航天、生物医药等为代表的多个高精尖产业集群。天津的全要素生产率也保持了较为稳定的增长态势，从2012年的2.722增长至2022年的3.223，年均增长率为1.702%。近年来，天津市政府颁布《天津市加快数字化发展三年行动方案（2021—2023年）》《天津市全链条支持生物医药创新发展的若干措施》《天津市促进港产城高质量融合发展的政策措施》等文件，扶持数字经济、生物医药和航空航天等战略性新兴产业的发展，取得了显著成效。河北的全要素生产率呈现稳步增长态势，从 2012 年的 1.776 增长至 2022 年的 2.143（见图 4）。近年来，河北紧抓北京非首都功能疏解"牛鼻子"，联合绘制重点产业链图谱，加快推动雄安新区建设，积极承接中关村企业，全线贯通京蔚高速公路，完成 G109 新线高速连通工程，推进京津冀一体化取得显著成效。

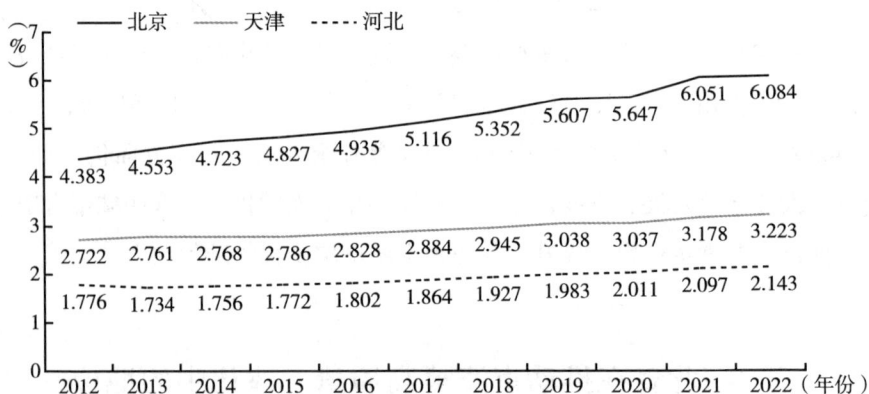

图 4　2012～2022 年京津冀地区全要素生产率

资料来源：根据相关年份《中国城市统计年鉴》、《河北统计年鉴》以及各城市《国民经济和社会发展统计公报》计算并绘制。

2. 京津冀城市群全要素生产率呈梯度分布格局

在京津冀城市群内部，各城市的全要素生产率差异明显。2022 年，北京的全要素生产率为 6.084，天津为 3.223，唐山为 3.204，处于第一梯队。这些城市在京津冀地区的科技创新水平较高，其中北京的全要素生产率水平大幅领先于其他城市，是京津冀全要素生产率提升的重要增长极。石家庄（2.866）、秦皇岛（2.730）、廊坊（2.526）、沧州（2.262）和衡水（2.017）处于第二梯队。廊坊位于京津雄"黄金三角"的核心腹地，紧靠北京新"两翼"，通过加快推进北三县与通州区的一体化发展等，在产业承接与转移方面取得了显著成效，进而推动城市全要素生产率的提升。保定（1.714）、邢台（1.680）、承德（1.626）、邯郸（1.489）与张家口

（1.460）处于第三梯队。随着非首都功能的进一步疏解，以及京津冀一体化的深入推进，这些城市的全要素生产率有望进一步提升（见图5）。

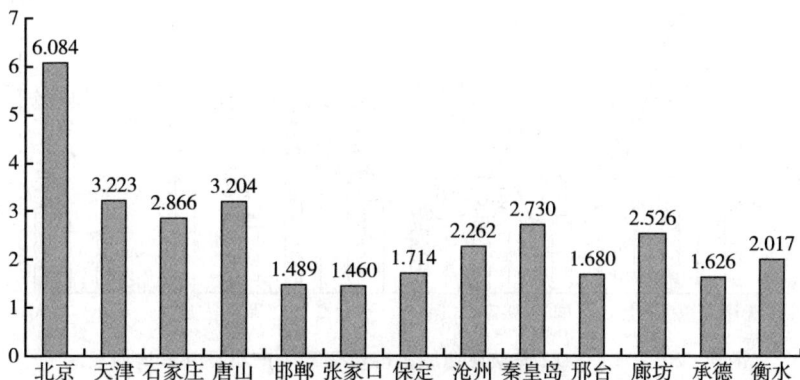

图5　2022年京津冀城市群全要素生产率

资料来源：根据相关年份《中国城市统计年鉴》和各城市《国民经济和社会发展统计公报》计算并绘制。

从全要素生产率的增长维度来看，2012~2022年京津冀城市群全要素生产率年均增长率总体呈上升趋势。其中，石家庄（3.377%）高于北京（3.333%），在京津冀城市群中年均增速最快（见图6）。原因在于，近年来，石家庄颁布《石家庄市"4+4"现代产业发展总体规划》《石家庄市国土空间总体规划（2021—2035年）》《石家庄市"十四五"冷链物流发展实施方案》等文件，积极推动产业跨地区合作，加强物流基础设施建设，成为对接京津、承接京津产业发展的重要支点，不断提升城市全要素生产率水平。然而，承德和邯郸两个城市在2012~2022年的全要素生产率年均增长率均低于0.7%，说明这两个城市需加快科技创新和产业创新，以全要素生产率水平提升夯实城市高质量发展基础。

（二）京津冀地区全要素生产率对经济增长的贡献率分析

1.京津冀地区全要素生产率对经济增长的贡献率存在差异

2012~2022年，京津冀地区北京、天津和河北的全要素生产率对经济

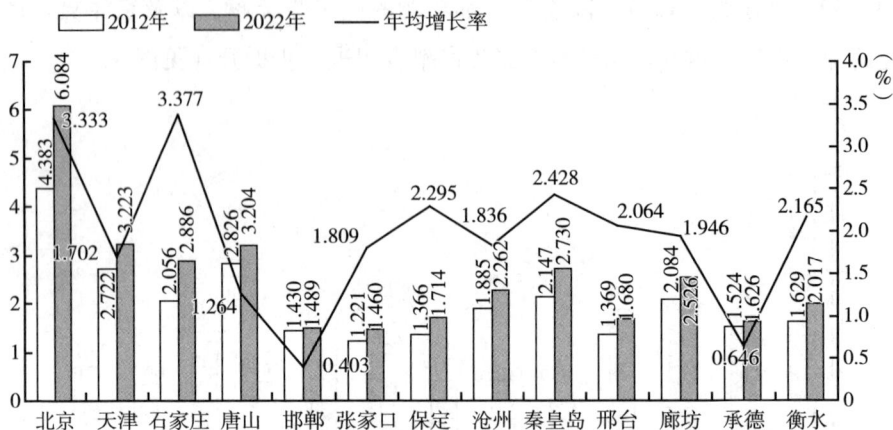

图6　2012年、2022年京津冀城市群全要素生产率及其年均增长率

资料来源：根据相关年份《中国城市统计年鉴》和各城市《国民经济和社会发展统计公报》计算并绘制。

增长的贡献率存在显著差异。具体来看，北京的全要素生产率对经济增长的贡献率为55.991%，远高于天津和河北，是京津冀地区经济高质量发展的领头羊（见图7）。原因在于，北京作为全国的创新中心，拥有丰富的科技资源和产业基础，尤其是在高端制造业、智能网联汽车、人工智能、量子信息等领域具有较大的创新优势。强有力的创新链条和产业链基础，使得北京不仅实现了自身的经济增长，也为整个京津冀地区的高质量发展提供了重要动力。天津的贡献率为33.541%，虽然低于北京，但仍然保持在一个较高水平。天津作为重要的港口城市和工业重镇，近年来通过稳步推进产业转型，对经济增长的贡献率不断提升，尤其是在高端制造业和现代服务业方面的创新，推动了全要素生产率的提升。河北经济高质量发展水平有所提高，具有较大潜力。2022年，河北的全要素生产率对经济增长的贡献率为29.593%，接近天津的贡献率，提升空间较大。京津冀作为引领全国高质量发展的三大重要动力源之一，拥有数量众多的一流院校和高端研究人才，创新基础扎实、实力雄厚。河北应加强产业协同合作，依托北京中关村的科技创新优势和天津先进制造研发优势，继续加强科技创新和产业升级，进一步提升全要素生产率，为京津冀地区一体化发展贡献更多力量。

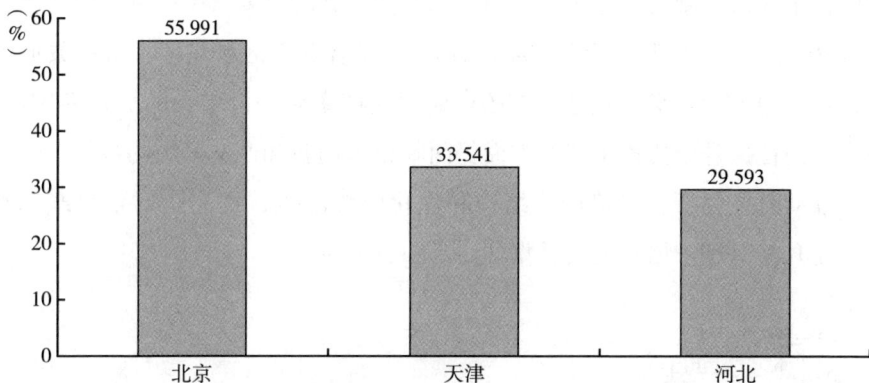

图7 2012~2022年京津冀地区全要素生产率对经济增长的贡献率

资料来源：根据相关年份《中国城市统计年鉴》、《河北统计年鉴》以及各城市《国民经济和社会发展统计公报》计算并绘制。

2. 京津冀城市群全要素生产率对经济增长的贡献率呈层级分化趋势

2012~2022年，京津冀城市群全要素生产率对经济增长的贡献率呈现明显差异，这与各城市的产业结构、技术创新水平以及资源配置效率密切相关。其中，北京的全要素生产率对经济增长的贡献率遥遥领先，达到55.991%（见图8）。在减量发展背景下，北京通过推动科技创新和产业创新，持续优化产业结构，不断提升全要素生产率水平。这不仅有利于首都发展，也为带动周边城市发展提供了强大动力。石家庄、秦皇岛、邢台、保定、天津和衡水的贡献率分别为49.452%、44.541%、35.432%、35.285%、33.541%和33.091%，均高于区域平均水平（31.760%）。这表明这些城市在产业转型和创新驱动方面取得了显著进展，通过产业转型升级不断提高全要素生产率，进而为加快发展新质生产力奠定坚实基础。石家庄的贡献率在京津冀城市群中仅次于北京。近年来，石家庄发挥地缘优势，积极打通沿京保石走廊，大力发展生物医药、电子信息等新兴产业，积极承接京津产业，全力争取一批在京央企总部及二、三级子公司或创新业务板块等落户。

2014~2023年，石家庄累计承接京津转移项目406个，总投资2106.18亿元，通过积极承接产业转移，显著提升全要素生产率对经济增长的贡献率。然而，张家口、廊坊、沧州、唐山、承德和邯郸的全要素生产率对经济增长的贡献率较低，尤其是邯郸仅为7.213%，显著低于区域均值，这一数值仅为石家庄的14.586%。这些城市的全要素生产率对经济增长的贡献率较低，说明它们在提升全要素生产率方面仍面临技术创新和产业升级的挑战，亟须通过推动科技创新、完善产业结构和优化资源配置，提高全要素生产率水平，提升其对经济增长的贡献率。

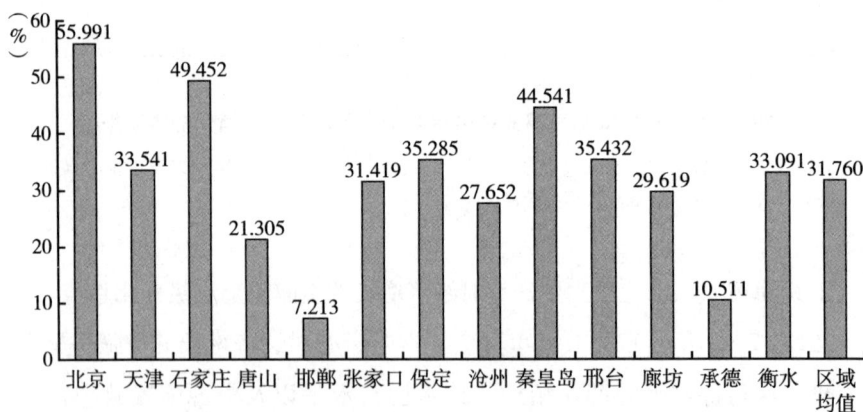

图8　2012~2022年京津冀城市群全要素生产率对经济增长的贡献率

资料来源：根据相关年份《中国城市统计年鉴》和各城市《国民经济和社会发展统计公报》计算并绘制。

三　河北省在推动京津冀高质量一体化中面临的困境

（一）河北省全要素生产率水平较低

1.河北省竞争力不足

河北的全要素生产率与京津存在较大差距，且这一差距在逐步拉大。2012年，河北的全要素生产率为1.776，比天津（2.722）低0.946，比北京（4.383）低2.607，相当于天津的65.25%和北京的40.52%。2022年，河北的全要素生产率为2.143，比天津（3.223）低1.080，比北京（6.084）低3.941，相当于天津的66.49%和北京的35.22%。由于产业基础、创新水平与人力资本水平等因素不同，河北对劳动力、资本等生产资源的利用效率与天津、北京相比还有较大差距，进一步说明河北亟待通过科技创新和产业转型升级提升全要素生产率。

2.京津冀城市群内部不均衡问题突出

2022年，京津冀城市群中北京和天津的全要素生产率较高，分别为6.084和3.223，显著高于区域均值（2.529）（见表1）。京津拥有一系列高水平创新平台，汇聚了大量世界一流的科研机构和高新技术企业，形成了良好的科技创新和产业创新生态，为发展新质生产力提供了坚实保障。2022年，唐山的全要素生产率为3.204，在河北省各城市中位列第一，且与京津差距最小。随着产业结构转型升级步伐的加快，唐山的先进装备制造业、临港产业等逐渐成为其经济高质量发展的新动能，不仅提升了城市全要素生产率水平，也为发展新质生产力提供了有力支撑。邯郸、张家口、保定、沧州、邢台、廊坊、承德和衡水的全要素生产率均低于京津冀城市群均值，特别是张家口和邯郸的全要素生产率明显偏低，分别为1.460和1.489，拉低了京津冀城市群整体的全要素生产率水平。原因在于，张家口长期以冶金、能源等重工业为主，面临传统工业依赖与环保转型阵痛；邯郸因传统资源依赖和政策洼地效应，亟须突破路径依赖与补齐创新短板。

表1 2012~2022年基于C-D生产函数测算的京津冀城市群全要素生产率

城市	2012年	2013年	2014年	2015年	2016年	2017年	2018年	2019年	2020年	2021年	2022年
北京	4.383	4.553	4.723	4.827	4.935	5.116	5.352	5.607	5.647	6.051	6.084
天津	2.722	2.761	2.768	2.786	2.828	2.884	2.945	3.038	3.037	3.178	3.223
石家庄	2.056	2.099	2.147	2.183	2.237	2.321	2.417	2.500	2.562	2.708	2.866
唐山	2.826	2.749	2.712	2.710	2.742	2.830	2.918	2.994	3.029	3.135	3.204
邯郸	1.430	1.310	1.296	1.289	1.287	1.315	1.333	1.383	1.401	1.458	1.489
张家口	1.221	1.162	1.186	1.191	1.221	1.276	1.336	1.389	1.403	1.459	1.460

城市	2012 年	2013 年	2014 年	2015 年	2016 年	2017 年	2018 年	2019 年	2020 年	2021 年	2022 年
保定	1.366	1.314	1.336	1.370	1.402	1.458	1.512	1.566	1.605	1.686	1.714
沧州	1.885	1.855	1.885	1.905	1.942	2.000	2.052	2.118	2.136	2.220	2.262
秦皇岛	2.147	2.052	2.083	2.109	2.186	2.295	2.402	2.509	2.559	2.678	2.730
邢台	1.369	1.323	1.330	1.340	1.370	1.421	1.475	1.529	1.559	1.634	1.680
廊坊	2.084	2.127	2.212	2.243	2.239	2.310	2.370	2.437	2.440	2.522	2.526
承德	1.524	1.486	1.477	1.471	1.477	1.495	1.551	1.491	1.523	1.586	1.626
衡水	1.629	1.594	1.648	1.677	1.715	1.777	1.835	1.893	1.908	1.980	2.017

资料来源：根据相关年份《中国城市统计年鉴》和各城市《国民经济和社会发展统计公报》计算。

3. 京津冀城市群发展水平与其功能定位不匹配

2012~2022 年，京津冀城市群中全要素生产率年均增长率超过 3% 的城市只有北京和石家庄 2 个城市，而同期长三角有南京、合肥、芜湖等 8 个城市（见表 2）。石家庄作为河北省省会城市，大力发展生物医药、新一代电子信息、先进装备制造等主导产业，取得了显著成效。在京津冀、长三角、珠三角城市群中，全要素生产率年均增长率低于 1% 的城市均有 2 个，京津冀为邯郸（0.403%）和承德（0.646%），长三角为金华（0.756%）和台州（0.732%），珠三角为广州（0.809%）和珠海（0.493%）。原因在于，广州、珠海等城市作为改革开放的前沿城市，产业基础与经济实力雄厚，全要素生产率变化幅度较小。而邯郸对钢铁产业的依赖程度较高，新兴产业发展时间较短，同时周边缺乏核心经济圈带动，与石家庄、郑州等省会城市的辐射联动较弱，导致全要素生产率年均增长率低于 1%。受地理位置处于边缘区域、政策覆盖不到位、经济发展动力不足等因素影响，承德的全要素生产率年均增长率也较低。京津冀作为我国北方最大的城市群，在地理上扮演着"接南促北"的重要战略角色，在国民经济整体格局中占据重要战略地位，面临全要素生产率年均增长率高水平城市数量不足的问题。同时，京津冀个别城市发展水平过低导致该区域整体与长三角、珠三角城市群有较大差距。

表2 2012～2022年京津冀、长三角和珠三角城市群全要素生产率年均增长率

单位：%

京津冀	年均增长率	长三角	年均增长率	珠三角	年均增长率
北京	3.333	上海	2.282	广州	0.809
天津	1.702	南京	3.234	深圳	4.513
石家庄	3.377	无锡	2.664	珠海	0.493
唐山	1.264	常州	3.695	佛山	4.873
邯郸	0.403	苏州	2.988	惠州	1.850
张家口	1.809	南通	2.943	东莞	2.948
保定	2.295	盐城	2.909	中山	2.491
沧州	1.836	扬州	2.602	江门	2.622
秦皇岛	2.428	镇江	3.400	肇庆	2.956
邢台	2.064	泰州	2.824	区域均值	2.572
廊坊	1.946	杭州	1.574		
承德	0.646	嘉兴	1.563		
衡水	2.165	湖州	1.212		
区域均值	2.081	舟山	2.509		
		金华	0.756		
		绍兴	1.080		
		台州	0.732		
		宁波	1.560		
		宣城	4.018		
		滁州	3.734		
		池州	3.811		
		合肥	5.213		
		铜陵	1.466		
		马鞍山	2.920		
		芜湖	4.241		
		安庆	2.859		
		区域均值	2.380		

资料来源：根据相关年份《中国城市统计年鉴》和各城市《国民经济和社会发展统计公报》计算。

（二）河北省全要素生产率对经济增长的贡献率有待提升

1.河北省的作用有待增强

在京津冀地区，河北的全要素生产率对经济增长的贡献率较低，为

29.593%，落后于天津（33.541%），约是北京（55.991%）的1/2。尽管曹妃甸、津冀（芦台·汉沽）协同发展示范区、渤海新区、正定新区等重点承接平台得到发展，产业转移与承接能力得以提升，非首都功能疏解成效显著，但作为京津冀协同发展战略中的"三区一基地"，仍然需要对传统产业进行转型升级，构建与区域功能相适应、与资源环境承载能力相匹配、与未来发展相契合的产业空间布局。

2. 京津冀城市群协同性有待提升

2012~2022年，京津冀城市群全要素生产率对经济增长的贡献率呈现梯度分布格局。其中，北京的全要素生产率对经济增长的贡献率最高，达到55.991%，石家庄紧随其后，达到49.452%，秦皇岛为44.541%，这三个城市属于第一梯队。邢台（35.432%）、保定（35.285%）、天津（33.541%）和衡水（33.091%）的全要素生产率对经济增长的贡献率虽然均低于40%，但超过区域均值（31.760%），这些城市属于第二梯队。张家口、廊坊、沧州、唐山、承德和邯郸的全要素生产率对经济增长的贡献率均低于区域均值，属于第三梯队。这表明这些城市应加快推动科技创新和产业转型升级，培育和壮大新质生产力，提高全要素生产率对经济增长的贡献率。

3. 京津冀城市群的示范带动作用有待强化

整体来看，2012~2022年，长三角城市群全要素生产率对经济增长的贡献率方差较小，城市之间的差距相对最小；而京津冀城市群全要素生产率对经济增长的贡献率方差较大，城市之间的差距相对较大，北京的贡献率是承德的5.33倍。承德受经济基础薄弱、产业技术水平较低、人力资源不足等因素的影响，全要素生产率对经济增长的贡献率较低。从城市群之间看，京津冀城市群全要素生产率对经济增长的贡献率超过40%的城市只有3个，即北京、石家庄和秦皇岛；而长三角城市群有上海、南京、合肥等12个城市；珠三角城市群有深圳、佛山、东莞等6个城市（见表3）。可见，京津冀城市群应强化北京等中心城市的影响带动功能，推动各城市间功能互补，积极缩小城市经济发展差距。

表3 2012~2022年京津冀、长三角和珠三角城市群
全要素生产率对经济增长的贡献率

单位：%

京津冀	贡献率	长三角	贡献率	珠三角	贡献率
北京	55.991	上海	40.297	广州	11.640
天津	33.541	南京	42.078	深圳	60.930
石家庄	49.452	无锡	40.047	珠海	6.632
唐山	21.305	常州	48.620	佛山	77.005
邯郸	7.213	苏州	45.904	惠州	25.368
张家口	31.419	南通	38.194	东莞	44.987
保定	35.285	盐城	38.652	中山	44.461
沧州	27.652	扬州	33.516	江门	41.392
秦皇岛	44.541	镇江	47.791	肇庆	42.545
邢台	35.432	泰州	34.998	区域均值	37.189
廊坊	29.619	杭州	22.457		
承德	10.511	嘉兴	23.445		
衡水	33.091	湖州	16.746		
区域均值	31.760	舟山	26.841		
		金华	11.476		
		绍兴	16.486		
		台州	11.336		
		宁波	23.386		
		宣城	50.323		
		滁州	42.495		
		池州	49.919		
		合肥	61.686		
		铜陵	24.764		
		马鞍山	39.480		
		芜湖	48.475		
		安庆	43.996		
		区域均值	34.428		

资料来源：根据相关年份《中国城市统计年鉴》和各城市《国民经济和社会发展统计公报》计算。

四 提升河北省在推动京津冀高质量一体化中的作用

（一）强化创新驱动，推动京津冀高质量一体化发展

1. 加快提高基础研究水平

加大前瞻性和先进性产业领域的基础研究投入力度。促进国家实验室、综合性国家科学中心、新型研发机构、高水平高校院所、科技领军企业等国家战略科技力量共同发展和相互协同，为前瞻性、引领性原始创新提供支撑。支持新一代信息领域、现代生物科学领域生物技术及生物新材料等战略性新兴产业发展。同时，不断加大对基础学科和交叉学科的资金与政策支持力度。此外，支持雄安新区加快建设成为全球创新高地。积极推动国家级重大科研平台、科教基础平台、重点实验室、产业技术研发平台等建设，培育掌握前沿技术的创新载体，进一步推进国家信息网络实验平台、生命科学创新研究中心、工程研究中心、国家质量基础设施研究基地的布局建设。

通过制度革新与资源整合双维推进，释放创新潜能。科研机构改革应着力构建灵活高效的治理模式，推行基于科研诚信的经费使用负面清单制度，完善成果转化收益分配机制，赋予团队技术路线决策权与设备采购自主权，建立央地科技计划衔接机制，重点支持国家实验室与区域科技创新中心联动攻关，构建跨国技术转移协作网络，推动跨学科研究平台建设，促进创新要素跨领域、跨区域重组。聚焦产业技术痛点，由行业龙头企业联合高校组建产业创新联盟，在集成电路、生物制造等领域建设共性技术研发平台，配套中试熟化与工程验证设施，形成需求牵引的研发体系。破除知识流动壁垒，搭建产学研大数据交互平台，完善技术经纪人培养与科技成果确权交易机制，通过创新券跨域通用、联合基金等政策工具促进要素流动。

2. 推动创新成果孵化转化

构建顺畅高效的转移转化体系。推动京津科技资源、资质认证、市场准入和政府服务等要素的共享与共用，促进政策互认和信息交换，实现区域间

的互联互通。建设完善的要素市场，加强京津冀地区产业、政策和资源的互联互通，支持北京、天津的技术转移和成果孵化服务机构向河北延伸，形成综合产业创新服务体系，着力解决成果转化过程中的"最后一公里"瓶颈问题，从而提高知识传播的效率和效能。

建立健全相关投融资体系。建立金融支持企业科技创新体系常态化工作机制，形成资本市场协同支持企业创新的金融手段。引导银行机构充分利用降准释放的流动性，重点加大对科技企业的低成本贷款支持力度，鼓励银行建立以知识产权和人力资本为核心的创新能力评估体系。同时，推广创新积分贷款和知识产权质押贷款等新模式，推动科技企业成长及中小企业数字化转型的信贷产品开发。探索更长期限、更高额度、灵活定息及灵活还款方式的产品和模式。设立京津冀联合研发基金，支持三地间的高新技术研发和技术成果转化，特别是在先进制造、新材料、生物医药等领域，对符合条件的项目提供贴息或风险补偿。

3. 完善区域协同创新生态

加速形成区域科技创新联盟。加快打造顶尖的京津冀国家技术创新中心等关键科技基础平台，促进重大科技基础设施的集群化增长。聚焦先进制造、电子信息、生物医药等领域，联合开展国家重大科技、关键核心技术攻关，加强区域水环境、大气污染等的联合治理。深入实施京津冀协同发展全面创新改革工程，推进天津滨海-中关村科技园、宝坻中关村科学园、京津合作示范区等科技园区建设。

完善创新协同发展体制。聚焦未来产业和战略性新兴产业，设立京津冀协同发展引导基金，探索从产业链角度支持城市间创新协同发展。推动区域协同创新平台共建共享，通过组建产学研协同创新联盟和服务平台，促进科技成果在区域间的合理流动，提高科技成果的异地孵化与转化率，推动区域产业发展和科技创新能力提升，为新质生产力的成长奠定基础。同时，加快跨区域要素集成市场建设，促进土地、人才、数据、产权、金融、技术等要素的深度融合。促进要素的互通有无，从而更好地发挥各类要素在生产力中的作用。

（二）推动区域产业链协同共建，培育发展新动能

1. 深化京津冀产业协同合作

积极推进围绕产业链布局创新链，发挥创新链对产业链的支撑作用。通过"产业基金+智能制造"模式，推动产业升级和区域协同发展，鼓励北京企业在津冀地区投资建设具有较强带动作用的项目。吸引产业链上下游企业集聚，支持企业供应链和产业生态体系建设。重点聚焦新一代信息技术、新能源智能网联汽车、生命健康等领域，加速在京津走廊、京保石走廊、京唐秦走廊等区域布局。同时，利用《京津冀自贸试验区协同发展行动方案》，加快建设产业合作新平台，创新对接方式，探索联合授信机制，完善一体化征信体系。推动数字化水平提升，扩大人工智能设备及技术的应用范围，前瞻探索布局典型应用场景，打造柔性化生产系统，提升产业链各环节的韧性。

优化重点地区产业空间布局。加快建设北京大兴国际机场临空经济区，重点发展航空物流、航空服务保障和航空科技创新等与临空产业紧密相关的产业集群，依托自贸试验区政策优势发展航空器维修、航材保税等特色业态，与雄安新区数字经济、天津港高端装备制造形成产业链垂直分工。同时，推动廊坊北三县与通州区的一体化发展，聚焦新一代信息、高端装备制造和节能环保三大战略方向，推动研发总部与制造基地相结合，培育高精尖产业集群。雄安新区联动保定、沧州建设产业合作示范园区，重点布局智能终端设备、节能环保装备等先进制造业集群，推动创新要素在京津研发中心与河北生产基地间高效流动，加强区域协调与产业融合，积极融入雄安新区产业链和创新链。

2. 积极推进产业承接转移

加强疏解北京非首都功能承接平台建设。有效整合创新资源，高效承担北京非首都功能的疏解任务，以高起点策划发展尖端和高新技术产业。积极鼓励引导北京创新资源和成果在津冀区域内布局与应用转化，提升津冀创新能力。特别是在廊坊、保定、张家口、承德、唐山、沧州等环京津市县，借

力北京和天津发展轴，打造功能承载平台，形成冀中南地区重要功能节点。不断提升关键平台承载能力和合作水准，加快曹妃甸、正定新区、北戴河国家生命健康产业创新示范区等综合承载平台的建设与发展。

加快构建立体化、智能化、可持续的基础设施建设体系。着力构建多制式轨道交通体系，重点加密环首都城际铁路网络，通过引入市域快线、通勤专列等多样化运输方式提升跨城通勤效率。同步推进枢纽节点的功能再造，强化石家庄、唐山等城市的集疏运能力，依托雄安新区建设集成高铁、城际、市域轨道及智慧公交的立体化交通中枢，形成层次分明的枢纽体系。针对区域数据资源分散现状，需统筹规划大数据中心集群建设，按照"核心节点-边缘节点"架构部署算力基础设施，配套建设绿色能源保障体系，实现数字枢纽与交通网络的深度融合。

（三）优化营商环境，助推区域高质量发展

1. 持续深化改革开放

聚焦关键领域，全面深化改革。积极优化国有经济布局，深化国有企业改革，推进混合所有制改革，支持重点领域国有企业战略性重组，持续处置无效低效资产，提高资产利用效率，加强国有资产监管，健全国有资产监管体制，不断提升国有资产管理和治理能力，更好地发挥国有经济的战略支撑作用。优化要素市场化配置，打破土地、劳动力等传统要素与数据、技术等新兴要素的流通壁垒，建立市场决定价格的形成机制与跨区域流动规则。通过要素确权交易体系创新，完善数据资产登记评估、技术产权证券化等制度，同步健全要素交易平台功能，实现供需精准匹配与效能提升。深化信用体系建设与事中事后监管衔接，形成"准入畅通、竞争有序、退出规范"的市场生态，为建设高标准市场体系提供制度保障，推动资源配置效率与公平性双提升。

同时，深化商品和要素流动型开放，发挥制度型开放对投资的推动作用，实现高水平的全面开放。推进自贸试验区深化发展，雄安片区依托空港资源与创新要素集聚优势，重点培育航空制造与航空服务双轮驱动的产业生

态；同步推进生物医药产业创新集群建设，聚焦基因治疗、高端医疗器械等前沿领域，完善从基础研究到临床转化的创新链条。正定片区发挥临空经济与陆港枢纽叠加效应，构建生物医药跨境研发合作平台。曹妃甸片区立足深水港资源与临港产业基础，重点打造国际大宗商品交易中心，建设东北亚航运服务总部基地，发展智慧港口物流、绿色能源装备等临港特色产业，形成面向环渤海经济圈的战略支点。加强大兴机场片区国际交往功能载体建设，集成航空科创成果展示、国际技术转移服务等功能模块，通过政策试点突破促进京津冀三地产业链深度嵌套。

2. 推进公共服务便利共享

加强公共服务承接工作，构建多元主体参与的公共服务协同体系。引导京津优质医疗机构通过托管共建、分院设置等方式向北三县延伸，同步建立养老服务机构连锁化运营补贴政策。雄安新区重点推进公共服务标杆项目建设，通过"部属高校+新区校区""国家医学中心分院"等载体导入优质资源，建设智慧教育示范区与分级诊疗创新基地，构建全生命周期服务体系。实施差异化补贴政策，对跨区域运营机构给予用地保障与运营补贴，推行医养结合机构"一照多址"登记改革。重点建设远程影像诊断中心与急诊急救联盟，完善医师多点执业备案互通机制；推动职业培训创新工程构建"产教融合+定制培养"模式，促进公共服务均等化与品质化协同发展。

深化公共服务领域的共建与共享。积极承接京津两地的高质量教育资源，实现教育资源在京津冀区域内的均衡分配。此外，推动在京顶尖教育机构与河北部分中小学合作办学，提升河北教育水平和辐射能力。在医疗领域，推动实施全国联网的基本医疗保险，推进异地就医直接结算政策，鼓励各地加强医疗联动与协同发展，积极构建京津冀区域医联体，促进优质医疗资源向河北辐射。此外，进一步推进跨域"一网通办"平台标准化建设，依托统一身份认证实现服务入口集成。消除数据孤岛，建立动态分级共享机制，开发智能算法优化跨层级业务协同流程。推进高频事项通办，完善异地受理与区块链存证核验系统，推进电子证照互认场景化应用，制定统一编码规则与法律效力认定标准，重点拓展企业经营、社会保障等领域"免证办事"覆盖范围。

3. 持续优化制度环境

打造一流营商环境。在全面深化"放管服"改革的同时，着力提升行政审批效率。进一步简化行政审批程序，优化中介服务，完善审批管理制度，推动"一业一证"改革，实现"一证准营"，推行线上线下审批事项同步办理。此外，以京津冀智算中心为支撑，着力构建智慧政府。建设统一安全的政务云平台和政务大数据平台。构建亲清政商关系，强化"一企一策"服务，完善领导包联机制，规范政企沟通渠道和方式。

完善市场监管机制。严格实施公平竞争审查制度，维护市场竞争秩序。提升监管智能化水平，促进京津冀地区的市场监管数据实现全面互联互通，构建京津冀区域统一的市场监管大数据平台，制定和完善社会信用体系，进一步推动监管能力的现代化进程。加强监管协同，完善跨领域跨部门协同监管机制，实施市场智慧监管工程，加强事中事后监管。积极探索新产业新业态监管机制，助力战略性新兴产业、未来产业发展，在确保质量和安全的前提下为企业留足发展空间。

参考文献

李国平：《京津冀：打造高质量发展动力源》，《人民论坛》2024年第17期。

刘秉镰、曾锦萍：《中国式分权与京津冀区域协同创新》，《北京社会科学》2025年第2期。

孙久文、邢晓旭：《京津冀产业协同发展的成效、挑战和展望》，《天津社会科学》2024年第1期。

孙媛、王得新：《积极推动京津冀协同创新》，《宏观经济管理》2024年第8期。

武义青、贾雨文：《势分析方法及其应用研究——基于主动性决策理论》，中国社会科学出版社，2016。

Abstract

The Third Plenum of the 20th Central Committee of the Communist Party of China pointed out that promoting regions such as the Beijing-Tianjin-Hebei, Yangtze River Delta, and Guangdong-Hong Kong-Macao Greater Bay Area to better play the role of high-quality development drivers. High-quality integration is an advanced form of regional coordinated development, and high-quality development is an important measure to implement the new development concept and build a new development pattern. Focusing on Beijing, Tianjin and Hebei, from "planning layout" to "intensive cultivation", the coordinated development of Beijing, Tianjin and Hebei is experiencing a historic leap from quantitative change to qualitative change, shouldering the important mission of "striving to become a pioneer and demonstration area of Chinese path to modernization". High-quality integration is the deepening and upgrading of the coordinated development strategy of Beijing, Tianjin and Hebei. It not only provides innovative driving, green transformation, institutional breakthrough and other new solutions for the coordinated development of Beijing, Tianjin and Hebei, but also can explore the path of Chinese path to modernization with a huge population, and provide an important demonstration for the modernization of harmonious coexistence between man and nature.

This report is the result of the collaborative efforts of authors from the Beijing-Tianjin-Hebei region. Firstly, explore the current situation and problems of high-quality integration in the Beijing-Tianjin-Hebei region from a holistic perspective; Secondly, analyze the high-quality integration of Beijing-Tianjin-Hebei region from the aspects of "bull's nose", core driving force, key areas, green base, key carriers, and facility support; Finally, analyze the position and role of Beijing, Tianjin, and Hebei in promoting high-quality integration of the Beijing-Tianjin-Hebei region.

This report consists of 2 general reports, 7 special reports, and 3 regional reports. It adopts various methods such as literature research, statistical analysis, field research, and empirical research to clarify the connotation, new requirements, and important focus points of regional high-quality integration at the theoretical level. From the perspective of "constraints goals motivation guarantee path" system integration, it constructs a theoretical analysis framework to promote high-quality integration of Beijing-Tianjin-Hebei region; Exploring the effectiveness and main problems of high-quality integration in the Beijing-Tianjin-Hebei region at the practical level, and proposing key measures to promote high-quality integration in the "15th Five Year Plan" period.

The report points out that regional high-quality integration is guided by the new development concept, with promoting high-quality development as the theme, taking technological innovation and institutional reform as the main driving force, focusing on the coordinated development of industries, efficient interconnection of facilities, ecological protection and governance, and balanced sharing of public services. It promotes the free flow and efficient allocation of factor resources, deep market integration, and organic institutional connection within the region. Through complementary advantages, it achieves mutual benefit and win-win results, and enhances the overall strength and competitiveness of the region. Regional high-quality integration has five important focus points, namely infrastructure interconnection, cross regional industrial cooperation and symbiosis, ecological industry symbiosis and integration, public service quality improvement and sharing, and institutional mechanism reform and innovation. To promote high-quality integration of the Beijing-Tianjin-Hebei region, it is necessary to achieve a balance between efficiency improvement and regional synergy; From the perspective of development goals, the fundamental goal is to achieve a historic leap from catching up in scale to a leap in energy level in the Beijing-Tianjin-Hebei region through the enhancement of the "energy field". Its specific goals include promoting the deep integration of the industrial chain and innovation chain, and achieving high-quality economic development; Forming a spatial pattern of complementary functions, orderly hierarchy, and efficient linkage, with a more optimized spatial structure; The market mechanism is fully utilized, and a unified regional market is formed; Regional policies are highly integrated, forming a closely connected community of shared interests. From the perspective of core driving forces, technological innovation and institutional reform remain important engines for promoting high-quality integration in the Beijing-Tianjin-Hebei region. From the perspective of basic security, physical spatial connectivity and digital spatial reconstruction can be achieved through the improvement of traditional infrastructure and the construction of new infrastructure. From the perspective of important paths, we need to shift from "government led" to "market driven". The government mainly promotes institutional openness, strategic space reconstruction, and precise supply of public goods, while the market mainly promotes industrial transformation and upgrading, as well as innovation ecosystem optimization, through optimizing the allocation of factors such as data and technology, assisting in chain reconstruction, and collective training.

Based on the analysis of the connotation, new requirements, and important focus points of regional high-quality integration, combined with the actual development of the Beijing-Tianjin-Hebei region, this report compares and analyzes the current situation of high-quality integration development in the three major urban agglomerations in eastern China. It deeply analyzes the progress and effectiveness of the integration of non capital functions, collaborative innovation, industry, ecology, urban system, transportation, and public services in the Beijing-Tianjin-Hebei region, and explores the status and role of Beijing, Tianjin, and Hebei in promoting high-quality integration in the region. Research has found that firstly, the relocation of non capital functions has achieved significant results, helping to accelerate the high-quality integration of Beijing-Tianjin-Hebei region; Secondly, the collaborative innovation pattern continues to deepen, and the regional innovation strength continues to strengthen; Thirdly, industrial cooperation continues to deepen and become more practical, and the construction of "chain clusters" helps promote high-quality integration of industries; The fourth is the basic formation of a comprehensive transportation network with multiple nodes, grid like, and full coverage, and the continuous expansion of transportation integration; The fifth is the continuous promotion of public service co construction and sharing, driving the equal development of livelihood services in the Beijing-Tianjin-Hebei region; The sixth is the continuous improvement of ecological environment quality and the deepening of green and low-carbon development. At the same time, the three regions of Beijing, Tianjin, and Hebei are also facing many urgent problems that need to be solved: firstly, the problem of regional development imbalance is still prominent, and the problem of uneven resource allocation has not been effectively resolved; Secondly, the regional integration mechanism has not yet been formed, and the market-oriented operation mechanism needs to be accelerated; Thirdly, the synergy and correlation in key areas of regional development need to be improved, and the driving role of Beijing's radiation needs to be strengthened urgently; Fourthly, there is still a great pressure to relieve non capital functions, and the role of infrastructure support still needs to be improved.

In order to promote the high-quality integration of Beijing-Tianjin-Hebei and help build a pilot and demonstration area for Chinese path to modernization, this report puts forward the following countermeasures and suggestions. One is to unblock the "institutional meridians": continuously deepen institutional openness and collaboration, and enhance the "soft connectivity" level of regional rules, policies, standards, etc; The second is to activate the "market acupoint": promote the efficiency of factor allocation through market-oriented allocation reform, and accelerate the opening and sharing of key resources; The third is to enhance the resilience of industry and innovation: strengthen collaborative innovation and the construction of industrial cooperation communities, and promote the deep integration of industrial chains and innovation chains; The fourth is to cultivate the "qi and blood" of the body: promote the integration of transportation, public services, and ecology to build a solid foundation for regional high-quality development; Fifth, reconstruct the "spatial framework": accelerate the construction of world-class urban agglomerations supported by the modern capital metropolitan area and Shijiazhuang metropolitan area, and consolidate high-quality integrated spatial carriers.

Keywords: High-quality Integration; Community of Interests; Modern Capital Urban Agglomeration; Beijing-Tianjin-Hebei

Contents

I General Reports

Abstract: The high-quality integration of Beijing-Tianjin-Hebei is the key strategic fulcrum to implement the new development concept, build a new development pattern, and promote the construction of Chinese path to modernization. On the basis of clarifying the connotation and new requirements of regional high-quality integration, this report constructs a theoretical analysis framework for high-quality integration in the Beijing-Tianjin-Hebei region from the perspective of system integration of "constraints goals driving forces foundations paths", and analyzes the progress, effectiveness, and main problems in promoting high-quality integration in the Beijing-Tianjin-Hebei region. Research has found that the relocation of non capital functions has achieved significant results, helping to accelerate the high-quality integration of Beijing-Tianjin-Hebei region; The collaborative innovation pattern continues to deepen, and the regional innovation strength continues to strengthen; Industrial cooperation continues to deepen and become more practical, and the construction of "chain clusters" helps promote high-quality integration of industries; A comprehensive transportation network with multiple nodes, grid like structure, and full coverage has been basically formed, and transportation integration continues to expand; Continuously promoting the co construction and sharing of public services, driving the equal development of livelihood services in the Beijing-Tianjin-Hebei region; The quality of the ecological environment continues to improve, and green and low-carbon development continues to deepen. At the same time, there is still a prominent issue of regional development imbalance, and the problem of uneven resource allocation has not been effectively resolved; The regional integration mechanism has not yet been formed, and the market-oriented operation mechanism needs to be accelerated; The collaborative correlation between key areas in the region needs to be improved, and the driving role of Beijing's radiation needs to be strengthened urgently; The pressure of relocating non capital functions is still high, and the role of infrastructure support still needs to be improved. Based on this, this report proposes the following countermeasures and suggestions: continuously deepen institutional openness and collaboration, and enhance the level of " soft connectivity " such as rules, policies, and standards; Promote the efficiency of factor allocation through market-oriented allocation reform and accelerate the opening and sharing of key resources; Strengthen the construction of collaborative innovation and industrial cooperation communities, and promote the deep integration of industrial chains and innovation chains; Promote the integration of transportation, public services, and high-quality ecology, and build a solid foundation for regional high-quality development; Building a world-class urban agglomeration supported by the modern capital metropolitan area and Shijiazhuang metropolitan area, and consolidating the spatial carrier of high-quality integration.

Keywords: High-quality Integration; Community of Interests; Modern Capital Urban Agglomeration; Beijing-Tianjin-Hebei

B.2 Comparative Research on High-quality Integration of the Three Major Eastern Urban Clusters in China

Ye Tanglin, Bai Yunfeng and Li Xin / 029

Abstract: Urban clusters are the mainstream and trend of global urban development, and also the main form of China's new urbanization. Its high-quality integrated development is an inevitable choice to cope with future development changes and realize the long-term sustainable development of urban clusters. This report takes the three major urban clusters in the eastern part of China as the research object, constructs the indicator system of high-quality integrated development of urban cluster from five aspects, namely, integration of industry and innovation, connectivity of facilities, ecological co-preservation, livelihood services, and synergy and openness, and analyzes the pattern and development trend of high-quality integrated development of the three major urban clusters in the eastern part of China from 2014 to 2023 by comparing them horizontally and vertically. The study finds that, from the perspective of urban cluster as a whole, the Beijing-Tianjin-Hebei urban cluster has formed a pattern of high-quality integrated development with Beijing as the core, Tianjin as the main engine, and regional central cities and node cities as the carrier, while the Yangtze River Delta urban cluster has formed a spatial pattern of high-quality integrated development centered on Shanghai, Hangzhou, Nanjing, and Suzhou, with the "multi-nuclei co-existence" leading the region. The Pearl River Delta urban cluster has formed Guangzhou and Shenzhen as the first echelon, Zhuhai and Dongguan as the second echelon, and Huizhou and Zhongshan as the third echelon of the multi-level regional high-quality integrated development pattern of "dual-core leadership and echelon development". From the perspective of urban development, the differences in the level of integration in the three major urban clusters in the east are constantly narrowing, and a trend of high-quality integrated development is emerging. However, the resource polarization characteristics of the Beijing-Tianjin-Hebei urban cluster are still obvious, and the differences between cities are still at a higher level than those in the Yangtze River Delta and the Pearl River

Delta urban cluster. From the perspective of each subsystem, the joint construction, joint prevention, and joint governance of the ecological environment in the Beijing-Tianjin-Hebei urban cluster have achieved fruitful results. The Yangtze River Delta urban cluster has demonstrated the two-way empowerment of institutional innovation and market vitality in many fields, such as the integration of industry and innovation and livelihood services. The Pearl River Delta urban cluster has a better development level in areas such as connectivity of facilities and synergy and openness than Beijing-Tianjin-Hebei and the Yangtze River Delta urban cluster. To this end, countermeasures and suggestions are put forward from the aspects of accelerating the mutual recognition and benefit sharing of regional standards, promoting the deep integration of proactive government and effective market, accelerating the integrated development of scientific and technological innovation and industrial innovation, and promoting the " three-in-one " of education, science and technology and talents, to provide important reference for accelerating the construction of the modernized capital metropolitan area and accelerating the integration of the Beijing-Tianjin-Hebei urban cluster to achieve "high-quality" development.

Keywords: Beijing-Tianjin-Hebei Urban Cluster; Yangtze River Delta Urban Cluster; Pearl River Delta Urban Cluster; High-quality Integration

II Special Reports

B. 3 Research on the High-quality Integration of Non-Capital

Function Relocation   *Ye Tanglin, Zhang Hongming* / 051

Abstract: The relocation of non-capital functions represents a pivotal measure for alleviating Beijing's "big city maladies", restructuring the capital's spatial layout, and advancing the coordinated development of the Beijing-Tianjin-Hebei region. While initial progress has been made through the relocation of general manufacturing industries, regional markets, and certain administrative functions, the shift toward high-quality integrated development reveals persistent challenges in receiving areas, such as weak development foundations, industrial mismatches, policy misalignments, and difficulties in attracting talent. These issues have resulted in a development bottleneck marked by "relocation without integration". This report investigates the core question of how non-capital function relocation can achieve high-quality integration. By systematically reviewing the relocation outcomes and identifying key challenges in the receiving regions, the study applies fuzzy-set Qualitative Comparative Analysis (fsQCA) to explore the condition combinations that support high-performance transformation. The results indicate that successful integration does not hinge on a single factor but instead requires the coordinated interaction of multiple conditions. Moreover, regions can build diverse and context-specific integration pathways based on their unique endowments. The report concludes with policy recommendations aimed at establishing a coordinated mechanism for multi-path undertaking, improving cross regional policy coordination mechanisms, optimizing industrial function docking and layout, and strengthening talent attraction and cultivation functions. These findings provide both theoretical support and practical reference for the targeted implementation of relocation policies and the deepening of Beijing-Tianjin-Hebei regional integration.

Keywords: Non-Capital Function Relocation; High-quality Integration; High-quality Reception

B.4 Research on High-quality Integration of Transportation in Beijing-Tianjin-Hebei
Zhang Gui, Cheng Yinuo / 075

Abstract: Since the implementation of the coordinated development strategy of Beijing-Tianjin-Hebei, regional transportation integration has continued to deepen. The main framework of "Beijing-Tianjin-Hebei on the track" has begun to take shape, and the integration of the "four networks" continues to deepen. The 1-hour transportation circle in the core area of Beijing-Tianjin-Hebei i and the

1. 5-hour transportation circle between adjacent cities have been basically realized. The connection between multimodal transportation has become increasingly close, and the coverage and accessibility efficiency of the transportation network have been significantly improved. However, there are still some problems in terms of transportation accessibility, transportation structure, service quality, and cross regional transportation policy coordination, which restrict the overall effectiveness of regional coordinated development. This report specifically analyzes the current status and trends of high-quality integration of transportation in the Beijing Tianjin Hebei region, and uses entropy weight method to measure the level of development of high-quality integration of transportation in the region. Research has found that the level of high-quality integrated development of transportation in the Beijing-Tianjin-Hebei has steadily improved, presenting a development pattern led by Beijing and Tianjin and regional coordination. Among them, the construction of transportation infrastructure has achieved significant results, the coordination of traffic governance is deepening and solidifying, and the transportation connections between the three regions are effectively strengthened. However, the level of coordination in transportation services is relatively lagging behind, and the organization and management of cross regional transportation services urgently need to be strengthened. By summarizing the challenges and opportunities faced by development, this report proposes the following targeted policy recommendations: improve the top-level design of regional transportation coordination and establish a sound integrated development framework; Build a comprehensive transportation hub and optimize the transportation network system of the economic belt; Upgrade the construction of " soft connectivity " in transportation and enhance the level of service collaboration; Optimize transportation layout and public service support, and create a balanced commuting circle between work and residence; Plan passenger and freight loop lines and promote the railway department to release mainline transportation capacity.

Keywords: High-quality Integration of Transportation; Coordinated Development; Traffic Network; Beijing-Tianjin-Hebei

B.5 Research on High-quality Integration of Ecology in Beijing-Tianjin-Hebei

Ye Tanglin, Liu Huazhen / 098

Abstract: Promoting ecological high-quality integration is a key move in practicing the concept of green development and deepening the ecological synergistic development of Beijing-Tianjin-Hebei, and it is crucial for promoting the high-quality integration of Beijing-Tianjin-Hebei. This report adopts the super-efficiency SBM model to measure the eco-efficiency of the cities under the jurisdiction of Beijing-Tianjin-Hebei from 2014 to 2023, and adopts the methods of Kernel density estimation method, Dagum Gini coefficient method, social network analysis method, and Markov chain model to analyze the development features and challenges faced by Beijing-Tianjin-Hebei high-quality integration of ecology in the new stage and under the new requirements of the new situation, in terms of the characteristics of the regional differences in eco-efficiency, the characteristics of spatial correlation, and the law of dynamic evolution. The study finds that the ecological efficiency of Beijing-Tianjin-Hebei is characterized by regional differences in eco-efficiency and spatial correlation and the dynamic evolution law. The study finds that the regional differences in ecological efficiency in Beijing-Tianjin-Hebei are converging, and the pattern of multi-polarization is gradually weakening; the overall regional differences and inter-regional differences continue to shrink, but the differences in ecological gradient between Beijing-Tianjin and Hebei are more obvious, and the intra-regional differences, especially in Hebei Province, are the main source of ecological differences in Beijing-Tianjin-Hebei; the ecological linkage network of Beijing-Tianjin-Hebei is stable and accessible, but the ecological linkage development among the cities needs to be strengthened urgently; The ecological quality of Beijing-Tianjin-Hebei continues to improve, regional differences show convergence, and the eco-efficiency of each city is characterized by gradient differentiation; the eco-development of Beijing-Tianjin-Hebei shows significant path-dependence characteristics and polarization trends, and there are obvious constraints on the efficiency level leap; there is a spatial spillover effect in the eco-efficiency of Beijing-Tianjin-Hebei, with the lowefficiency cities showing the characteristics of the convergence of spatial clubs, and the high-efficiency cities generating a siphoning effect; from the long-term perspective , the distribution of eco-efficiency in Beijing-Tianjin-Hebei shows a tendency to concentrate towards high values, but low-level neighboring environments are prone to induce inefficient lock-in of eco-efficiency, and high-level neighboring environments produce negative spatial spillovers. On this basis, this report puts forward the following recommendations: improve the ecological compensation mechanism and promote the synergistic governance of multiple subjects; empower ecological governance with digitization and create a smart ecological synergy platform; adhere to green and low-carbon development and accelerate the green transformation of the regional energy structure; and deepen the administrative synergy and improve the ecological environment and the mechanism of joint construction, prevention and governance.

Keywords: High-quality Integration of Ecology; Ecological Efficiency; Spatial Differences; Beijing-Tianjin-Hebei

B.6　Research on High-quality Integration of Industries in Beijing-Tianjin-Hebei

Ye Tanglin, *Gao Congcong* / 122

Abstract: High-quality industrial integration is a key focus for enhancing national competitiveness, promoting high-quality economic development, and assisting in the construction of a new development pattern. This report is based on data of high-quality industrial integration of 13 cities in the Beijing-Tianjin-Hebei from 2014 to 2023. This report explores the current status of industrial development quality in the Beijing-Tianjin-Hebei from three aspects: industrial development vitality, industrial innovation capability, and industrial development potential. This report uses the modified gravity model and social network analysis to study the social network relationships of high-quality industrial integration in the

Beijing-Tianjin-Hebei. The study found that the industrial development momentum in the Beijing-Tianjin-Hebei is strong, but there is a significant imbalance in regional development; the industrial innovation capability of the Beijing-Tianjin-Hebei continues to increase, forming a development pattern of "Beijing leading and surrounding areas collaborating"; the industrial development potential of the Beijing-Tianjin-Hebei is continuously improving, showing a trend of coexistence of regional collaboration and differentiation; and the high-quality industrial connections in the Beijing-Tianjin-Hebei are becoming increasingly close, with the integration process continuously advancing. Based on this, this report puts forward the following countermeasures and suggestions: to leverage the comparative advantages of the three areas in the Beijing-Tianjin-Hebei to build a coordinated industrial development pattern; to construct a collaborative innovation and industrial cooperation system to jointly promote the deep integration of industrial and innovation chains; and to strengthen policy support and the mechanism of benefit sharing to promote the high-quality industrial integration process in the Beijing-Tianjin-Hebei.

Keywords: High-quality Integration of Industries; Industrial Development Vitality; Industrial Innovation Capability; Industrial Development Potential; Beijing-Tianjin-Hebei

B.7 Research on the High-quality Integration of Basic Public Services in Beijing-Tianjin-Hebei   *Ye Tanglin, Yan Yawen* / 143

Abstract: Promoting high-quality integration of basic public services in the Beijing-Tianjin-Hebei region serves as a critical breakthrough for deepening coordinated development. Its core lies in optimizing the allocation of regional basic public service resources, with essential requirements including unified service standards, coordinated policy mechanisms, and enhanced information sharing and resource integration. Based on data from 13 cities in the Beijing-Tianjin-Hebei region from 2014 to 2023, this report constructs an evaluation index system for basic public service quality. A modified gravity model is employed to identify spatial correlations in the development of basic public services among cities, while social network analysis (SNA) is applied to measure the level of high-quality integration. Results indicate that since the implementation of coordinated development strategies, collaborative intensity in basic public services within the Beijing-Tianjin-Hebei region has steadily increased. However, inter-city synergy remains insufficient, and non-core cities exhibit relatively low levels of integration, constraining overall progress. To address these challenges, this report proposes recommendations for advancing high-quality integration of basic public services in the Beijing-Tianjin-Hebei region. Spatially, a " circle-layer-corridor-polar core " gradient framework is suggested: Designating Hebei as the core circle-layer area to strengthen comprehensive public service network development; Establishing multi-directional public service corridors (e. g. , Beijing-Tangshan-Qinhuangdao and Beijing-Xiong'an-Baoding) through tripartite collaboration; Positioning the Beijing Municipal Administrative Center and Xiong'an New Area as polar cores to pioneer institutional innovations and export standardized public service management models. Institutional innovation should follow a three-phase " connectivity-mutual recognition-integration " pathway: The connectivity phase prioritizes deep interoperability of public service resources in information and data infrastructure; the mutual recognition phase focuses on aligning institutional elements across jurisdictions through progressive convergence; and the integration phase aims to achieve unified standards and policy coordination, ultimately elevating regional collaboration to advanced institutional harmonization. This dual approach-spatial restructuring coupled with institutional innovation-provides a strategic roadmap for advancing high-quality integration of basic public services in the Beijing-Tianjin-Hebei region.

Keywords: High-quality Integration of Basic Public Services; Spatial Structure Optimization; System Innovation; Beijing-Tianjin-Hebei

B.8 Research on High-quality Integration of Collaborative Innovation in Beijing-Tianjin-Hebei

Jiang Cheng, Wang Luyao / 162

Abstract: Promoting high-quality integration of collaborative innovation in Beijing-Tianjin-Hebei is a strategic fulcrum for driving a systematic leap in regional development momentum. The key to achieving high-quality integration of collaborative innovation lies in breaking down the barriers to the flow of innovation factors and reconstructing the cross-regional collaborative innovation ecosystem. Its essential requirements are the optimal allocation of resources across regions, the in-depth collaboration of innovation subjects across fields, and the efficient transformation of innovation achievements across levels, promoting the deep integration of the innovation chain and the industrial chain. This report takes the cross-regional flow data of innovation factors in 13 cities in the Beijing-Tianjin-Hebei region from 2014 − 2023 as the research data. Moreover, this report constructs a multi-layer network model of "talent-technology-capital", and adopts a modified gravity model to analyze the spatial flow characteristics and structural evolution of collaborative innovation factors. The results show that the Beijing-Tianjin-Hebei region has sufficient reserves of R&D talents, but compared with the multi-center collaborative talent agglomeration pattern in the Yangtze River Delta region, it is still a unipolar strengthened talent agglomeration pattern; in terms of R&D technology, the innovation output results are abundant and the development momentum is strong, but still need to strengthen the research and development of core technologies; in terms of R&D expenditure, the scale and intensity of R&D investment have been improved, but the regional balance is insufficient. From the perspective of the complex network, the collaborative innovation network presents a structural characteristics of "regional differentiation and insufficient balance", indicating that there is the problem of insufficient cross-regional coordination of talent, technology and capital innovation factors in Beijing-Tianjin-Hebei. On that basis, this report puts forward some recommendations: optimize the structure of regional innovation networks and build a "multi-centered-distributed" innovation community; deepen institutional innovation , break down barriers to cross-domain collaboration; strengthen the coordination of innovation factors to open up the whole chain of "R&D-transformation-manufacturing"; and build a resilient innovation ecosystem , and improve the sustainability of innovation networks.

Keywords: High-quality Integration of Collaborative Innovation; Complex Networks; Beijing-Tianjin-Hebei

B.9   Research on the High-quality Integration of the Urban System
in Beijing-Tianjin-Hebei Region

Ye Tanglin , Ma Jinqiu / 188

Abstract: Urban integration is a key strategy for promoting coordinated and high-quality regional development in the Beijing-Tianjin-Hebei region and an essential path toward building a world-class city cluster. Advancing the high-quality integration of the urban system helps optimize urban layout, enhance city functions, and develop a city network centered on the capital, with complementary functions and coordinated development. This report focuses on 13 cities within the Beijing-Tianjin-Hebei urban agglomeration and employs multiple analytical methods-including the urban system pyramid model, primacy index, Zipf's law, rank-size rule, allometric growth model, and entropy method-to systematically evaluate the progress and challenges of high-quality integration in terms of urbanization level, city hierarchy, population distribution, and spatial layout. The study finds that the urbanization process in Jing-Jin-Ji is steadily advancing, with an accelerating pattern of regional coordination. Spatial structure is being optimized and population distribution is becoming more balanced. However, imbalances persist in the urban hierarchy, with notable structural discontinuities. Population and economic activity are highly concentrated, and some cities are experiencing diseconomies of scale. The urban system remains strongly monocentric, with underdeveloped secondary cities. Based on these findings, the report offers the following policy recommendations: strengthen strategic leadership and coordinated planning to build an institutional foundation for high-quality integration; focus on relieving Beijing of non-capital functions to optimize spatial layout; accelerate the development of a modern capital metropolitan area to promote network integration; improve the city hierarchy to facilitate multi-level coordinated development; and promote functional collaboration and innovation-driven development to support a high-quality urban cluster.

Keywords: High-quality Integration of Urban System; Regional Coordinated Development; Collaborative Effect of Urban Agglomeration; Beijing-Tianjing-Hebei

Ⅲ   Regional Reports

B.10   Research on the Status and Role of Beijing in Promoting the High-quality Integration of Beijing-Tianjin-Hebei

Sun Yukang, Huo Shaojie, Song Mian and Wang Jiahui / 209

Abstract: As the core engine of the coordinated development of the Beijing-Tianjin-Hebei region, Beijing, anchored in its strategic positioning as the "Four Centers", plays a pivotal leading role in advancing high-quality regional integration. This section first elaborates on the progress Beijing has achieved in promoting high-quality integration within the region. Key advancements include the continuous strengthening of Beijing's economic development and scientific innovation capabilities, ongoing optimization of its population spatial distribution, orderly relocation of non-capital functions, significant achievements in building a collaborative innovation community across the Beijing-Tianjin-Hebei region, and steady progress in the construction of the "Two Wings" —the Beijing Municipal Administrative Center and the Xiong'an New Area. Subsequently, the analysis delves into the multifaceted challenges that persist in achieving high-quality integration, such as expanded internal gap and imbalanced intra-regional development, gaps between Beijing's comprehensive capabilities and those of top-tier global cities, insufficient spillover effects from Beijing to Tianjin and Hebei, innovation advantages have not been effectively transformed into economic development drivers for urban agglomerations, and Beijing's limited leadership in organizing the collaborative development of world-class industrial clusters within the region. Finally, targeted recommendations are proposed to address these challenges and further leverage Beijing's role in driving high-quality integration, include strengthen the cultivation of domestic economic development momentum and advance the construction of the "Four Centers"; leverage the radiating and driving role of the innovation center to jointly build a Beijing-Tianjin-Hebei regional innovation community; leverage the radiating and driving role of industries to jointly build world-class industrial clusters; promote the sharing of talent resources to establish a regional human capital community; facilitate capital flow and radiating effects to establish a regional financial innovation and cooperation system; jointly establish innovative policy mechanisms with Tianjin and Hebei to establish a modernised regional governance model.

Keywords: High-quality Integration; Regional Collaborative Innovation; Beijing-Tianjin-Hebei; Beijing

B. 11 Research on the Status and Role of Tianjin in Promoting the High-quality Integration of Beijing-Tianjin-Hebei

Wang Dexin, Sun Yuan / 245

Abstract: As a core node city in the Beijing-Tianjin-Hebei region, Tianjin leverages its geographical advantages, industrial foundation, and port resources to play a critical role in undertaking the relocation of non-capital functions, advancing industrial collaborative innovation, improving transportation networks, and promoting co-governance of the ecological environment. By comparing Nanjing's experiences in Yangtze River Delta integration, Tianjin faces problems and challenges such as obstacles in undertaking industrial transfer, insufficient agglomeration and utilization of innovative resources, and the need to strengthen policy coordination. In response to this, strategies such as optimizing policy coordination mechanisms, promoting integrated industrial development, deepening the alignment of innovation chains with industrial chains, and enhancing the support capabilities of sea and air ports are proposed. These measures aim to improve synergy efficiency and provide practical references for high-quality integration in the Beijing-Tianjin-Hebei region.

Keywords: High-quality Integration; Regional Collaborative Innovation; Beijing-Tianjin-Hebei; Tianjin

B.12 Research on the Status and Role of Hebei in Promoting the High-quality Integration of Beijing-Tianjin-Hebei

Wu Yiqing, Zhai Jiayue, Ren Chengming and Li Tao / 265

Abstract: As an important part of the Beijing-Tianjin-Hebei cooperative development strategy, the high-quality development of Hebei Province's economy is of great significance to the construction of a world-class city cluster in Beijing-Tianjin-Hebei. This report firstly uses the potential analysis method to establish a total factor productivity model, analyzes the overall situation of high-quality development in Hebei Province on the basis of assessment calculations, and analyzes the contribution of the total factor productivity to economic growth in Hebei Province; secondly, it studies the spatial and temporal evolution of total factor productivity in the Beijing-Tianjin-Hebei city cluster, and analyzes the contribution of the total factor productivity to economic growth in the Beijing-Tianjin-Hebei city cluster. The position of Hebei Province in the high-quality development of Beijing-Tianjin-Hebei is pointed out. On this basis, the dilemmas faced by Hebei Province in the high-quality development of Beijing-Tianjin-Hebei are explored; finally, countermeasures are proposed in three aspects: strengthening innovation drive, promoting the collaborative construction of Beijing-Tianjin-Hebei industrial chain, and optimizing the business environment, with a view to promoting high-quality integrated development of Beijing-Tianjin-Hebei by enhancing the status and role of Hebei Province in the high-quality development of Beijing-Tianjin-Hebei.

Keywords: High-quality Integration; Regional Collaborative Innovation; Industry Chain Co-Construction; Beijing-Tianjin-Hebei; Hebei

北京市哲学社会科学研究基地智库报告系列丛书

推动智库成果深度转化

打造首都新型智库拳头产品

为贯彻落实中共中央和北京市委关于繁荣发展哲学社会科学的指示精神，北京市社科规划办和北京市教委自 2004 年以来，依托首都高校、科研机构的优势学科和研究特色，建设了一批北京市哲学社会科学研究基地。研究基地在优化整合社科资源、资政育人、体制创新、服务首都改革发展等方面发挥了重要作用，为首都新型智库建设进行了积极探索，成为首都新型智库的重要力量。

围绕新时期首都改革发展的重点热点难点问题，北京市社科联、北京市社科规划办、北京市教委与社会科学文献出版社联合推出"北京市哲学社会科学研究基地智库报告系列丛书"。

北京市哲学社会科学研究基地智库报告系列丛书

（按照丛书名拼音排列）

· 北京产业蓝皮书：北京产业发展报告

· 北京经济蓝皮书：北京财经发展报告

· 北京人口蓝皮书：北京人口发展研究报告

· 北京文化产业蓝皮书：北京文化产业发展报告

· 城市管理蓝皮书：中国城市管理报告

· 法治政府蓝皮书：中国法治政府发展报告

· 服务业蓝皮书：北京高端服务业发展报告

· 健康城市蓝皮书：北京健康城市建设研究报告

· 京津冀蓝皮书：京津冀发展报告

· 平安中国蓝皮书：平安京津冀建设发展报告

· 企业海外发展蓝皮书：中国企业海外发展报告

· 首都文化贸易蓝皮书：首都文化贸易发展报告

· 中央商务区蓝皮书：中央商务区产业发展报告

社会科学文献出版社

皮 书

智库成果出版与传播平台

❖ 皮书定义 ❖

皮书是对中国与世界发展状况和热点问题进行年度监测,以专业的角度、专家的视野和实证研究方法,针对某一领域或区域现状与发展态势展开分析和预测,具备前沿性、原创性、实证性、连续性、时效性等特点的公开出版物,由一系列权威研究报告组成。

❖ 皮书作者 ❖

皮书系列报告作者以国内外一流研究机构、知名高校等重点智库的研究人员为主,多为相关领域一流专家学者,他们的观点代表了当下学界对中国与世界的现实和未来最高水平的解读与分析。

❖ 皮书荣誉 ❖

皮书作为中国社会科学院基础理论研究与应用对策研究融合发展的代表性成果,不仅是哲学社会科学工作者服务中国特色社会主义现代化建设的重要成果,更是助力中国特色新型智库建设、构建中国特色哲学社会科学"三大体系"的重要平台。皮书系列先后被列入"十二五""十三五""十四五"时期国家重点出版物出版专项规划项目;自2013年起,重点皮书被列入中国社会科学院国家哲学社会科学创新工程项目。

权威报告·连续出版·独家资源

皮书数据库
ANNUAL REPORT(YEARBOOK)
DATABASE

分析解读当下中国发展变迁的高端智库平台

所获荣誉

- 2022年，入选技术赋能"新闻+"推荐案例
- 2020年，入选全国新闻出版深度融合发展创新案例
- 2019年，入选国家新闻出版署数字出版精品遴选推荐计划
- 2016年，入选"十三五"国家重点电子出版物出版规划骨干工程
- 2013年，荣获"中国出版政府奖·网络出版物奖"提名奖

皮书数据库　　"社科数托邦"
微信公众号

成为用户

登录网址www.pishu.com.cn访问皮书数据库网站或下载皮书数据库APP，通过手机号码验证或邮箱验证即可成为皮书数据库用户。

用户福利

- 已注册用户购书后可免费获赠100元皮书数据库充值卡。刮开充值卡涂层获取充值密码，登录并进入"会员中心"—"在线充值"—"充值卡充值"，充值成功即可购买和查看数据库内容。
- 用户福利最终解释权归社会科学文献出版社所有。

数据库服务热线：010-59367265
数据库服务QQ：2475522410
数据库服务邮箱：database@ssap.cn
图书销售热线：010-59367070/7028
图书服务QQ：1265056568
图书服务邮箱：duzhe@ssap.cn

社会科学文献出版社　皮书系列
SOCIAL SCIENCES ACADEMIC PRESS (CHINA)

卡号：474858835365
密码：

S 基本子库
SUB DATABASE

中国社会发展数据库（下设 12 个专题子库）

紧扣人口、政治、外交、法律、教育、医疗卫生、资源环境等 12 个社会发展领域的前沿和热点，全面整合专业著作、智库报告、学术资讯、调研数据等类型资源，帮助用户追踪中国社会发展动态、研究社会发展战略与政策、了解社会热点问题、分析社会发展趋势。

中国经济发展数据库（下设 12 专题子库）

内容涵盖宏观经济、产业经济、工业经济、农业经济、财政金融、房地产经济、城市经济、商业贸易等 12 个重点经济领域，为把握经济运行态势、洞察经济发展规律、研判经济发展趋势、进行经济调控决策提供参考和依据。

中国行业发展数据库（下设 17 个专题子库）

以中国国民经济行业分类为依据，覆盖金融业、旅游业、交通运输业、能源矿产业、制造业等 100 多个行业，跟踪分析国民经济相关行业市场运行状况和政策导向，汇集行业发展前沿资讯，为投资、从业及各种经济决策提供理论支撑和实践指导。

中国区域发展数据库（下设 4 个专题子库）

对中国特定区域内的经济、社会、文化等领域现状与发展情况进行深度分析和预测，涉及省级行政区、城市群、城市、农村等不同维度，研究层级至县及县以下行政区，为学者研究地方经济社会宏观态势、经验模式、发展案例提供支撑，为地方政府决策提供参考。

中国文化传媒数据库（下设 18 个专题子库）

内容覆盖文化产业、新闻传播、电影娱乐、文学艺术、群众文化、图书情报等 18 个重点研究领域，聚焦文化传媒领域发展前沿、热点话题、行业实践，服务用户的教学科研、文化投资、企业规划等需要。

世界经济与国际关系数据库（下设 6 个专题子库）

整合世界经济、国际政治、世界文化与科技、全球性问题、国际组织与国际法、区域研究 6 大领域研究成果，对世界经济形势、国际形势进行连续性深度分析，对年度热点问题进行专题解读，为研判全球发展趋势提供事实和数据支持。

法律声明